Keim Philipp

Erste Deutsche an der Wolga

Vom Schicksal und Leid der Auswanderer

disserta
Verlag

Philipp, Keim: Erste Deutsche an der Wolga: Vom Schicksal und Leid der Auswanderer,
Hamburg, disserta Verlag, 2014

Buch-ISBN: 978-3-95425-644-0
PDF-eBook-ISBN: 978-3-95425-645-7
Druck/Herstellung: disserta Verlag, Hamburg, 2014

Bibliografische Information der Deutschen Nationalbibliothek:
Die Deutsche Nationalbibliothek verzeichnet diese Publikation in der Deutschen
Nationalbibliografie; detaillierte bibliografische Daten sind im Internet über
http://dnb.d-nb.de abrufbar.

Das Werk einschließlich aller seiner Teile ist urheberrechtlich geschützt. Jede Verwertung
außerhalb der Grenzen des Urheberrechtsgesetzes ist ohne Zustimmung des Verlages
unzulässig und strafbar. Dies gilt insbesondere für Vervielfältigungen, Übersetzungen,
Mikroverfilmungen und die Einspeicherung und Bearbeitung in elektronischen Systemen.

Die Wiedergabe von Gebrauchsnamen, Handelsnamen, Warenbezeichnungen usw. in diesem
Werk berechtigt auch ohne besondere Kennzeichnung nicht zu der Annahme, dass solche
Namen im Sinne der Warenzeichen- und Markenschutz-Gesetzgebung als frei zu betrachten
wären und daher von jedermann benutzt werden dürften.

Die Informationen in diesem Werk wurden mit Sorgfalt erarbeitet. Dennoch können Fehler nicht
vollständig ausgeschlossen werden und die Diplomica Verlag GmbH, die Autoren oder
Übersetzer übernehmen keine juristische Verantwortung oder irgendeine Haftung für evtl.
verbliebene fehlerhafte Angaben und deren Folgen.

Alle Rechte vorbehalten

© disserta Verlag, Imprint der Diplomica Verlag GmbH
Hermannstal 119k, 22119 Hamburg
http://www.disserta-verlag.de, Hamburg 2014
Printed in Germany

Inhaltsverzeichnis

Vorwort 9
Einleitung: Frühere Versuche Ausländer ins Land zu holen 12
Die Manifeste von 1762 und 1763 18
Gründe für die Auswanderung aus Deutschland 26
Auswanderungsverbote in den Ländern Europas 30
Soziale Zusammensetzung und Herkunftsgebiete der deutschen Auswanderer 34
Die Anwerbung der Kolonisten 38
    a) Die staatliche Anwerbung 38
    b) Die Persönlichkeit und Tätigkeit der privaten Werber 41
Die Sammelplätze und Überfuhr 54
Schiffsreise, Ankunft und Weiterreise nach Saratov 67
Ankunft an der Wolga und erste Einrichtungsarbeiten 78
Die Planung der Kolonien 83
Die Architektur 90
    a) Das Haus 90
    b) Die öffentlichen Gebäude 93
Der Sonderfall Sarepta 96
    a) Vorausgehende Verhandlungen zur Gründung Sareptas 98
    b) Erste Verhandlungen in Herrnhut 99
Namensgebung der Kolonien 107
Die Namenslisten 110
Die Räuberbanden Pugatschjows in den Kolonien 113
Die Kirgisen in den Kolonien 127
Das Schulsystem und die Geistlichkeit 136
Die wirtschaftliche Lage der Kolonien 146
    a) Die Landwirtschaft 146
    b) Das Handwerk 153
    c) Die Finanzierung 155
Das sittliche Leben und die Willkür der Beamten 158
Das Verwaltungssystem und die zu bewältigenden Aufgaben 165
Schluss und Ausblick 177
Literatur: 187
Anhang 191

Manifest der Zarin Katharina II. vom 22. Juli 1763 Von Gottes Gnaden 191
Kaiserliches Auswanderungsverbot von 1768 195
Wolgadeutsche Dichtung 196
Aufstellung der Brandschäden in den Wolgakolonien 1850-1864 197
Bericht über Katharinenstadt 198
Karten 200

Vorwort

Im russischen Reich gab es deutsche Siedlungen in der Ukraine, in Wolhynien, Bessarabien und im Sankt Petersburger Gubernium. Ein wenig später haben sich deutsche Kolonisten aufgrund des bald auftretenden Mangels an Siedlungsland im nördlichen Kaukasus, in Baschkirien, im Gebiet Orenburg und seit 1802 in den Territorien am Schwarzen Meer niedergelassen, seit dem Ende des 19. Jhdts. auch in Turkestan, Sibirien und Kasachstan. Die Besiedlung vieler dieser Gebiete stand in engem Zusammenhang mit dem Bevölkerungsüberschuss, der schon bald bei der ersten großen Gruppe von Einwanderern, den Wolgadeutschen, zu Tage trat.

Während das Phänomen „Russlanddeutsche" von der – nicht nur deutschen – Geschichtsschreibung schon oftmals als eine Einheit aufgegriffen wurde, wurden die Wolgadeutschen eher stiefmütterlich behandelt, obwohl sie im Zarenreich bzw. in der Sowjetunion mit Abstand die größte Gruppe der deutschen Minderheit gestellt haben. Die wenigen über sie erschienen deutschsprachigen historischen Bücher sind fast ausnahmslos Gesamtdarstellungen, wobei die letzte vor nun bereits 13 Jahren erschienen ist (es handelt sich um das in dieser Arbeit verwendete Buch von Michael Schippan und Sonja Striegnitz).

Zwar ist seit einigen Jahren für den interessierten Leserkreis glücklicherweise auch das Lebenswerk von Pastor Johannes Kufeld, welcher selbst ein Wolgadeutscher war, erhältlich, dieses ist aber leider nur im Eigenverlag erschienen. Wann genau Kufeld die Notizen für sein Werk verfasst hat, ist unklar. Vieles spricht aber dafür, dass dies zwischen 1897 und 1908 während seiner pastoralen Tätigkeit in der Kolonie Reinhardt (Ossinovka) geschehen sein muss. 1911 jedenfalls hat er sein Manuskript niedergeschrieben. Ob nun geschichtliche Ereignisse das Erscheinen seines Werkes verhindert haben oder ob es aus zensorischen oder finanziellen Gründen nicht gedruckt wurde, entzieht sich unserer Kenntnis. Wie auch immer, Kufelds Manuskript galt über 70 Jahre hinweg als verschollen, nachdem eine Kopie von Kufelds Witwe 1919 nach Deutschland gebracht worden war. Erst zu Anfang der 1990er Jahre tauchte es in einem Privatbesitz in Deutschland wieder auf, und erst seit dem Jahr 2000 liegt es in Buchform vor. Kufelds Werk stellt in ungeschminkter Weise die Entwicklung der Wolgakolonien dar und bildet für den Interessierten insofern eine Fundgrube, als der Autor wie kein anderer nicht nur Lebens- und Arbeitsweise, Sitten und Bräuche, Familienleben und Landwirtschaft kritisch beleuchtete, sondern auch das Wirken der Obrigkeit anprangerte. Einen großen Raum widmete Kufeld verständlicherweise auch dem religiösen und sozialen

Leben, wobei ihm das Schulwesen besonders am Herzen lag. Dafür aber werden der Pugatschjowsche Aufstand und die Überfälle der Kirigisen völlig übergangen.

Bei den anderen Darstellungen handelt es sich um die Werke dreier wolgadeutscher Autoren, welche jedoch heute fast nicht mehr erhältlich sind. Von ihnen verdient laut Pastor Kufeld das Werk des wolgadeutschen katholischen Priesters Beratz Gottlieb besondere Beachtung, weshalb er es auch als das erste wirklich historische Werk über die Wolgadeutschen bezeichnet.[1] Hingegen lässt er an den Büchern seiner beiden Kollegen Klaus und Bauer kein gutes Haar, sei es, dass sie angeblich mehr Vermutungen aufstellten als Beweise anführten, sei es, dass sie sich aus persönlichem Eigennutz von den gemeinsten Ausfällen gegen ihnen unliebsame Personen leiten ließen oder eben nur das schrieben, was ihnen „in ihren Kram" passte (Klaus war Beamter des Kolonistenkontors, Bauer ein Freund der Kolonisten).[2] Nichtsdestotrotz beruft sich Kufeld nicht selten auf die Bücher dieser Autoren, nicht jedoch ohne die übernommenen Stellen einer kritischen Prüfung zu unterziehen. Insofern gehen auch kleine Teile dieser Werke sozusagen indirekt in die vorliegende Arbeit ein.

Da bis zur Gegenwart keine aktuelle deutschsprachige Arbeit über das erste Jahrhundert der Ansiedlung vorlag, habe ich es mir zur Aufgabe gemacht, den Zeitabschnitt vom Erlass der Einwanderungsmanifeste (1762/1763) bis zur Unterstellung der Kolonisten unter die russische Reichsverwaltung (1871) zu untersuchen. Dieses Vorhaben wurde im Wesentlichen erst durch die Heranziehung der entsprechenden jüngeren russischen Literatur ermöglicht. Während in der Sowjetzeit im Großen und Ganzen ein Mantel des Schweigens über das Kapitel „Russlanddeutsche" gelegt wurde, so fing man glücklicherweise nach dem Zusammenbruch der Sowjetunion damit an, sich auch mit diesem Teil der eigenen Geschichte auf wissenschaftlicher Basis intensiv auseinanderzusetzen. Ein sehr erfreulicher Lichtblick war die Abhaltung einer Historikerkonferenz über die Russlanddeutschen im Jahr 1995 in Anapa. Erst durch die Glasnost wurden diesbezügliche Aktivitäten ermöglicht, denn bis dahin waren viele Quellen in den verschiedensten Archiven des Landes verborgen. Den größten Verdienst in ihrer Sichtung und „Verarbeitung" hat sich der Saratover Historiker Igor Plewe gemacht,

---

[1] Beratz, Gottlieb: Die deutschen Kolonien an der unteren Wolga in ihrer Entstehung und ersten Entwicklung. Gedenkblätter zur hundertfünfzigsten Jahreswende der Ankunft der ersten deutschen Ansiedler an der Wolga, 29. Juni 1764 – 29. Juni 1914. Berlin 1923. (Die erste Auflage ist 1915 in Saratov erschienen, sein Buch wurde aber nach dem Erscheinen von der zaristischen Zensur beschlagnahmt und vernichtet.)
[2] Klaus, Alexander: Unsere Kolonien. Sankt Petersburg 1869.
Bauer, Gottlieb: Geschichte der deutschen Ansiedler an der Wolga seit ihrer Einwanderung nach Russland bis zur Einführung der allgemeinen Wehrpflicht (1766 – 1874) nach geschichtlichen Quellen und mündlichen Überlieferungen. Saratov 1908.

fast sein ganzes Buch basiert auf Archivalien. Aber auch der Wolgadeutsche Jakob Dietz hat viele bis dahin noch unbekannte Materialien veröffentlicht.

Bekannt ist die Tatsache, dass man – falls man über sein Land etwas wissen möchte – oft gut daran tut, einen Fremden zu fragen. Denn dieser wird auch mit einer oft spärlichen Kenntnis imstande sein, sich ein von lokalen Vorurteilen freies Urteil zu bilden. Deshalb werden in dieser Arbeit an geeigneter Stelle immer wieder Textstellen eines mitreißenden Buches zitiert werden, welches einer der ersten Kolonisten selbst verfasst hat. Bei diesem Werk handelt es sich um die Lebensbeschreibung des am 23. Februar 1746 in Gera als Sohn eines Zeugmachers geborenen Christian Gottlob Züge. Nachdem ihm die Flucht aus seiner Kolonie gelungen war, kehrte er auf abenteuerlichen Wegen über Kasan, Moskau und Polen wieder in seine Heimatstadt zurück. Als es in Gera zu einem großen Brand kam, ging auch sein Manuskript in Flammen auf. Glücklicherweise entschloss er sich dazu, seine Lebenserinnerungen nochmals niederzuschreiben und dem breiten Publikum zugänglich zu machen.

Einleitung: Frühere Versuche Ausländer ins Land zu holen

Die historische Entwicklung Russlands hing seit dem Ende des Mittelalters vor allem davon ab, ob es gelingen würde, aus einem Staat mit asiatischen Zügen einen europäischen zu machen. Denn sowohl der frühere Einfluss Byzanz' als auch das jahrhundertelang auf der russischen Erde lastende tatarische Joch, welches zu einer Verrohung der Menschen und Sitten geführt hat, entfremdeten Russland immer mehr vom Westen. Die Tatsache, dass vom 12. bis 15. Jahrhundert Lübecker oder Danziger Hansekaufleute mit Russland einen schwunghaften Handel trieben, tut hier nicht viel zur Sache.

Die wichtigste Bedingung für eine erfolgreichere Entwicklung Russlands nach der Eroberung Kasans im Jahre 1551 und der Zerschlagung der Goldenen Horde im Jahre 1557 musste also in der Wende zum Westen, in der Annäherung an Europa, dessen Völker bereits auf einer höheren Entwicklungsstufe standen und von denen man vor allem auf den Gebieten Handwerk und Technik vieles lernen konnte, bestehen. Denn auch zu dieser Zeit hatte der Spruch *"Unser Land ist riesig und ergiebig, aber es gibt keine Ordnung in ihm."*, mit welchem die Normannenfürsten nach Russland eingeladen worden waren, durchaus noch Gültigkeit.

Dies wurde bereits von Zar Iwan III. (1462-1505) erkannt: Er rief, hauptsächlich aus Italien, Spezialisten wie Kanonen- und Glockengießer, Architekten, Baumeister, Ingenieure, Hüttenmeister und Ärzte, wenig später auch Bergleute aus Ungarn ins Land.[1] Diese Politik wurde auch von seinem Sohn Iwan IV., genannt der Schreckliche (1533-1584), als auch von Zar Boris Godunow (1598-1605) fortgesetzt. Letzterer hatte hierbei freilich wenig Glück: Scharenweise schickte er junge Männer nach Europa um sich dort neues Wissen anzueignen, zurück kehrte aber angeblich kein einziger. Sofort wurde in Moskau behauptet, die jungen Männer seien an den Teufel übers Meer verkauft worden.[2]

Die unglückliche Figur des „falschen Dmitrij", welcher sich aus Polen kommend als Sohn der verwitweten Zarin Maria ausgab und auf diese Weise den russischen Zarenthron für ein Jahr bestieg, führte in Moskau zu einem enormen Hass gegen alle „Lateiner". Auf diesen geht auch die Zerstörung der Vorstadt, in welcher damals die meisten Ausländer in Moskau

---

[1] Kufeld, Johannes: Die deutschen Kolonien an der Wolga. Herausgegeben vom Historischen Vorschungsverein der Deutschen aus Russland e.V. zum 90jährigen Todestag von Johannes Kufeld. Nürnberg 2000, S. 44.
[2] Almedingen, E.M.: Die Romanows. Die Geschichte einer Dynastie. Russland 1613–1917. München 1991, S. 27 f.

wohnten und welche seit 1652 als „Njemezkaja sloboda" („Deutsche Sloboda") bekannt ist, zurück.[1]

Nun war dem Eindringen der Ausländer ins Reich für erste einmal ein Riegel vorgeschoben, wofür nicht zuletzt auch die Wahl des ersten Zaren aus dem Hause Romanow, Michail Fjodorowitsch (1613-1645), kennzeichnend ist. Unter seiner Herrschaft wurden 1643 die lutheranischen Kirchen in der Hauptstadt zerstört und die Deutschen, welche in der Stadt wohnten, ins Ausländerviertel umgesiedelt.

Unter Zar Alexej Michajlowitsch (1645-1676) erging es den Deutschen um einiges besser, da sie unter der Schutzherrschaft des einflussreichen und gebildeten Bojaren Matwejew standen. Von seinem Sohn Fjodor III. (1676- 1682) wurden ihnen dann zwar alle finanziellen Zuwendungen gestrichen, trotzdem aber vergrößerte sich die „Njemzkaja Sloboda" in Moskau zusehends.

Adam Schleising (?), ein Beamter der schlesischen Botschaft, besuchte in den 80-er Jahren des 17. Jhdts. Moskau und berichtete Folgendes:

„Ein großer Teil Europäer ist in Russland, und dabei vornehme Deutsche, weshalb die Russen alle Ausländer Deutsche nennen, obwohl es unter ihnen Holländer, Engländer, Franzosen, Polen und andere gibt. Die Deutschen sind hauptsächlich Offiziere, andere Leibärzte, Kaufleute, Apotheker, Künstler, Handwerker. Mit Ausnahme der Kaufleute und Handwerker stehen alle im Dienste des Zaren. [...]" [2]

Das eben Zitierte kann auch für die Zeit Peters des Großen behauptet werden, jedoch mit der Einschränkung, dass nun auch immer mehr Holländer in Russland zu finden waren. Die meisten dieser Spezialisten weilten oft nur einige Jahre in Russland und kehrten danach meistens mit ihrem erworbenen „kleinen Vermögen" in ihr Vaterland zurück.

Die bereits um die Mitte des 16. Jhdts. beginnende Ausdehnung des Russischen Reiches nach Süden und Osten hat sich auch während der Regierungszeit des großen Reformators allmäh-

---

[1] Das Wort „sloboda" wurde in Russland für die Zeit zwischen dem 12. Jahrhundert bis zur ersten Hälfte des 16. Jahrhunderts zur Bezeichnung einer meist in der Nähe einer befestigten Stadt liegenden einzelnen Ansiedlung oder auch einer Gruppe von solchen, deren Einwohner zeitweise von der staatlichen Abgabepflicht befreit waren, verwendet (hierher kommt auch dessen Bezeichnung, die vom Wort „swoboda" (Freiheit) abgeleitet wurde). Seit dem 16. Jhdt. bezeichnete man mit diesem Begriff auch die Siedlungen für Dienstleute oder Postkutscher und staatliche Handwerker, aber auch jene Siedlungen der Ausländer („Ausländische Slobodas"). In der ersten Hälfte des 18. Jhdts. verwandelte man sie in gewöhnliche Dörfer oder Ansiedlungen „städtischen Typs". Im 19. und 20. Jhdt. wurden manchmal industrielle Dörfer der Vorstadt so genannt. [http://edic.ru/res/art_res/art_53091.html (Bolschoj Änziklopäditscheskij Slowar)]
[2] Zitiert nach: Dietz, Jakob: Istorija powolszchkich nemzew-kolonistow. (Geschichte der wolgadeutschen Kolonisten). Moskau 1997, S. 18.

lich fortgesetzt, obwohl dieser, wie allgemein bekannt, mit dem 1703 gegründeten Sankt Petersburg für Russland das „Fenster nach Europa" öffnete und den Schwerpunkt seiner Politik deshalb konsequenterweise auch auf den Westen setzte. Mit der Ausdehnung des Landes ging auch die Verlagerung des unfreien Teils der Bevölkerung nach Osten Hand in Hand, und als Resultat blieben oft nicht nur wenige Menschen, sondern oft auch solche zurück, die für den Staat wenig brauchbar waren bzw. für ihn sogar ein gefährliches Element darstellten.

Dieses Problem trat nun vor allem auch am unteren und mittleren Lauf der Wolga zu Tage. Im Jahr 1731 erlaubte die Regierung Anna Ioanownas all jenen, die den Wunsch hatten, sich in diesen Einöden anzusiedeln, dies auch zu tun. Hierfür stellte sie auch Geld und Brot zur Verfügung. Dass dieser Aufruf aber nicht auf großen Widerhall stieß, wird wohl kaum verwundern. Wie gefährlich das Leben weitab der Städte oder befestigten Siedlungen sein konnte, macht schon allein jenes erschreckende Beispiel von den drei Bataillonen, die ihren Dienst an den Ufern der unteren Wolga versahen und dort von „Gesetzlosen" oder nomadisierenden Kalmücken oder Kirgisen niedergemetzelt wurden, deutlich.

Auch die Augenzeugenberichte von Holländern, welche im 17. Jhdt. die Steppengebiete an der Wolga durchquerten und hierbei zu ihrem Schrecken eine Vielzahl von Kreuzen, die für die im Kampf mit den Räubern Gefallenen aufgestellt worden waren, zu Gesicht bekamen, sind in dieser Hinsicht erwähnenswert. An dieser Stelle möchte ich eine Strophe eines alten Kosakenliedes anführen, deren Inhalt nicht einmal im Geringsten mit Vorstellungen von einer etwaigen Romantik der wilden Steppe in Verbindung gebracht werden kann:

> *„Ich spazieren-spazieren in der wilden Steppe,*
> *In der wilden Steppe, in der Saratover;*
> *Sind wir über ein seltsames Ding hergefallen:*
> *Liegt ein weißer Körper, jugendlicher,*
> *Nicht getötet liegt er, nicht schwer verwundet,*
> *Mit einem spitzen Speer ist er völlig durchlöchert..."* [1]

Aufgrund dieser gefährlichen Verhältnisse ging man bereits im folgenden Jahr für die Errichtung einer neuen Verteidigungslinie zur Zwangsumsiedlung in diese Region über: Entlang den Ufern der Wolga von Zarizyn bis Kamyschin wurden 1057 Familien, welche sich aus Kleinrussen (also Ukrainern) und Donkosaken zusammensetzten, angesiedelt. Dieses Wolgaer-Kosakenheer – so wurde es offiziell genannt – war aber weder in der Lage die

---

[1] Zitiert nach: Dietz, S. 32.

Grenzen erfolgreich zu verteidigen noch die Ländereien urbar zu machen. Dem nicht genug verübte auch es selbst Plünderungen und Morde.[1]

Auch die in den vierziger Jahren in dieser Angelegenheit von dem Gubernator von Astrachan bzw. einem Fabrikanten aus Simbirsk geschaffene Pläne konnten aufgrund des Mangels an potentiellen Siedlern nicht verwirklicht werden. Denn die Hauptmasse der Bevölkerung war an die Scholle gebunden (ca. 75% der russischen Bauern) und die großen Gutsherrn ließen sich wohl nur sehr ungern zur Neuansiedlung in einer unruhigen Region bewegen. Und darüber, dass zu dieser Zeit nicht einmal im Traum an eine Lockerung der Leibeigenschaft gedacht werden konnte, braucht wohl kein Wort verloren zu werden.

All diese Umstände haben Gedanken an die Anwerbung von Ausländern zur Besiedelung dieser „Problemgegenden" ins Leben gerufen. Gerüchte über diesbezüglich positive Erfahrungen in Österreich, Preußen und Amerika und den Nutzen, den ausgewanderte französische Hugenotten der Industrie Hollands und Englands gebracht haben, haben sicherlich das Ihrige beigetragen.

Und so verwundert es nicht, dass die Zarin Jelisaweta Petrowna am 29. Dezember 1751 ihrem Generalmajor Horvath die Anwerbung von aus Serben bestehenden Regimentern befahl. Und bald darauf wurden auch schon zwei Regimenter aus Serben, Griechen, Ungarn, Montenegrinern, Bulgaren, Moldawiern und Walachen jenseits des Dnjeprs, entlang der damaligen Grenze zu Polen, angesiedelt. Dieser Ukas der Herrscherin kann als erste „Masseneinladung" von Ausländern nach Russland angesehen werden.

Im folgenden Jahr ließ die Zarin aufgrund des Vorschlags eines französischen Beamten Pläne zur Ansiedlung französischer Protestanten prüfen. Und nach einigen Verhandlungen wurde dann auch ein Entwurf für ein Manifest ausgearbeitet, welcher hinsichtlich des Spektrums der in Frage kommenden Privilegien zu dieser Zeit in ganz Europa seinesgleichen suchte. Aber zu der Verwirklichung des Vorhabens kam es deshalb nicht, da die Einreisewilligen auf einer Ansiedlung in der Südukraine beharrten, die Regierung aber nur die Gebiete entlang den Flüssen Terek und Wolga zur Verfügung stellen wollte und konnte (auf das so genannte „Wilde Feld" nahe der türkischen Grenze erhob nämlich damals auch das Osmanische Reich Anspruch). Eine aktive Ansiedlungspolitik in der Südukraine wurde erst nach den russisch-türkischen Kriegen der Jahre 1768-1774 und 1787-1791 möglich.[2]

---

[1] Dietz, S. 33.
[2] Plewe, Igor: Njemezkie kolonii na Wolge wo vtoroj polowine XVIII weka (Die deutschen Kolonien an der Wolga in der zweiten Hälfte des 18. Jahrhunderts). Moskau 1998, S. 53 f. und: Plewe, Igor: Manifest Ejekateriny

Ungeachtet dieses Rückschlages beauftrage die Zarin am 27. April 1754 den Senat, sich nicht nur mit der Möglichkeit einer Einladung von französischen Protestanten, sondern *„aller über Europa verstreuten freien Leute"* zu befassen. Im Zuge dieses Arbeitsprozesses sollten nicht nur die eigenen Erfahrungen berücksichtigt werden, sondern auch die europäischen miteinfließen, sodass man sich eines überaus verlockenden und anziehenden Manifests sicher sein konnte.

Besondere Aufmerksamkeit wurde hierbei auf die Erfahrungen, die man in Belgien mit der Einladung von Franzosen gemacht hatte, auf die vom Königreich Preußen in Aussicht gestellten Vergünstigungen und nicht zuletzt auf das am großzügigsten gestaltete Manifest des dänischen Königs Friedrich V. gelegt. Der Veröffentlichung des Endproduktes in den Zeitungen Europas kam aber der 1756 ausgebrochene Siebenjährige Krieg dazwischen, welcher den Beginn des *„großen Rennens nach Russland"* um ein gutes Jahrzehnt hinausgezögert hat.[1]

Jedoch wurden auch während des Krieges zwei weitere Projekte, welche in der Regel in der einschlägigen Literatur wie so manches Andere keine Erwähnung finden, an die russische Regierung herangetragen. Der Kern des ersten war jener, dass ein sächsischer General namens Weisbach dem russischen Hof die Umsiedlung von preußischen Untertanen in die südlichen Randgebiete Russlands schmackhaft machen wollte, wodurch man dem preußischen Militärstaat eine bedeutende Schwächung zufügen wollte. Jedoch wurde dieses Angebot bzw. dieser Vorschlag in Petersburg aus unverständlichen Gründen vermutlich nie ernsthaft ins Auge gefasst, denn ob es zu einer Antwort gekommen ist, scheint nicht bekannt zu sein. Falls sich aber die russische Regierung für dieses Projekt erwärmen hätte können, dann kann man sich auch im Nachhinein ungefähr ausmalen – bedenkt man, dass die Massenflucht der völlig ruinierten und unterdrückten preußischen Staatsangehörigen nach Polen bereits in vollem Gange war – welche Folgen dies für Preußen und vielleicht auch für den Ausgang des Krieges nach sich ziehen hätte können.

Das zweite Projekt ging von einem in russischen Diensten stehenden Abgesandten namens de la Vivera aus. Dieser wurde in den Jahren 1756/1757 für den Großeinkauf von Pferden nach

---

II ot 22 ijulja 1763 g. (Manifest Jekaterinas II. vom 22. Juli 1763: Versprechungen und Relität) IN: Rossijskie njemzy. Problemy istorii, jažika i sowremennowo položenija. Meždunarodnaja nautschnaja konferenzija. Anapa, 20-25 sentjabrja 1995 g. (Russlanddeutsche. Probleme der Geschichte, Sprache und gegenwärtigen Lage. Internationale Wissenschaftskonferenz. Anapa 20-25 September 1995.), S. 26 f.
Anm.: Wenn im Folgenden nur „Plewe" angegeben wird, dann bezieht sich das auf das Buch „Njemezkie kolonii na Wolge…".
[1] Plewe, S. 53 f.

Deutschland geschickt. Hier soll er angeblich von dem Wunsch vieler tausender deutscher Familien erfahren haben im Russischen Reich Kolonien anzulegen.[1] Dies meldete er dann auch pflichtbewusst dem russischen Botschafter Keiserling in Wien.[2]

Vielleicht war es gerade dies, was am Ende der Regierungszeit Elisabeth Petrownas zur Ausarbeitung allgemeingültiger Punkte für die Einladung von Ausländern führte. Denn in der an den eben erwähnten Botschafter gerichteten Regierungsresolution vom 2. Mai 1759 heißt es, dass, falls an ihn von jemandem der Wunsch nach Russland umzusiedeln herangetragen werde, darauf Folgendes geantwortet werden solle: *„alle Ausländer – jeder in der Bekenntnis seiner Religion – besitzen völlige Freiheit und werden in allem Übrigen favorisiert, so, natürlich, werden auch gegenwärtig alle mit allerlei Wohlwollen angenommen werden, welche den Eifer haben hierher zu fahren, sich anzusiedeln und zu wohnen,..."* [3]

Durch diesen Schritt wurden die Weichen für die Kolonialisierungspolitik bereits durch die Vorgängerin Katharinas der Großen gestellt, und es musste nur mehr das Ende des verheerenden Kriegs in Europa abgewartet werden, ehe nächste, eventuell noch konkretere Schritte gesetzt werden konnten.

Noch war es aber nicht so weit, und daher ging nun die Regierung ihrerseits dazu über Menschen für die Ansiedlung im Osten zu gewinnen. Unter Berücksichtigung dessen, dass sich regelmäßig Vertreter von asiatischen Stämmen oder Völkern – hauptsächlich Kalmücken – in den an der südlichen Grenze gelegenen Gubernien niederließen, wollte man diese für die eigene Sache heranziehen. Zwischen Oktober und Juni 1761 wurden 521 Menschen zur Ansiedlung und Urbarmachung in die zentralen Regionen des Landes verpflanzt. Jedoch sind viele aus ihren neuen Dörfern wieder weggelaufen und von den übrigen wurden immer Beschwerden darüber vernommen, dass sie zum Ackerbau nicht fähig seien und auch nicht in solchen Bauernhäusern leben könnten. Daher wurde die Verwendung von Nomaden für Kolonisationszwecke auch endlich im Jahr 1765 eingestellt.[4] In der Zwischenzeit hat sich der Krieg in Europa aber schon seinem Endstadium genähert, was die neue und junge Zarin Katharina die Große die bereits eingeschlagene Stoßrichtung nun wieder aufnehmen ließ.[5]

---

[1] Diese Zahl scheint sicherlich ziemlich unglaubwürdig, aber falls es auch nur ein Zehntel war, drängt sich unweigerlich die nicht zu beantwortende Frage auf, was denn die Quelle dieses Wunsches sein könnte.
[2] Plewe, S. 55.
[3] Zitiert nach: Plewe, Manifest..., S. 27.
[4] Plewe, S. 56.
[5] Katharina II., die Große (auf Russisch: Jekaterina II. Alexejewna) wurde am 2. Mai 1722 in Stettin als Prinzessin Sophie Friederike Auguste als Tochter des preußischen Generals Fürst Christian August von Anhalt-Zerbst geboren. Seit 1745 war sie mit dem russischen Thronfolger Peter III. verheiratet, der kurz nach seiner

Die Manifeste von 1762 und 1763

Auch die kluge und umsichtige Zarin deutschen Blutes konnte die Gefährlichkeit, die von dieser unruhigen Region ausging, nicht übersehen, zumal schon kurz nach ihrem Regierungsantritt erste kleinere Aufstände von leibeigenen Bauern an der mittleren und unteren Wolga zu verzeichnen waren. Hierbei kam ihr sicherlich auch der Umstand zugute, dass sie schon „von Haus aus" eine begeisterte Anhängerin der auch bereits von anderen europäischen Mächten erfolgreich betriebenen Kolonisationspolitik (=„Peuplierungspolitik" [1]) war, was in ihren berühmten „Anwendungen" auch deutlich zum Ausdruck kommt: *„Russland hat nicht nur nicht genügend Bewohner, sondern verfügt noch über unermessliche Landstrecken, welche weder bevölkert noch bearbeitet sind. Man könnte nicht genügend Gründe geltend machen, um zur Volksvermehrung im Staate aufzumuntern."* [2]

Bevor wir aber auf die beiden erlassenen Manifeste zu sprechen kommen, scheint es mir angebracht zu sein, kurz bei Thesen und wichtigsten Vertretern der Peuplierungspolitik zu verweilen. Der Hauptvertreter dieser Theorie, Johann Heinrich Gottlob Justi (1720-1771), vertrat die These, dass der Staat dafür zu sorgen habe, *„daß zuförderst die, zu der Republik gehörigen, Länder recht cultiviret und angebauet werden müssen."* Die Nutzung der „unbeweglichen Güther" vergrößere den Nutzen des Staates, dessen „Glückseligkeit" auf seiner Macht und Stärke beruhe. Wesentlichste Voraussetzung dafür war nach Justi eine ausreichend hohe Bevölkerungszahl.[3]

Ähnlich wie Justi sah auch Joseph von Sonnenfels in der Vermehrung der Bevölkerung ein Hauptziel staatlichen Handelns. Jedoch gab es auch Stimmen, die vor dieser Art der Bevölkerungspolitik warnten.[4]

In Russland stellte der Universalgelehrte Michail Wassiljewitsch Lomonossow (1711-1765), der wohl bedeutendste Vertreter der Aufklärung in Russland, diesbezügliche Überlegungen

---

Krönung 1762 ermordet wurde. Katharina ließ sich daraufhin selbst als Zarin ausrufen. Sie sah sich in der Tradition Peters I. und leitete als Vertreterin des aufgeklärten Absolutismus Reformen ein, die in ihrer Tragweite allerdings bescheiden blieben. Am 17. November 1796 ist sie in Sankt Petersburg gestorben.

[1] Diese wurde durch den „Soldatenkönig" Friedrich Wilhelm I. („Menschen halte ich für den größten Reichtum") in Preußen und dessen Sohn Friedrich II. in Schlesien, Brandenburg und Westpreußen und für die Habsburger Monarchie von Maria Theresia und deren Nachfolger Joseph II. (Donauschwaben auf dem Balkan) betrieben.

[2] Zitiert nach: Kufeld, S. 10.

[3] Schippan Michael, Striegnitz Sonja: Wolgadeutsche. Geschichte und Gegenwart. Berlin 1992, S. 19.

[4] So meinte z.B. der Berliner Geistliche Johann Peter Süßmilch, dass ein einheimischer Untertan besser sei als zwei ausländische, da diese im Kriegsfall nicht zu ihrem „Vaterland" helfen würden. [Schippan, S. 19.]

an, er schrieb in einem Brief an seinen Gönner Iwan Iwanowitsch Schuwalow vom 1. November 1761 unter anderem:

„Den Platz der ins Ausland Geflohenen könnte man bequem durch die Aufnahme von Ausländern ausfüllen, wenn entsprechende Maßnahmen getroffen werden. Die gegenwärtigen unheilvollen Kriegszeiten in Europa zwingen nicht nur einzelne Menschen, sondern auch ganze ruinierte Familien, ihr Vaterland zu verlassen und Orte aufzusuchen, die weit entfernt vom Kriegsschauplatz und seinen Greueltaten liegen. Das weite Reich unserer großen Monarchin ist in der Lage, ganze Völker in seinen sicheren Schoß aufzunehmen und mit allem Nötigen zu versehen; es erwartet für sein Gedeihen nicht mehr als eine den menschlichen Kräften angemessene Arbeit. Die Bedingungen, unter denen man die Ausländer für eine Ansiedlung in Russland gewinnen könnte, führe ich nicht an, da mir die freundschaftlichen Beziehungen zwischen den kriegführenden und nichtkriegführenden Ländern nicht genügend bekannt sind." [1]

Angemerkt sei hier noch der Vollständigkeit halber, dass der Universalgelehrte zweifelsohne über die propreußischen Sympathien des Thronfolgers Großfürst Peter informiert war. Und als dieser bereits einige Wochen darauf als Peter III. zum neuen Zar gekrönt wurde, ordnete dieser auch tatsächlich an, dass die russischen Truppen von nun an nicht mehr gegen die preußischen kämpfen werden. Ob diese Gedanken Lomonossows der Zarin Katharina II. bekannt waren und inwieweit sie ihre Entscheidungen beeinflusst haben, ist nicht bekannt.

Bereits gut fünf Monate nach der Machtübernahme entschied sich die 1744 nach Russland gereiste Katharina zur planmäßigen Besiedlung der neu eroberten und noch unerschlossenen Gebiete im Süden des Reiches mit ruhigen und zuverlässigen Kolonisten, welche gleichzeitig auch etwas (westliche) Kultur in das noch relativ „wilde" Land bringen würden.[2] Am 14. Oktober 1762 folgte dann auch eine entsprechende Instruktion an den Senat:

„Da in Rußland viele unbevölkerte Landstriche sind und viele Ausländer uns um Erlaubnis bitten, sich in diesen öden Gegenden anzusiedeln, so geben wir durch diesen Ukas Unserem Senat ein für allemal die Erlaubnis, den Gesetzen gemäß und nach Vereinbarung mit dem Kollegium der auswärtigen Angelegenheiten – denn dies ist eine politische Angelegenheit – in Zukunft alle aufzunehmen, die sich in Rußland niederlassen wollen, ausgenommen Juden. Wir hoffen dadurch den Ruhm Gottes und seiner rechtgläubigen Kirche sowie die Wohlfahrt des Reiches zu mehren." [3]

Und da schon viele russische Bauern aus dem Reich geflohen sind, vor allem nach Polen, fügte sie hinzu: *„Dasselbe gilt für alle russischen Uebersiedler."* [4]

Am 4. Dezember 1762 unterschreibt sie dann auch das Manifest

---

[1] Zitiert nach: Schippan, S. 17 f.
[2] Dietz, S. 23.
[3] Zitiert nach: Jessen Hans: Katharina II. von Rußland im Spiegel der Zeitgenossen. Düsseldorf 1970, S. 144.
[4] [Zitiert nach: Jessen, S. 144.] Vielleicht sollte sich dieser Zusatz positiv auf ihre Beliebtheit auswirken, welche, da sie in den Verdacht der Usurpation des Throns und des Gattenmordes geraten war, schwer angeschlagen war.

„Über die Erlaubnis für Ausländer, außer Juden, hinauszugehen und in Russland zu siedeln und über die freie Rückkehr von russischen ins Ausland gelaufenen Menschen in ihr Vaterland" [1]

Auf einen beigefügten Zettel an den Generalprokuror Alexander Iwanowitsch Gljebow wies Katharina an:

„Dieses Manifest soll in allen Sprachen veröffentlicht und in allen ausländischen Zeitungen abgedruckt werden." [2]

Es wurde dann tatsächlich auch zu je hundert Exemplaren nicht nur in der russischen, deutschen, französischen und englischen Sprache abgedruckt, sondern auch – was weniger bekannt ist – in der polnischen, tschechischen und arabischen.[3] Jedoch – trotz einer entsprechenden Weisung des Innenministeriums an den russischen Diplomatenchor im Ausland – scheint dieses Schriftstück in vielen der ausländischen Zeitungen nicht veröffentlicht worden zu sein, zumal die Regierung auf einer unbedingten Veröffentlichung auch noch nicht bestand.[4] Laut den Mitteilungen der Diplomaten sei es gelungen, beide Manifeste in periodischen Auflagen in deutscher, englischer und französischer Sprache in Holland, den freien Städten Deutschlands, in Dänemark, England und einigen anderen Staaten zu veröffentlichen. Laut Schippan wurde es aber in den österreichischen und schwedischen Zeitungen abgedruckt. Aber wenn das Manifest vom 4. Dezember 1762 fast ungehindert in Europa verbreitet wurde, so sind mit der Publikation des zweiten Manifests vom 22. Juli 1763, welches auch in Schottland und Irland veröffentlicht worden sein soll, in einigen Staaten Schwierigkeiten aufgetreten.[5]

Außerdem ist uns bekannt, dass der russische Gesandte in Kurland Abschriften des Manifests im ganzen Herzogtum verteilen ließ und dass dessen Inhalt jeden Sonntag sogar von den Kirchenkanzeln verlesen worden ist.[6]

Aber noch ein zweiter und entscheidender Umstand war für das Scheitern – sofern von einem überhaupt gesprochen werden kann – dieses ersten Manifests ausschlaggebend: Dieses Manifest war hinsichtlich seines Inhalts äußerst kurz gehalten und trug ausschließlich deklarativen Charakter, weshalb Igor Plewe als Hauptaufgabe in Bezug auf die Einladung von Ausländern nicht mehr als eine Art Programmauftrag an die Regierung und öffentliches Bekenntnis zur einer Peuplierungspolitik sah.

---

[1] Zitiert nach: Plewe, S. 56 f.
[2] [Zitiert nach: Jessen, S. 144.] Generalprokuror Gljebow wurde mit der Leitung der Ausarbeitung des Manifest beauftragt. [Plewe, S. 58.]
[3] Plewe, S. 57.
[4] Plewe, S. 63.
[5] Plewe, S. 65 und: Schippan, S. 27.
[6] Dass hier die Werbung so offen betrieben werden konnte, ist nicht verwunderlich, wenn man bedenkt, dass sich das Herzogtum schon damals vom Zarenreich abhängig war und diesem auch 1795 einverleibt wurde. [Schippan, S.27.]

Wie auch immer, jedenfalls wurde aber bald klar, dass die russische Regierung die Anziehungskraft ihres Landes für die durch den Krieg fast zugrunde gerichteten und hungrigen Bewohner Westeuropas eindeutig überschätzt hatte. Nach Meinung des russischen Diplomatenchors war es unbedingt notwendig, genau formulierte Privilegien und bestimmte finanzielle Mittel in Aussicht zu stellen.[1] Deshalb erließ die Zarin wegen der geringen Resonanz auf dieses Manifest im Ausland am 22. Juli 1763 ein weiteres, welches folgenden Titel trug:

„Über die Erlaubnis allen Ausländern, den nach Russland fahrenden, in den Gubernien zu siedeln in denen sie es wünschen und über die ihnen geschenkten Rechte" [2]

Dem Manifest beigefügt war ein aus zwei Punkten bestehendes Register „der sich in Russland befindlichen freien und günstigen Ansiedlungsorte." [3]

Während im ersten Punkt lapidar von Plätzen *„in Sibirien, Orenburger und Woronežer Gubernium"*, ohne jedoch diese auch aufzuzählen, die Rede ist, so werden sie für das Astrachaner Gubernium, welches damals zur Saratover Wojewodschaft gehört hat, von Saratov stromaufwärts der Wolga einzeln aufgezählt. Somit hat die Regierung bereits im Vorhinein den weitaus meisten Kolonisten die Entscheidung abgenommen. Eine „Zerrstreuung" der Kolonisten hätte für die Regierung nämlich bedeutet, weitere Verwaltungsstellen einrichten zu müssen, was wiederum Ausgaben verursacht hätte.

Die Angaben der genauen Flächenausmaße der sich dort jeweils befindenden Wälder und Heuwiesen zeugen von umfangreichen Vorbereitungsarbeiten (siehe dazu das Kapitel: „Die Planung der Kolonien") und davon, in welchem Maße man sich schon auf dieses Gebiet „eingeschossen" hatte. Insgesamt standen im Gubernium 70.000 Desjatinen Land zur Ansiedlung zur Verfügung.[4]

Außerdem geht aus dieser Liste auch hervor, dass anfangs ausschließlich am linken Wolgaufer gelegene Territorien – aufgrund der dortigen geographischen Gegebenheit als „Wiesenseite" bezeichnet – vorgesehen waren.[5]

Zeitgleich mit dem Manifest wurde auch ein Ukas *„Über die Gründung einer Treuekanzlei für ausländische Kolonisten"* erlassen, bei dessen Zustandekommen Graf Orlow, Katharinas *„schöner Mann aus dem Norden"*, sicherlich nicht die letzte Rolle gespielt haben wird.[1]

---

[1] Plewe, Manifest..., S. 28.
[2] Zitiert nach: Plewe, S. 58. [Da es in Punkt 1 des Manifests ausdrücklich heißt, dass die Erlaubnis an alle Ausländer erteilt wird, wird das Manifest diesmal auch die Juden nicht ausgenommen haben. Das erscheint zwar zugegebenerweise nicht leicht vorstellbar zu sein, jedoch konnte ich auch auf keine anders lautende Instruktion stoßen.]
[3] Zitiert nach: Terjochin, Sergej: Deutsche Architektur an der Wolga. Hrsg. vom Verein für das Deutschtum im Ausland. Berin, Bonn 1993; S. 10, Sp. 2.
[4] Dietz, S. 40 und: Plewe, S. 115.
[5] Am 19. März 1764 wurden dann auch die Ländereien am anderen Flussufer, auf der „Bergseite", zur Ansiedlung freigegeben. [Dietz, S. 41.]

Dieser wurde dann auch zum ersten Präsidenten des Kontors bestimmt, ihm standen neben einem Vizepräsidenten 16 Bedienstete zur Erfüllung der Aufgaben bei. Das jährliche Budget wurde für den Anfang mit 200.000 Rubel festgelegt, konnte aber in der Folgezeit je nach Bedarf erhöht oder reduziert werden.[2] Die Aufgaben und Verpflichtungen wurden in einer speziellen aus neun Punkten bestehenden Instruktion aufgezählt. Als die zwei weitaus wichtigsten kann die Verpflichtung, den in Russland ankommenden Aussiedlern Wohnmöglichkeiten zur Verfügung zu stellen, und jene, sie *„besonders, aber ohne Zwang, zur Ansiedlung an freien Plätzen zu überreden"*, genannt werden.[3]

Das Kontor hatte das Recht, mit Vertretern ausländischer Staaten direkte Gespräche in Bezug auf die Kolonisationsmaßnahmen zu führen. Es war mit Ausnahme von Finanzfragen, in welchen es dem „Revisionskollegium" Rechenschaftsberichte zukommen lassen musste, ausschließlich der Zarin selbst zur Rechenschaft verpflichtet. Falls die bisher erlassenen Bestimmungen nicht ausreichend seien und zu ihnen irgendwelche Ergänzungen nötig sein sollten oder „Hilfe" in einer anderen Angelegenheit von Nöten sein sollte, so musste sich das Kontor an den Senat wenden, welcher umgehend schnellstmöglich und zu Gunsten des Kontors aktiv zu werden hatte. Falls es jedoch in der Zusammenarbeit mit dem Senat zu Problemen kommen würde, so gab es die Möglichkeit, sich direkt an die Herrscherin zu wenden. Indem die Zarin das Kontor und seinen Präsidenten mit solchen bedeutenden Rechten ausstattete, ermöglichte sie ihm bereits von Anfang an ein ungehindertes, von bürokratischen Hürden freies Arbeiten.[4]

Diese beiden Gesetzesakte bildeten das Fundament der ganzen Siedlungspolitik und machten gemeinsam in ihrem Zusammenwirken die Ansiedlung von Ausländern im großen Stil erst möglich.

Um sich selbst darüber ein Bild machen zu können, welche goldenen Berge den Kolonisten vorgespielt wurden, jedoch in der Folge nur zum Teil gehalten wurden, habe ich das Manifest im Anhang auf den Seiten 155-159 angefügt. Nichtsdestotrotz kann ich nicht umhin, bereits an dieser Stelle einige Worte über den Inhalt des Manifests zu verlieren. Während in den ersten fünf Punkten des Schriftstücks das Organisatorische und die Ablaufmechanismen für

---

[1] [Zitiert nach: Plewe, S. 58.] Zur Bezeichnung dieser Verwaltungsstelle hat sich der Begriff „Kontor" eingebürgert, seltener werden die Begriffe „Treukontor", „Treuekanzlei" oder gar auch „Vormundschaftkanzlei / -kontor" bzw. „Tutelkanzlei / - kontor" verwendet. Die Bezeichnung „Vormundschaftkanzlei" kommt von der Annahme, die Kolonisten seien nicht mündig, weshalb es einer besonderen Aufsicht über sie bedürfe. In dieser Arbeit werden alle Begriffe verwendet.
[2] Plewe, S. 63, S. 230.
[3] Zitiert nach: Dietz, S. 39.
[4] Plewe, S. 63.

die Einwanderer geregelt wurden (siehe Anhang), wurden in den Punkten 6-10 – mit Ausnahme von Punkt 8 – die von der Zarin verliehenen Privilegien und Vergünstigungen genauer erläutert (Punkt 10 nimmt jedoch eine Zwischenstellung ein).

Eines der wichtigsten von allen Privilegien war sicherlich die Zusicherung der Glaubensfreiheit (Punkt 6.1). Sie stand jedoch unter einem Gesetzesvorbehalt, denn die Errichtung von Kirchen und die Unterhaltung der notwendigen Patres und Pastoren wurde nur für diejenigen Plätze erlaubt, wo die Ausländer in Kolonien siedelten. Falls sie jedoch versuchen sollten, Anhänger des orthodoxen Glaubens „bekehren" zu wollen, so mussten sie darauf gefasst sein, die volle Strenge des Gesetzes zu spüren zu bekommen. Jedoch war es erlaubt und sogar erwünscht Muslime zu „bekehren"; darüber hinaus durfte man sie sogar zu Leibeigenen machen.

Auch die Befreiung von „jeglichen Steuern und Erschwerungen" auf dreißig Jahre musste auf die meisten Untertanen (deutscher) Territorialfürsten, die sich in der Regel in persönlicher Abhängigkeit vom Gutsherrn befanden, äußerst verlockend wirken (Punkt 6.2). An dieser Stelle sei bemerkt, dass das bereits erwähnte, vorbildliche Manifest des Dänenkönigs Friedrich V. eine Abgabenbefreiung für lediglich 20 Jahre vorsah.[1] In den Genuss dieser dreißig Freijahre kamen aber nur jene samt ihren Nachkommen, welche sich auch in den im speziellen Register angeführten Gegenden niedergelassen hatten. Jene, welche Moskau, St. Petersburg bzw. die Städte Livlands, Finnlands, Estlands, Ingermanlands oder Kareliens bevorzugten, sollten sie sogar nur auf fünf Jahre genießen.[2]

Aber auch die in Aussicht gestellte Befreiung vom Militärdienst war für viele aus den deutschen Fürstentümern und Grafschaften kommenden Siedler angesichts des "Hungers" ihrer Landesväter nach immer neuen Soldaten ein entscheidender Punkt (Punkt 6.7).[3] Erinnert sei hier nur an die Tatsache, dass die hessischen Landgrafen in der ersten Hälfte des 18. Jahrhunderts zehntausende ihrer "Landeskinder" an die Seemächte England und Niederlande verkauften, um dann für ihre neuen Herrn als Soldaten in Nordamerika kämpfen zu müssen.[4]

Nicht zuletzt wird auch das für die gesamte Dauer der Reise ausbezahlte Tagegeld (Punkt 6.8) (siehe dazu S. 42) viele dazu veranlasst haben, sich in Deutschland als Kolonisten einschrei-

---

[1] Schippan, S. 21
[2] Laut Plewe gab es auch eine Zehnjahresfrist, sie hätte für diejenigen gegolten, die sich in Gebietsstädten und Provinzstädten niederlassen wollten. Im Manifest ist aber von ihr keine Rede. [Plewe, S. 60.]
[3] In Russland bedeutete Militärdienst, dass der Betroffene, der per Losentscheid aus dem Kreis der wehrpflichtigen Männer einer Gemeinde bestimmt wurde, für 25 Jahre zu diesem Dienst verpflichtet war. Die Befreiung der deutschen Siedler vom Militärdienst war also ein besonderes Privileg, das wirkte.
[4] Schippan, S. 21.

ben zu lassen, um sich dann gegebenenfalls noch im letzten Augenblick heimlich davonzustehlen (dass das aber meist bereits schon nicht mehr so leicht war, werden wir noch sehen).

Weitere wichtige Punkte waren:

- Zusicherung einer allseitigen Hilfe (Punkt 6.3)
- Möglichkeit der Aufnahme eines zinslosen Darlehens für die Dauer von 10 Jahren zum Bau von Häusern, für Verpflegung bis zur ersten Ernte, Vieh und landwirtschaftlichen oder handwerklichen Geräts; (Punkt 6.4)
- Jurisdiktion im eigenen Wirkungsbereich (jedoch mussten sie sich in besonderen Fällen dem russischen Zivilrecht unterwerfen) (Punkt 6.5)
- zollfreie Einfuhr ihres Vermögens (Punkt 6.6)
- Abhaltung von Markttagen oder Jahrmärkten nach eigenem Gutdünken, ohne sich jedoch dadurch mit Zöllen, Abgaben oder Maßnahmen gleicher Wirkung belasten zu müssen (Punkt 6.11)

Das – was uns so oft die ältere Literatur weismachen möchte – „nicht im Geringsten auch nur der leiseste Zweifel darüber aufkommen" kann, „dass die Zarenregierungen eine nach der anderen die Versprechungen der Manifeste nicht gehalten haben", kann in dieser uneingeschränkten Form nicht stehengelassen werden.[1] Viele der den Kolonisten zuerkannten Privilegien hatten über 100 Jahre, bis zur Auflösung des Kontors (1871) Gültigkeit. Schwer und unheilvoll wog für die Kolonisten jedoch der Umstand, dass ihnen von der Regierung bereits nach kurzer Zeit eine innere Verwaltungsbehörde, das Kolonistenkontor, aufgezwungen wurde.

Dieses zweite Manifest erschien laut Schippan nun auch tatsächlich in den deutschen und französischen Zeitungen, vor allem aber kam es zu seiner Verbreitung in den freien Reichsstädten Deutschlands, in England, Dänemark, Schottland und Irland.[2] Es sind unter den ersten Siedlern auch tatsächlich ganz vereinzelt einige Dänen, aber auch Finnen und Schweden zu finden. Erwähnenswert ist auch, dass sich unter den ersten Siedlern auch welche orthodoxen Glaubens befanden. So stellten sie in der Kolonie Husaren ein Drittel der Bevölkerung, von ihnen stammten vier Familien aus Polen, drei aus Konstantinopel, zwei aus dem Habsburgerreich und je eine aus der Ukraine bzw. aus Russland.[3]

---

[1] Zitiert nach: Kufeld, S. 49.
[2] Schippan, S. 27.
[3] Plewe, Igor: Einwanderung in das Wolgagebiet 1764 – 1767. Band 1: Kolonien Anton – Franzosen. Hrsg. von Alfred Eisfeld. Duderstadt 1999, S. 23.

Sehr interessant ist auch, dass die Zarin laut Pastor Kufeld daran dachte, „eine Anzahl von den Russen im Glauben verwandten Griechen nach Südrussland zu berufen". Dieser angebliche Wunsch der Zarin konnte aber schon deshalb nicht im erwünschtem Ausmaß in Erfüllung gehen, da die Pforte die Ansiedlungsaktivitäten in Südrussland schon seit langem mit Misstrauen beobachtete, da sie um ihre Hoheitsstellung im Schwarzen Meer fürchtete. Und zum Zweiten musste Punkt 6.1 des Manifests, welcher den südrussischen Kolonisten das Recht auf Missionsarbeit an den dem moslemischen Glauben zugetanen Steppenvölkern gestattete, um sie dadurch leichter „untertänig" machen zu können, auf einen Muslimen wie ein Schlag ins Gesicht wirken. Deshalb war an eine Veröffentlichung des Manifests im Osmanischen Reich nicht einmal zu denken, und dem Residenten zu Konstantinopel wurde lediglich aufgetragen, *„das Manifest möglichst heimlich und in Stille"* zur allgemeinen Kenntnis zu bringen, und zwar nur jenen, welche auch wirklich auszusiedeln geneigt waren. Wie es auch nicht anders sein konnte, sollen die Erfolge in der Türkei sehr gering gewesen sein, ich möchte überhaupt in Frage stellen, ob man von solchen überhaupt sprechen kann.[1]

---

[1] Kufeld, S. 53.

Gründe für die Auswanderung aus Deutschland

Gerne oder aus purer Auswanderungslust sind sicherlich nur die Wenigsten ausgewandert. Wie schwer der Abschied von der Heimat sein konnte, zeigt eine Stelle aus dem Reisetagebuch von Friedrich Schwartz, der mit seiner Familie 1817 aus Württemberg ins Schwarzmeergebiet auswanderte:

„Donnerstag. Juni 26 neuen Stils war es, als ich mit meiner Frau und neun Kindern von Kupferzell abreiste und den allerbittersten Trennungsschmerz schmecken mußte. Beim Landthurn, wo wir Kupferzell noch sehen konnten, nahm ich unter heißen Tränen nochmals knieend von meinem lieben Geburtsort, dankend – indem ich die Erde küßte, Abschied. Meine lieben Brüder begleiteten uns bis über Hall hinaus, wo wir uns unter tausend Tränen das letzte Lebewohl sagten." [1]

Aber auch für unser Thema liegen ähnliche Zeilen vor. Im Jahr 1766 ließ sich in Lübeck Bernhard von Platen, ein ehemals in preußischen Diensten stehender Offizier, anwerben. Vielleicht ging er nur deshalb nach Russland mit, weil er sich aufgrund seines Adelstitels eine Anstellung als Offizier in der kaiserlichen Armee erhofft hatte. Stattdessen aber sollte auch er wie all die anderen ein Ackerbauer werden. Da er sich aber weigerte, blieb ihm nur mehr übrig, als Dorfschulmeister sein Brot zu verdienen.[2] Ihm haben wir eine aus Knittelversen bestehende 67-strophige Reisebeschreibung zu verdanken, von denen drei an dieser Stelle wiedergegeben werden: [3]

Was ist das vor ein Schmerz
Daß ich muß Deutschland meiden
Und nun als Kolonist
Viel Plag und Kummer leiden
Betrübniß viel Verdruß
Zu Wasser und zu Land
Drum bin ich ärgerlich
In diesem neuen Stand.

Mundirung Geld und Gut
Thät mir nun gänzlich fehlen
Kurz meine ganze Sach
War herzlich schlecht bestellt
Ich kann es ohne Klag
Vor Leute so verhehlen
Ich mußte Barfuß gehen
Kein Schnapps war nicht zu wählen.

Drauf resolvirt ich mich
Auch mit dahin zu gehen
Ob ich mein Glück nicht könnt
In Rußland blühen sehen
Ging also eilings hin
Zum Werbungs-Kamisanden
Sagt daß ich ein Offizier
Auch gut von Adel wär.

---

[1] Zitiert nach: Stumpp, Karl: Ostwanderung. Akten über die Auswanderung der Württemberger nach Rußland 1816-1822. Leipzig 1941, S. 208. (Sammlung Georg Leibbrandt. Quellen zur Erforschung des Deutschtums in Osteuropa. Band 2.)
[2] Schippan, S. 52.
[3] Das ganze Poem befindet sich auf der Internetseite: http://www.russlanddeutschegeschichte.de/deutsch1/poem_platen.htm

Als unmittelbarer Anstoß für viele, der Heimat den Rücken zuzukehren, sind natürlich die Folgen des Siebenjährigen Kriegs zu nennen. Dieser verursachte nicht nur hohe Kriegssteuern, sondern löste auch eine immense Preissteigerungswelle aus. Kriegsbedingte Ernteausfälle und Missernten ließen vor allem die Lebensmittelpreise sprunghaft ansteigen, wobei jene für Getreide und Brot die höchsten waren. Dieser Trend, begünstigt durch eine Reihe anderer Faktoren, setzte sich auch noch lange nach dem Siebenjährigen Krieg fort. So musste um 1800 eine fünfköpfige Maurerfamilie in Berlin ca. 73% der Gesamtausgaben für Nahrungsmittel aufwenden, ca. 42% alleine für Brot.[1]

Die Situation der unteren Bevölkerungsschichten verschärfte sich noch dadurch, dass auch in solchen Zeiten die Landesfürsten auf ihre zumeist prunkvolle Hofführung nicht verzichten wollten.

Wie drückend die wirtschaftliche Not und Verschuldung gewesen war, kommt immer wieder in den Gründen für das Auswanderungsgesuch und den Verhören zum Ausdruck. Fast amüsant klingt die Aussage eines Ludwig Köhlers, er habe seit acht Tagen kein Brot mehr zuhause gehabt und aus Hunger den Rock seiner Frau versetzen müssen. In der Aussicht auf die in Aussicht gestellten Tagegelder habe er die einzige Möglichkeit gesehen, seine Familie vor dem Hungertod zu retten.[2]

Aber allein den Siebenjährigen Krieg für die große und sich hartnäckig haltende Armut und die regelmäßig wiederkehrenden Hungerjahre verantwortlich machen zu wollen, wäre nicht genug. Denn vor allem in der Frühen Neuzeit waren neben Naturereignissen (starke Regenfälle und Überschwemmung, Stürme, Hagel, Heuschreckenschwärme, Dürre) auch konjunkturelle und demographische Faktoren für die Entstehung von Hungersnöten und Armut verantwortlich, welche im Folgenden betrachtet werden sollen.

Bereits nach dem Dreißigjährigen Krieg wurde das Produktionssystem auf eine harte Probe gestellt, denn die europäischen Bevölkerung wuchs mit rasanter Geschwindigkeit weiter, allein im 18. Jhdt war sie um schätzungsweise unglaubliche 70 Millionen Menschen auf 195 Millionen angewachsen. In dieser Zeit traten deshalb die meisten Hungerperioden auf (vielleicht mit Ausnahme des 11. Jhdts.), fast jedes vierte Jahr war ein Hungerjahr – jedoch

---

[1] Dieses Rechenbeispiel beansprucht nur dann Gültigkeit, wenn der Mann das ganze Jahr hindurch Arbeit fand. Zum Vergleich: 1965 entfielen im bundesdeutschen Durchschnitt auf die Ausgaben für Lebensmittel nur mehr 32% der Gesamtausgaben, auf Brot und Nährmittel sogar nur mehr 4,2%. [Abel, Wilhelm: Massenarmut und Hungerkrisen im vorindustriellen Deutschland. Göttingen 1977, S. 14.]
[2] Decker, Klaus Peter: Büdingen und Feuerbach bei Friedberg als Werbeplätze der Rußlandauswanderung von 1766. IN: Heimatbuch der Deutschen aus Rußland 1982-1984. Hrsg. von der Landsmannschaft der Deutschen aus Russland e.V., Stuttgart 1984; S. 18, Sp. 2.

forderten diese – nach Montanari – weniger Menschenleben als in der Vergangenheit. Kennzeichnend dafür ist auch der Umstand, dass nach 1750 in Europa der Fleischkonsum stark zurückging. Beispielsweise wurden in dem ca. 400.000 Einwohner zählenden Neapel 1770 ungefähr 21.800 Rinder geschlachtet, 200 Jahre zuvor aber ca. 30.000, obwohl die Bevölkerung um die Hälfte kleiner war.[1] In Deutschland soll die Anzahl der Kühe vor allem an der Nordseeküste zwischen 1745 und 1770 katastrophal eingebrochen sein, erst danach trat eine leichte Erholung ein. Der Grund hiefür war eine erhöhte Mortalität der Tiere, welche auf die ab der zweiten Hälfte der 1750er Jahre einsetzende Klimaverschlechterung zurückzuführen ist (plötzlich gab es weniger Weideflächen).[2] Ähnlich wie auf das Graswachstum wirkte sich die Klimaänderung auch auf das Getreidewachstum aus.

Ein Umstand, auf den im Zusammenhang mit der rasch voranschreitenden Verarmung hingewiesen werden sollte – wenn er auch nur sehr bedingt als eine Mitursache geltend gemacht werden kann – ist die Rechtsform, nach welcher der Hof vererbt wurde. In den norddeutschen Gebieten dominierte das Anerbrecht. Bei ihm erhielt ein Erbe den gesamten Hof, alle anderen Erben wurden abgefunden. Ihnen blieb nichts anderes übrig, als im Handwerk eine Erwerbstätigkeit zu finden bzw. als Knecht oder Magd ein Absinken in die Schicht der landlosen dörflichen Bevölkerung hinzunehmen. Der Versuch, durch die Binnenkolonisation zusätzliches Ackerland zu schaffen, brachte wegen der schlechten Bodenqualität keine besonderen Resultate.[3]

Bei der Realteilung, die vor allem in Süddeutschland praktiziert wurde, erhielt jedes Kind einen gleich großen Landanteil. Die daraus resultierende Zersplitterung des Bodens führte zu immer kleineren bäuerlichen Wirtschaften, deren Größe ab einem bestimmten Punkt nicht mehr ausreichte, um eine Familie von den Erträgen zu ernähren. Diese Situation trat spätestens am Ende des 18. Jahrhundert ein. Darüber hinaus wurden kleinere Bauernhöfe im Vergleich zu größeren noch stärker belastet.[4]

Sowohl das starke Bevölkerungswachstum als auch die schlechten Erträge in der Land- und Viehwirtschaft riefen eine allgemeine Teuerung von Waren hervor, welche nicht zuletzt auch

---

[1] Montanari, Massimo: Der Hunger und der Überfluss. Kulturgeschichte der Ernährung in Europa. München 1993; S. 155, S. 174.
[2] [Baten, Jörg: Ernährung und wirtschaftliche Entwicklung in Bayern (1730 – 1880). Beiträge zur Wirtschafts- und Sozialgeschichte. Band 82. Stuttgart 1999; S. 77, S. 87.] Gras beginnt nämlich erst bei Temperaturen über 8 C° dauerhaft zu wachsen, hingegen hört es damit unter 5 C° auf. Außerdem wirkte sich eine längere Futterperiode mit „Raufutter" (vorwiegend Stroh) auch auf die Milchproduktion der Kühe und deren Anfälligkeit für Seuchen aus. [Baten, S. 71.]
[3] http://de.wikipedia.org/wiki/Anerbrecht
[4] http://de.wikipedia.org/wiki/Realteilung

auf die Inflation des Geldes, welche durch den spanischen Import von Edelmetallen ausgelöst wurde, zurückzuführen ist. Verschärft wurde die durch den Reallohnverfall ausgelöste Krise durch Beschäftigungseinbrüche im Gewerbe. Muss nämlich ein größerer Teil des Vermögens für Lebensmittel aufgewendet werden, dann kommt auch die Nachfrage nach Produkten des längerfristigen Bedarfs oder nach Dienstleistungen ins Stocken. So wurden die großen Hungersnöte der Jahre 1770/71 und 1816/17, die vor allem Gebiete mit protoindustrieller Beschäftigungsstruktur (z.B. Oberhessen) betrafen, durch Konjunktureinbrüche in der Textilindustrie verursacht.[1]

Nirgends war nur ein Grund für die Auswanderung allein ausschlaggebend. Immer wirkten mehrere Gründe zusammen, wobei in dem einen Lande der eine, in dem andern der andere Grund überwog. In ihrer Gesamtheit führten die genannten Faktoren zu einer massenhaften Verelendung und Verarmung der Bevölkerung.

---

[1] Vgl: Abel, Wilhelm: Die Wüstungen des ausgehenden Mittelalters. Stuttgart 1976, S. 7 f.

Auswanderungsverbote in den Ländern Europas

Die meisten europäischen Staaten wollten und konnten aber in so einer schwierigen Zeit keinesfalls hinnehmen, dass ihnen die eigenen Bürger abspenstig gemacht würden. Deshalb wurden in vielen Staaten Verbote gegen die Auswanderung erlassen, in welchen sich in der Regel folgende zwei Grundgedanken finden: Zum einen kommt es dadurch zu einem für den Staat schmerzhaften Verlust an Arbeitskräften, und zum anderen wird immer wieder der „Sorge" des Landesherren über die vermeintlich unsichere Zukunft der Auswanderer Ausdruck verliehen. Tatsächlich aber dürfte die Angst um den Verlust an Steuereinnahmen und Arbeitskräften das wahre Motiv für die Landesherren gewesen sein.

Im Auswanderungsverbot der pfälzischen Regierung vom 29. April 1766 wurde – im Unterschied zu vielen anderen Auswanderungsverboten – insbesondere vor den Gefahren, die die Auswanderer in der Fremde erwarten würden, gewarnt. In ihm wurde angeordnet,

- dass alle Werber, die das pfälzische Herrschaftsgebiet betreten, *„gefänglich einzuziehen"* und zu verhören waren und

- dass die Untertanen ermahnt bzw. darüber informiert werden mussten, dieser *„Gattung Leuten, die wegen der ihnen zugesagten Belohnung, sie gleichsam nur zu erkaufen suchten, keinen Glauben bei[zu]messen, wohl aber die sich zuziehende Leibes- und Lebensgefahr und sonstige Unbequemlichkeiten [zu] betrachten".*

- Zugleich wurden die Untertanen gewarnt, *„das ihnen großen Teils angeborene, von Gott und Natur hinreichend gesegnete Land"* nicht gegen ein solches einzutauschen, *„welches wegen der beschwerlichen Überfahrt der See, wenig zu erreichen Hoffnung hätten, und worinnen sie der fremde Himmelsstrich vielen Krankheiten aussetze, dessen Sprache und Lebensart sie unkundig, dazu auch nicht wissen könnten, welche Lage ihnen zuteil würde, werden, und ob, statt einer vorgeblich guten, nicht in einer sumpfigen, öden und unfruchtbaren, auch unsicheren Gegend ihren Wohnsitz aufschlagen mögten [...]"*

- Die Ortsvorstände wurden angewiesen, auf die *„verdächtigen unvermöglichen Untertanen gut Acht zu haben, und durch dann und wann nächtlicher Teil in dem Ort herumschickende Wachen solches Vorhaben zu behindern trachten. [...]"*

- Die abziehenden Untertanen waren zu verfolgen, einzuholen und *"arrestierlich hin(zu)setzen"*, zu verhören und nach Maßgabe der Vorgesetzten zu bestrafen.

- Darüber hinaus drohte den Ortsvorständen, die eine Abwanderung nicht verhindert hatten, ebenfalls eine Strafe.[1]

Was Österreich, insbesondere aber Ungarn anbetrifft, so traten hierzulande schon 1609 und 1613 Verbote gegen die Auswanderung in Kraft. Diese bekamen erst dann ihre „besondere Wirkung", als Kaiser Karl VI. anfing, seine freien Ländereien in Ungarn mit Kolonisten zu besiedeln.[2]

Und als dann der Ruf nach Russland folgte, sollte es laut dem wolgadeutschen Pastor Gottlieb Beratz auch des Öfteren vorgekommen sein, dass deutsche Auswanderer, die bereits von ihrer Regierung die Erlaubnis erteilt bekommen hatten, sich nach Ungarn zu begeben, wegen größerer in Aussicht gestellter Vorteile das eine vermeintliche Paradies dem anderen vorzogen.[3]

Folglich erließ die österreichische Regentin Maria Theresia am 16. November 1763 ein Auswanderungsverbot, in welchem den Auswanderern fünf Jahre Kerker und Lagerarbeiten und den Werbern samt ihren Helfern und Helfershelfern oder auch nur jenen, die die Bevölkerung durch Wort und Tat zur Auswanderung ermutigen würden, der Tod durch den Strang in Aussicht gestellt wurde.[4]

Aufgrund dieser schwierigen und gefährlichen Arbeitsbedingungen fasst der Gesandte zu Wien Graf Golizyn den Entschluss, das Manifest lediglich in den ausländischen Zeitungen Österreichs zu veröffentlichen, was anscheinend dem Wiener Hof zu keinen (größeren) Protesten Veranlassung gab.[5] Am 7. Juli des Jahres 1768 folgte ein weiteres kaiserliches Edikt, welches im Anhang zur Ansicht zur Verfügung steht.

Beim Durchsehen der Namenslisten der ausländischen Kolonisten für die Kolonien „Anton" bis „Franzosen", die zwischen 1764 und 1767 an die Wolga kamen, bin ich daher auch nur auf drei Österreicher gestoßen, welche alle Lutheraner und Ackerbauern waren und in der Kolonie Dobrinka angesiedelt wurden.[6]

Ähnlich strenge Verbote, die den Werbern Leibesstrafen, gegebenenfalls aber die Todesstrafe androhten, wurden in Frankreich, Spanien, Preußen, Bayern, Hessen-Kassel, dem Bistum Münster und von vielen anderen Regierungen oder Fürsten und Kurfürsten deutscher Länder

---

[1] Zitiert nach: Schippan, S. 221 f.
[2] Der jährliche Auswanderungsstrom aus Deutschland nach Ungarn betrug laut Schippan ca. 10.000–15.000 Menschen. [Schippan, S. 32.]
[3] Kufeld, S. 54.
[4] Kufeld, S. 54 f. und: Plewe, S. 65.
[5] Kufeld, S. 54 f.
[6] Plewe, Einwanderung in das Wolgagebiet 1764 – 1767..., S. 314, S. 316, S. 326.

(Mainz, Trier, Köln (hierzu gehörten Besitzungen am linken Rheinufer und Westfalen), Pfalz, Bayreuth, Grafschaft Hanau,…) erlassen. Ebenfalls wurden die Werber in den thüringischen Kleinstaaten und in Schleswig und Holstein bei ihrer Arbeit behindert.

Was die ersten beiden Staaten betrifft, so wurden auch hier schon bis zum Jahr 1762 eine Reihe von dementsprechenden Gesetzen gegen die Auswanderung erlassen, weshalb die russische Regierung von Versuchen einer unbedingten Veröffentlichung des Manifests vom 4. Dezember 1762 in diesen Ländern Abstand nahm. Aber in einem Begleitschreiben zum Manifest des Jahres 1763 wurde diese Einschränkung nicht mehr gemacht, und so blieb dem Botschafter Fürst Golizyn nichts übrig als einzelne Exemplare an die Bevölkerung verteilen zu lassen.[1] Sogar in der ehemaligen Heimat Sachsen erließ der dort regierende Prinz Xaver, der Bruder der Zarin, einen Erlass gegen die Auswanderung, in welchem er seinen Beamten unter anderem folgende Instruktion gab: *„Ihr wollet dahin sehen, daß bey Gelegenheit, da die teutsche Emigranten, die nach Rußland gehen, ihren Sammlungsort in Rosslau haben, keine Leute aus unserem Land wegzugehen verleitet werden."* [2]

Bruder oder nicht, bedenkt man aber, dass hier der Bevölkerungsschwund zwischen 1752 und 1762 durch den Siebenjährigen Krieg, durch Krankheiten, Seuchen und auch Abwanderung 90.000 Menschen betrug (ein Minus von 5,3 %), so konnte auch ihm letztendlich keine andere Wahl bleiben.[3]

In England und den Niederlanden war die Auswanderung zwar anscheinend erlaubt, jedoch konnte man bei ihnen aufgrund des verhältnismäßig hohen Grads an wirtschaftlicher Entwicklung kaum auf Erfolg hoffen. Als potentielle Auswanderer boten sich im Prinzip nur die Ärmsten der Gesellschaft oder auch dort lebende Ausländer an. So berichtete der russische Botschafter Heinrich Gross im November 1763 nach Petersburg, dass an ihn – außer *„einigen windigen und untauglichen Franzosen"* – wenige mit dem Wunsch auszuwandern herangetreten seien.[4]

Ungeachtet solcher strenger Verbote haben sich aber nicht allzu wenige Kolonisten illegalerweise unter das Gros der Auswanderer gemischt. Dass ihnen das überhaupt gelungen ist, könnte darauf hindeuten, dass es tatsächlich „Elemente" gab, die man ohneweiters gerne gehen lassen wollte. Es soll auch wirklich vorgekommen sein, dass bei den Regierungen um

---

[1] Plewe, S. 66; Kufeld, S. 91; Schippan, S. 43 f., S. 47.
[2] Zitiert nach: Dittmar Dahlmann: Die Deutschen an der Wolga von der Ansiedlung 1764 bis zum Ausbruch des Ersten Weltkrieges. IN: Deutsche in Russland. Hrsg. von Hans Rothe. Köln, Weimar, Wien, Böhlau 1996. (Studien zum Deutschtum im Osten. Band 27. Hrsg. von der „Kommission für das Studium der deutschen Geschichte und Kultur im Osten" an der Rheinischen Friedrich-Wilhelm- Universität Bonn.), S. 3.
[3] Schippan, S. 27 f.
[4] Plewe, S. 66.

die Erlaubnis zur Auswanderung im Nachhinein angesucht wurde und diese in so genannten Manumissionsscheinen, welche belegten, dass der Auswanderer mit keiner Leibeigenschaft belastet war, erteilt worden ist.[1] So heißt es in einem Kommentar zur Bitte eines Auswanderers, ihm das ausstehende Schutzgeld zu erlassen: *„Wer nichts hat, der kann nichts geben, er ist der Stadt lästig und dem Wald schädlich, mithin der Erlaß [...] das beste Mittel ihn los zu werden."* [2]

---

[1] Kufeld, S. 56.
[2] Zitiert nach: Decker, S. 18, Sp. 2.

Soziale Zusammensetzung und Herkunftsgebiete der deutschen Auswanderer

Nicht sehr schmeichelhaft fiel das Urteil des Kolonisten Christian Gottlob Züge über die Menschen, mit denen er von Lübeck aus die Reise in die Siedlungsgebiete an der Wolga antrat, aus. Züge beschrieb sie folgendermaßen:

„Ein großer Teil der Gesellschaft bestand aus Auswürflingen, die in fernen, unwirthbaren Gegenden ein Unterkommen suchten, weil das Vaterland sie ausgespien hatte, oder ihnen zum mindesten ein solches Schicksal drohte.

Man fand hier verzerrte Physiognomien, welche die Natur, durch scharf markierende Züge, ein so deutliches Brandmahl aufgedrückt hatte, als ob ihnen von der Justiz Galgen und Rad eingebrannt worden wären, und vielleicht waren auch einige mit den letzten bezeichnet, wenigstens müßte ich mich in meinen Beobachtungen ganz betrogen haben, hätten sich nicht unter unserm Haufen einige Verbrecher befunden, die entweder der sie verfolgenden Gerechtigkeit entronnen, oder aus der Haft entflohen waren. Die minder schlechten aus dieser Classe bestanden aus Gaunern, feilen Dirnen oder Kupplerinnen, welche ihr Gewerbe hier im Kleinen trieben, da sie keine Gelegenheit hatten, Geschäfte im Großen zu machen.

Sittenlose Menschen, die sich in jeder Lage wohl befinden, sobald sie nur ihren groben Lüsten ungestört frönen können, bildzeten eine zweyte, nicht weniger mißfällige Classe. Zur dritten, der kleinsten von allen, formten sich einige Unglückliche, welche der Druck widriger Schicksale oder die Verfolgung ihrer Mitbürger aus dem Vaterlande jagten, und die nun versuchen wollten, ob ihnen in Rußlands Steppen eher ein Glück lächeln würde, und ob die Menschen dort menschlicher wären als daheim.

Die vierte und zahlreichste Classe war zusammengesetzt aus Abentheurern, Leichtsinnigen, die zu jedem gewagten Unternehmen bereit sind ..., oder Unerfahrenen, welche listigen Ueberredungen Gehör gegeben hatten, und an den goldenen Bergen, die man ihnen versprach, nicht im geringsten zweifelten. Zu den letzteren gehörte insbesondere auch ich, wie wohl ich nicht leugnen will, daß man mich auch allenfalls zu den Abentheureren hätte zählen können, ohne mir eben zu viel zu thun." [1]

Als Beweis dafür, dass von vielen Werbern wirklich alle möglichen Leute angenommen wurden, erwähnte Züge auch, dass sich während der Reise an den Bestimmungsort ihm zu seiner Begleitung in der Nähe von Kasan ein Schneider anbot, den er auch, *„weil er ein lustiger Mensch war, zur Gesellschaft mitnahm, ob er"* ihm *„gleich wenig helfen konnte, da er ein schwächlicher, elender Mensch war."* Dieser, *„welcher mit seinen krummen Händen nicht einmal mehr die Nadel führen konnte, war zu anderen Arbeiten noch weit weniger*

---

[1] Beim Lesen dieses Auszuges sollt man aber auch bedenken, dass sich Züge als „ehrbarer Handwerksgeselle" berechtigt fühlte, mit einer gewissen Arroganz bzw. mit Standesdünkel auf seine Reisegenossen herabzublicken. [Zitiert nach: Züge, Christian Gottlob: Der russische Colonist oder Christian Gottlob Züge's Leben in Rußland. Nebst einer Schilderung der Sitten und Gebräuche der Russen, vornehmlich in den asiatischen Provinzen. Hrsg. von Gert Robel und Wolfgang Griep. Bremen 1988, S. 25 f. (Nachdruck der Originalausgabe; Zeitz, Naumburg, Webel 1802.)]

geschickt, und dennoch hatte man ihn ohne Umstände angenommen, ob sich schon voraussehen ließ, daß er Rußland zu nichts nütze sein würde, wohl aber Rußland ihm, wenn es ihn bis an seinen Tod fütterte." [1] Und auch das älteste Grundbuch der Gemeinde Katharinenstadt bestätigt uns diesen Sachverhalt: Selbst Unmündige, elternlose Weise, Alte, Schwache und Krüppel wurden angenommen. Hatte man sich nur schon gemeldet, so war man auch schon mit dabei![2]

Es kann sicherlich nicht geleugnet werden, dass sich die Masse der Auswanderer wohl aus solchen Menschen zusammensetzte, deren Vergangenheit es ihnen wünschenswert erscheinen ließ, sich durch die „Flucht ins Paradies" den Augen ihrer Landsleute zu entziehen. Aber es muss auch darauf hingewiesen werden, dass in den ersten Jahren viele Handwerker und ehemalige Armeeangehörige, aber auch so mancher Kaufmann, Künstler oder Gelehrte unter den Kolonisten zu finden war, ja sogar ein Graf Dönhof aus Berlin konnte eruiert werden.[3]

Auch die Urteile der meisten Zeitgenossen, welche in den Anfangsjahren der Kolonialisierung das untere Wolgagebiet bereist haben, fielen hauptsächlich negativ aus: So nannte sie Prof. Falck einen *„gemischten Haufen"*, von welchem *„manche von vorzüglichen Geschicklichkeiten, die meisten aber Faulenzer und Abenteurer"* waren, und Prof. Pallas konstatierte in seinen Memoiren mit dem Titel „Reise durch verschiedene Provinzen des Russischen Reichs 177?-1773" (gedruckt in St. Petersburg von der Kaiserlichen Akademie der Wissenschaften), dass sie *„mehr nahrungslose Handwerker und Musiksänger sind als gute Ackerbauern."* [4]

Wenn sich also auch einige durchaus ganz „brauchbare" Menschen unter den Auswanderern fanden, so waren sie in erster Linie doch Menschen, die man nicht annehmen hätte sollen und zumeist alles andere als das, was man eigentlich ins Land rufen wollte.

---

[1] Züge, S. 56 f.
[2] Kufeld, S. 85.
[3] Kufeld, S. 81.
[4] Das Werk von Prof. Falk hat einen sehr langen Titel, der folgendermaßen beginnt: „Herrn Peter Falk, Professor der Kräuterkunde beim Garten des Russisch-Kaiserlichen Kollegiums,..." (St. Petersburg 1785) [Zitiert nach: Kufeld, S. 83 f.]
Der am 22. September 1741 in Berlin geborene und auch dort am 8. September 1811 verstorbene Arzt und Forschungsreisende Peter Simon Pallas war einer der bedeutendsten universellen Naturwissenschaftler seiner Zeit. Nachdem er in Berlin eine Professur für Naturgeschichte ausgeübt hatte, kam er auf persönlichen Wunsch von Zarin Katharina II. 1767 nach St. Petersburg. Hier wurde er zum Adjunkten der Russischen Akademie der Wissenschaften ernannt und mit einer fünfjährigen Forschungsreise durch Südrussland beauftragt. Seine Eindrücke und Erkenntnisse über das Wolga- und Schwarzmeergebiet, den Kaukasus und Transkaukasien legte er in verschiedenen wissenschaftlichen Schriften nieder.

Nachdem wir die soziale Zusammensetzung der Auswanderer etwas genauer unter die Lupe genommen haben, kommen wir zu der Frage, aus welchen deutschen Staaten die Kolonisten kamen.

Diesbezüglich *„wissen heutzutage die Kolonisten am wenigsten zu sagen und bereits vor 50- 60 Jahren war es in dieser Beziehung nicht besser. Wer weiß, ob von Tausenden einer weiß, wo die Wiege seiner Vorfahren gestanden. Dieselbe Unkenntnis in bezug auf die Herkunft der Vorfahren finden wir auch bei den Kolonisten in der jetzigen Ukraine, in Bessarabien und in der Krim vor, die doch viel später angelegt worden sind. Dies ist der schlagendste Beweis dafür, dass die Kolonisten, welche sich im Herzen heute noch als Deutsche fühlen, doch im Grunde genommen jeden Zusammenhang mit der alten Heimat verloren haben,..."* – so Pastor Kufeld um die Jahrhundertwende.[1]

Diesen Sachverhalt bestätigte auch ein Deutscher namens Peppler, der im Zuge des Napoleonischen Feldzuges von den Russen gefangen genommen wurde. Ein Kolonist, mit dem er ins Gespräch kam, *„hörte mit viel Interesse von den Gebräuchen, Sitten und sonstigen Verhältnissen seines Vaterlandes erzählen, deren er sich nur dunkel erinnern konnte."* Und als er in der Kolonie Schwab verweilte, wurde er *„mit Freundschaftsbezeichnungen"* überhäuft, *„aber auch mit zahllosen Fragen nach dem Vaterlande bestürmt, das in ihnen noch immer im heiligen Andenken lebte."* [2]

Allein schon aufgrund des durch die verschiedenen Auswanderungsverbote vorgegebenen geographischen Raums lässt sich sagen, dass die Wolgakolonisten im Allgemeinen Kinder Mittel- und Süddeutschlands waren, ein beträchtlicher Teil von ihnen stammte aber auch aus Elsass-Lothringen und den freien Reichsstädten.[3]

Die Hauptauswanderungsgebiete der Kolonisten lassen sich bis zum heutigen Tage nur ungefähr eingrenzen, sei es, dass sie für bestimmte Territorien wie z.B. das Rheinland nicht „so recht" erfassbar sind[4], sei es, – was mir nicht unwahrscheinlich scheint – dass entsprechende Untersuchungen im großen Stil bis heute unterblieben sind. Für Hessen aber verfügen wir über relativ gute Informationen. Hier wurde die Landgrafschaft Hessen-Kassel im Norden

---

[1] Zitiert nach: Kufeld, S. 88.
[2] Zitiert nach: Woltner, Margarete: Das wolgadeutsche Bildungswesen und die russische Schulpolitik. Teil 1. Von der Begründung der Wolgakolonien bis zur Einführung des gesetzlichen Schulzwangs. Leipzig 1937. (Veröffentlichungen des Slavischen Instituts an der Friedrich-Wilhelms-Universität Berlin. Band 17.), S. 76. (aus: Peppler, Friedrich: Schilderung meiner Gefangenschaft in Rußland vom Jahre 1812–1814. Worms 1832, S. 111)
[3] Kufeld, S.91 f.
[4] Schippan, S. 42.

von der Auswanderungswelle kaum erfasst. Dies deshalb, da der Landgraf hierzulande während der „kritischen" Zeit gleich drei Auswanderungsverbote erlassen hat (1762, 1764, 1766), diesen sind übrigens in den Jahrzehnten zuvor bereits einige vorausgegangen. Dafür aber wurden die hinsichtlich Klima- und Bodenverhältnisse wenig begünstigten Gegenden in und um die hessischen Mittelgebirge südlich der Linie Gießen–Fulda vom „Russlandfieber" umso mehr erfasst, wobei sich die Abzugsintensität auf die Gegend des Odenwaldes und Vogelsberges konzentrierte. Dieses Territorium wurde im Westen von den Orten Friedberg, Frankfurt am Main und Darmstadt, im Osten durch die Linie Fulda – Schlüchtern – Büdingen – Gelnhausen – Aschaffenburg und im Süden von der Grafschaft Erbach begrenzt.[1]

Auch die in den Kolonien gesprochenen Dialekte lassen einen Rückschluss auf die Herkunftsgebiete der Auswanderer zu. Aufgrund der meist zufällig entstandenen Zusammensetzung der Einwohnerschaft einer Kolonie begegnete man fast in jeder einem Gemisch von Dialekten, wobei jedoch das Süd- und Mitteldeutsche in der Regel überwog. Nur zwei Kolonien, die von Bauern aus dem Ysenburgischen begründet worden waren (Norka, Splavnucha) und eine, deren Bewohner hauptsächlich gebürtige Hessen waren (Jagodnaja Poljana), bildeten in dieser Hinsicht eine Ausnahme. Darüber hinaus verrieten laut Pastor Kufeld neun weitere Kolonien, darunter auch Katharinenstadt, aufgrund der dort gesprochenen Sprache eine höchstwahrscheinlich vorwiegend norddeutsche Einwohnerschaft zu haben.[2] Im Großen und Ganzen aber lässt sich festhalten, dass in den Kolonien hauptsächlich hessische Mundarten gesprochen wurden.[3]

---

[1] Schippan, S. 35.
[2] Kufeld, S. 92.
[3] Schippan, S. 35.

Die Anwerbung der Kolonisten

a) Die staatliche Anwerbung

So gut die Vorbereitungen für das Kolonisationswerk auf dem Papier auch waren, so schlecht und unprofessionell erfolgte im Großen und Ganzen auch die Abwicklung, angefangen von der Anwerbung bis zur Ansiedlung der Menschen und noch darüber hinaus. Ursprünglich oblag die Anwerbung von Kolonisten ausschließlich den russischen diplomatischen Vertretern in den Hauptstädten der größten Länder des damaligen Europas. Bei diesen handelte es sich in erster Linie um Fürst Dolgorukij in Berlin, Graf Ostermann in Stockholm, Graf Woronzow in London und Graf Gross in Den Haag.[1] Nachdem sie die Manifeste in den Zeitungen veröffentlichen hatten lassen, sollten sie sich im Wesentlichen auf die Annahme der Interessenten, welche sich an sie wendeten, beschränken. In einer Reihe von Zirkularen, die auf das Manifest gefolgt sind, wurde ihnen aufgetragen, nur den Bedürftigsten Darlehen zu geben, sodass die Empfänger auch nach Russland fahren und nicht zu Hause bleiben.[2] In der Tat kamen solche Misserfolge anfangs noch öfters vor, worüber uns die erfahrenen und für das Kolonisationswerk sehr offenen Gesandten Musin-Puschkin (Hamburg), Smolin (Regensburg) und Graf Woronzow (London) berichteten: *„viele von ihnen Angeworbene und mit Fahrtgeld ausgestattete haben gewissenlos gehandelt und sind nach Russland nicht gefahren."* [3]

Angeworben sollten nur solche Leute werden, die aus Ländern kamen, wo die Auswanderung auch nicht verboten war. Und dort, wo sie verboten war, war *„jedem auf seine eigene Fürsorge die Ausreise aus seiner Heimat zu überlassen, ohne ihnen Pässe zu geben"* bzw. äußerst vorsichtig vorzugehen, *„sodass nicht der kleinste Grund zur Unzufriedenheit und zu Tadel von diesem Hof"*, an welchem der russische Resident oder Botschafter akkreditiert ist, zu befürchten war.[4]

Insbesondere sollten *„Ackerbauern und Bodenbearbeiter, so viele sie auch seien"*, angeworben werden, *„und ohne jegliche Erschwerungen"* zu den russischen Grenzen geschickt werden.[5]

Als Erster unter den Diplomaten im Ausland machte sich der Resident in Danzig, Herr Rebinder, ans Anwerben von Auswanderungswilligen, und das sogar noch vor der Veröffentlichung des

---

[1] Plewe, S. 67.
[2] Dietz, S. 42.
[3] [Zitiert nach: Dietz, S. 43.] Anm.: Da die ausländischen diplomatischen Vertreter und Agenten beim Reichstag in Regensburg akkreditiert sein mussten und Iwan Smolin in Regensburg auch seinen Sitz hatte, liefen bei ihm die Fäden der russischen Vertreter in Deutschland zusammen. [Schippan, S. 29.]
[4] Zitiert nach: Dietz, S. 42 und: Plewe, S. 67.
[5] Zitiert nach: Dietz, S. 42.

Manifests vom 22. Juli 1763. Und obwohl er danach seine Tätigkeit noch verstärkte, konnte er keinen besonders großen Erfolg verbuchen.[1] Er ging dabei anfangs mit so viel Elan vor, dass er sich zu falschen Versprechungen hinreißen ließ oder die Ausreisewilligen über ihre Zukunft in Russland zu wenig aufklärte, wovon folgender Vorfall zeugt: Die ersten fünfzehn Familien (26 und 15 Menschen), welche in zwei Partien am 7. und 9. Juli 1763 von Danzig aus kommend in Russland eintrafen, verweigerten mit Ausnahme von zwei den Treueid auf ihre neue Heimat bzw. der Zarin zu leisten. Sie begründeten das damit, dass ihnen der Gesandte Rebinder versprochen habe, dass sie nach Russland nicht als Kolonisten, sondern nur zur Arbeit in irgendwelchen Fabriken fahren werden. Infolge dieses unglücklichen Zwischenfalls wurden alle russischen Gesandten im Ausland aufs Strengste angewiesen, streng nach dem Gesetz vorzugehen und nur das zu versprechen, was auch durch das Manifest gedeckt ist.[2]

Wie schon aus dem Obigen hervorgegangen ist, waren die ersten Schritte der russischen diplomatischen Agenten nicht sehr erfolgreich. Dies hatte zwei Gründe: Zum einen konnte mit der Veröffentlichung des Manifestes in Zeitungen oder auch auf Flugblättern die ländliche Bevölkerung nur in unzureichendem Maße erreicht werden, zum anderen wurden Auswanderungswillige auf dem Weg zu den russischen Gesandten immer wieder von Werbern anderer Staaten abgeworben. In diesem Zusammenhang soll nur an die Tatsache erinnert werden, dass im norddeutschen Territorium, das an die Niederlande angrenzte, Engländer und Holländer operierten (die Engländer warben für ihre Kolonien in Nordamerika und für Irland, die Holländer für Guyana) und auch österreichische Werber ein neues Land, in welchem Milch und Honig fließen sollte, den Menschen schmackhaft machen wollten. Es soll vorgekommen sein, dass Kolonistenzüge, die nach Ungarn unterwegs waren, in Frankfurt am Rhein von russischen Werbern abgefangen worden sind.

Dieses Konkurrenzverhältnis sollte auch in den nächsten Jahren noch andauern, wovon u.a. folgendes Beispiel Zeugnis ablegt: In Ulm unterhielt der für die russische Seite arbeitende Kommissar Meixner seit 1765 ein Werbebüro, im nahen Günzburg hat aber Feldmarschallleutnant von Ried, welcher die österreichische Werbetätigkeit für Ungarn voranzutreiben hatte, eines eingerichtet. Jedoch konnte man die Angelegenheit nach etlichen Zusammenstößen dahingehend regeln, dass man sich verpflichtete, sich in Zukunft nicht mehr gegenseitig die Kolonisten abspenstig zu machen.[3]

---

[1] Kufeld, S. 51.
[2] Plewe, S. 68.
[3] Schippan, S. 31, S. 47.

Eines stand fest: So konnte es nicht weitergehen! Noch 1763 schrieb Musin-Puschkin nach Petersburg: *"Es wäre nicht unnütz, verschiedene Regierungstreue auszuschicken, welche nicht nur schriftlich, sondern besser noch mündlich und mit ihren Gesprächen schüchterne und zu Zweifeln neigende Männer überreden könnten."* [1] Und bereits einige Monate später, im Februar des nächsten Jahres, schrieb er der Zarin, dass sich bei ihm *"ehemalige Pächter und Schreiber aus den vom (Siebenjährigen) Krieg verheerten Dörfern, Ober- und Unteroffiziere im Ruhestand, ehemalige Marketender bei den Armeen und ähnliche Leute"* meldeten und ihm mitteilten, dass sie gerne für die russische Krone Kolonisten anwerben würden.[2] Mit solchen Angeboten wandte man sich auch an Iwan Smolin. Dieser, nachdem er im Winter 1763/64 das Manifest zusätzlich zu einigen tausend Exemplaren in Zeitungen bzw. als Broschüre abdrucken ließ, regte nun die Idee an, in Lübeck das Amt eines eigenen Kommissars zu schaffen. An diesen sollten von den Diplomaten die Ausreisewilligen geschickt werden und dieser sollte in der Folge die Einschiffung organisieren. Dieser Vorschlag wurde von der Zarin für gut geheißen und Musin-Puschkin beauftragt, für dieses Amt einen fähigen und zuverlässigen Menschen zu suchen. Seine Wahl fiel auf Kaufmann Christian Heinrich Schmidt, welcher bereits 1763 schon kleine Partien von Ausreisenden einschiffte. Am 20. Mai 1764 wurde Schmidt formal als russischer Kommissar akkreditiert und so nahm er seine Arbeit auf. Schon bald gingen jene Fälle, bei denen man sich nur aufgrund der Taggelder als Kolonist einschreiben ließ und gar nie am Ort der Einschiffung erschienen ist bzw. sich noch in letzter Minute aus dem Staub gemacht hatte, drastisch zurück. Von nun an nämlich wurden die Essensgelder erst bei der Ankunft in Lübeck und nach der Zuteilung der Menschen zu ihrem Gruppenführer, dem „Vorsteher", ausbezahlt.[3]

Die Veröffentlichung des Manifests durch die Diplomaten brachte diese vielerorts natürlich in eine sehr unangenehme und heikle Lage. *"Unglaublich scheinen die Achtsamkeiten, welche ich hier unweigerlich genötigt bin nehmen zu müssen, um der Erfüllung des mir auferlegten Auftrags zu entsprechen und nicht den allerhöchst meinem Charakter bevollmächtigten Euren Minister zu kompromittieren, und darüber hinaus meinen Kredit am hiesigen Hofe zu verlieren."* – dies schrieb der Gesandte Golizyn in seiner Relation vom 10. Mai 1764 an die Kaiserin.[4] Und da keine Regierung mit so einer Sachlage glücklich sein kann, aber auch die Landbevölkerung bisher nur in sehr unzulänglichem Maße erreicht wurde, griff sie den

---

[1] Zitiert nach: Plewe, S. 68.
[2] Zitiert nach: Schippan, S. 30.
[3] Plewe, S. 69 und: Dietz, S. 43.
[4] Zitiert nach: Dietz, S. 44.

Vorschlag von Iwan Smolin wieder auf und entschied sich für die Heranziehung von privaten Agenten, die in der russischen Gesetzgebung meist als „wyżywateli" („Herbeirufer"), aber auch als Entrepreneure bezeichnet werden.[1]

Diese sollten nun auf eigenes Risiko parallel zu den "Kronkommissaren" (Beamte im Dienst der russischen Regierung) die Werbetätigkeit und die Organisation der Abreise nach Russland in Angriff nehmen. Die erste von ihnen angeworbene Gruppe bestand aus 50 Menschen und kam bereits im September 1764, noch vor dem Abschluss der Kontrakte mit den ersten Werbern, in Russland an. Sie wurde von de Boffe in Saratov angesiedelt. Precour und sein Helfer d´Hauterive blieben aber in Sankt Petersburg und machten sich dann wieder auf nach Deutschland.[2]

Zuguterletzt wurden aber auch solche Werber angestellt, welche direkt von der „Vormundschaftskanzlei" abhängig waren, denen aber keine besonderen Rechte zukamen. So gab 1765 ein gewisser Konrad Frank bekannt, dass er bereit sei, 16 Familien von Verwandten zu liefern. In der Folge konnte er auch noch einige Dutzend Bauern und Handwerker zur Übersiedlung überreden.[3]

b) Die Persönlichkeit und Tätigkeit der privaten Werber

Gemeinsam mit den „Entrepreneuren" wurde ein aus zehn Punkten für alle geltendes Vertragswerk ausgearbeitet, welches von der Zarin am 17. November 1764 unterschrieben wurde. Alle Verträge wurden auf sechs Monate abgeschlossen (nur mit Herrn Beauregard auf drei Jahre), konnten danach aber verlängert werden.[4] Die wichtigsten Bestimmungen waren folgende:

Für den Transport jeder Kolonistenfamilie bis Hamburg oder Lübeck bekamen die Lokatoren bis zu 40 Rubel und für ihren Lebensunterhalt 10 Rubel. Falls die Grenze von 40 Rubel jedoch überschritten werden sollte, so musste ihm der finanzielle Mehraufwand später ersetzt werden, *„aber ohne (deren) Erschwerung nach mit Kolonisten besonders abgeschlossenen Verträgen."*

Als Belohnung für ihre Tätigkeit bekam jede Werbergenossenschaft zum Eigentum für je hundert angesiedelte Familien drei Parzellen Land (90 Desjatinen), ein zinsloses Darlehen in

---
[1] Dietz, S. 45.
[2] Plewe, S. 82.
[3] Dietz, S. 48, Plewe, S. 71;
[4] Dietz, S. 45.

der Höhe von 4000 Rubel, dessen Tilgung gemäß den Bestimmungen des Manifests in drei Etappen über zehn Jahre hinweg erfolgen konnte und zusätzliche 350 Rubel *„für den Bau des Hauses"*. Den Lokatoren sollten als zukünftigen Herren in ihren Kolonien selbstverständlich auch das Recht auf Jagd, Fischfang und Nutzung der Land- und Wasserflächen nach eigenem Ermessen zukommen, jedoch mit der Einschränkung, dass dies zuvor mit dem Kontor abgestimmt worden war.

Auch wird der Begriff „Familie" definiert: Als eine solche galten Mann und Frau mit männlichen Kindern bis 20 Jahre und weiblichen bis 18 Jahre. Für nicht verheiratete erwachsene Männer wurden im Sinne des Vertrags als eine halbe Familie gezählt, eine Frau als eine viertel.

Ausdrücklich verlangten die Bestimmungen, nichts außer dem, was im Manifest steht und was gegen die russischen Gesetze ist, zu versprechen, in die Verträge mit den Kolonisten Klauseln einzufügen, welche der Ausreise aus Russland die Rückzahlung der staatlichen Schulden voraussetzt und die Kolonisten zu verpflichten, *„nach den gesetzlich verankerten und künftighin in Russland zu verankernden Rechten"* zu agieren.[1]

Bevor auf die Methoden und Betrügereien, die den Werberprozess ständig begleiteten, eingegangen wird, ist es notwendig sich mit der Persönlichkeit der Werber bekannt zu machen, um so mehr deshalb, da diese Menschen später zu „Direktoren" in den Kolonien ernannt wurden und das Leben und Wohl der Kolonisten noch auf lange Zeit beeinflusst haben.

Insgesamt wurden drei Genossenschaften zugelassen, die von folgenden Personen geleitet wurden:

- die erste von Baron Caneu de Beauregard gemeinsam mit seinem Gefährten und Bevollmächtigten Major Otto Friedrich von Monjou;
- die zweite von dem Genfer Pictet, dem Franzosen le Roy und dem Deutschen Sonntag;
- und die dritte von Jean de Boffe, Meusnier de Precour und Quentin Benjamin Coulhette d'Hautervive; sie besaßen aber im Unterschied zu den ersten beiden Genossenschaften keinen eigenen Personaletat, ihnen hat nur ein in Braunschweiger Diensten stehender Fähnrich namens Rolwagen, gebürtig aus Straßburg, 3000 Familien geliefert.[2]

Besonders hervorzuheben ist hier der schweizerische Baron französischer Herkunft Ferdinand de Canneau de Beauregard, dem es gelungen ist, dass in seinen Vertrag noch eine Reihe

---

[1] Dietz, S. 45 f. und: Plewe, S. 80 f.
[2] Plewe, S. 77; Dietz, S. 44, S. 49.

zusätzlicher Rechte aufgenommen wurde: Man erlaubte ihm seine bisherigen Titel und Ränge zu behalten, jedoch nicht das Tragen von Uniformen anderer Staaten in Russland. Für die Aufrechthaltung der Ordnung in den Kolonien, die er zukünftig anlegen werde, gestattete man ihm auch seine Kolonisten nach Schweizer Vorbild in Regimenter und Kompanien aufzuteilen und ihnen verschiedene militärische Ränge zu verleihen, die jedoch nur innerhalb der Grenzen der Kolonien Gültigkeit besaßen. Neben noch einigen weiteren Privilegien erhielt er von der Regierung sogar die Vollmacht, den von ihm auf dem linken Wolgaufer (Saratov gegenüber) angesiedelten Kolonien Namen nach seinem Gutdünken zu geben.[1]

Er war jedenfalls ein Mann von zweifelhafter Vergangenheit, über den die französische Polizei Nachforschungen angestellt, aber nicht viel über ihn herausbekommen hatte. Nicht einmal seine Herkunft konnte geklärt werden: Von der französischen Polizei wurde er für einen Franzosen gehalten, selbst gab er sich manchmal als Brabander, manchmal als Schweizer aus der Umgebung von Basel aus. Nach den Aussagen des Werbers Rapin war er Elsässer aus Schletstadt und gemäß den Dokumenten des Kontors ein Bürger der Provinz Utrecht. Auf jeden Fall aber war er entweder adeliger Herkunft oder er besaß eine glückliche Hand für das Geschäftemachen, da er ein Schloss in der Provinz Utrecht besessen haben soll.

Von den Männern, die bei Baron de Beauregard in Dienst standen, ist die Biografie Coste de Sabreville am besten bekannt geworden. Er war laut Pastor Kufeld „ein sehr schlechter Mann, hatte in seiner Jugend als Stallknecht bei einem französischen Minister 200 Louidors gestohlen, wofür er anstatt der Todesstrafe zum lebenslänglichen Galeerendienste verurteilt wurde." Nach elf Jahren gelang es ihm aber zu fliehen und die Erlaubnis, für Preußen Kolonisten anzuwerben, zu bekommen. Noch im selben Jahr (1765) verpflichtete er sich, auch dem Baron de Beauregard zu dienen und diesem innerhalb von sechs Monaten 300 Kolonistenfamilien zu liefern.[2] Und da auch andere Werber solche Verpflichtungen eingegangen waren, musste das nicht immer leicht zu bewerkstelligen gewesen sein. Es soll sogar vorgekommen sein, dass die Männer Beauregards keinerlei Mittel scheuten, um einen gewissen Anteil weiblicher Personen für die Kolonisation zusammenzubekommen, ja sogar Mädchen raubten.[3] Bei einem Verhör bat Johann Ulrich aus Spielberg unter Tränen, man möge ihn fortlassen, da er seine Frau einholen müsse, da sie von einem russischen Kommissar mit Gewalt in einen Transport gesteckt worden sei.[4]

---

[1] Plewe, S. 81.
[2] Kufeld, S. 60 f.
[3] Kufeld, S. 65.
[4] Decker, S. 19, Sp. 1.

Interessant ist noch, dass einer seiner Männer, ein Fähnrich Cäsar, auch in Süddeutschland auf „Bauernfang" ging; nach ihm wurde die Kolonie Cäsarsfeld benannt.[1]
Aufgrund der Konkurrenzverhältnisse ist es von Zeit zu Zeit zu Auseinandersetzungen zwischen den Werbern gekommen. Zu einer solchen kam es auch zwischen dem Kapitän Kozer, der für Beauregard arbeitete, und dem Unterkommissar Uchtriz, der bei le Roy angestellt war. Als Folge erließ Kozler den „Befehl", dass im Falle der Abwerbung eines Kolonisten diesen zwar dem Unterkommissar zu lassen, aber Ersterer dafür zum Krüppel zu schlagen sei. Diese Anweisung führte am ersten Ostertag zu einer Schlägerei unter den Kolonisten, welche viele *„Zerstochene, Niedergesäbelte und Quetschungen Erlittene"* forderte.[2]

Es kam aber auch vor, dass sich Schwindler und Gauner mehr oder weniger eigenmächtig ans Werben machten. So hat ein gewisser Baron Stein für Beauregard auf Empfehlung seines Offiziers Weimar, jedoch ohne in einem Vertragsverhältnis zu stehen, Leute angeworben. Um die leichtgläubigen Menschen noch leichter hinters Licht führen zu können, hat er sich neben dem möglicherweise erfundenen Titel eines Barons noch folgenden an seine Brust geheftet: „Oberataman des Astrachaner Zarentums mit dem Rang eines russisch-kaiserlichen Hofberaters und geflissentlichen Gesandten der hohen Krone für die Rekrutierung von Kolonisten"[3]

Diese Prahlsucht brachte ihm aber kein Glück ein: Für diesen Betrug wurde er von der Mainzer Regierung in den Kerker gesteckt. Nach seiner Entlassung fuhr er nach Petersburg, wo er dem Kontor eine Rechnung in Höhe von 339 Rubel und 98 Kopeken ausstellte und dessen Hilfe für den Erhalt der ihm von Beauregard versprochenen 37.000 Rubel forderte. Und da er keine Dokumente vorlegen konnte, verbot man ihm nach längerem Hin und Her weitere Beschwerden einzureichen. Nachdem er aber nochmals versucht hatte mittels gefälschter Unterschriften 8.000 Rubel zu bekommen und einen Ausländer zum Anstacheln eines Aufstands gegen Beauregard in die Kolonien geschickt hatte, wurde er des Landes verwiesen.

Aber trotz seines zweifelhaften Rufes ist es durchaus vorstellbar, dass ihm Beauregard tatsächlich noch Geld geschuldet hat. Denn dafür, dass er oft leichtfertig oder in betrügerischer Absicht Versprechen gab, lassen sich genügend Beispiele finden. So traf 1768 in Petersburg die Bitte eines Doktor Wille ein das Kontor zu veranlassen, ihm den versprochenen jährlichen Gehalt von 450 Rubeln auszuzahlen und die zugesagten 100 Desjatinen vererbbares Land zu

---

[1] Schippan, S. 33.
[2] Dietz, S. 53 f.
[3] Anm.: Da es sich hier um eine Übersetzung aus dem Russischen handelt, ist es möglich, dass der Wortlaut des Titels im Original nicht hundertprozentig mit der Übersetzung übereinstimmt.

übereignen. Unter solchen Bedingungen haben sich mindestens einige Pastoren und Ärzte nach Russland begeben, ohne jedoch selbstverständlich das ihnen Versprochene jemals zu Gesicht zu bekommen. Einige Jahre später ist dann auch seinen eigenen „Offizieren" das gleiche Schicksal widerfahren.[1]

Es bedurfte sicherlich auch damals schon keines überaus scharfen Weitblicks um voraussehen zu können, dass das Kolonisationswerk unter den Händen von so unbekümmert arbeitenden Männern, die in Bezug auf ihre Ehre oft nicht allzu viel aufs Spiel zu setzen hatten und die Erzielung von möglichst großem Gewinn als einzige Grundlage ihrer Tätigkeit betrachteten, nur sehr schlecht gedeihen werde. Und dass sich unter den Kolonisten so viele „verkommende Elemente" fanden, deren charakterliche Eigenschaften bei weitem nicht die besten waren und die auch sonst nicht zu viel, jedenfalls aber nicht zum Anlegen von Ackerbaukolonien, zu gebrauchen waren, hatte sich die russische Regierung im Wesentlichen auch selbst zuzuschreiben.

Die privaten Werber warben auch des Öfteren Personen aus Gebieten, in denen die Auswanderung verboten war, an und „schmuggelten" sie auch mit Erfolg heraus, jedoch handelte es sich hierbei um einen eher geringen Prozentsatz. So gelang es Werbern laut Schippan z.B. insgesamt 235 Familien aus Frankreich, wo auf die Auswanderung die „Galeerenstrafe" stand, herauszuführen und mit diesen an der Wolga dann auch eine französische Kolonie zu gründen. Jedoch gelang es der Geheimpolizei Ludwigs XIV. bald die Tätigkeit der Werber zu unterbinden und diese in die Bastille in Paris zu stecken.[2]

Iwan Smolin, der gegen den Einsatz privater Agenten war und dem deren Machinationen viel Ärger bereiteten, schrieb in einem Brief an den russischen Vizekanzler: *„Die von den Privatunternehmern angestellten Leute, deren Zahl, die man nicht ermutigen will, in Deutschland groß sein soll, verpfuschen unsere guten Anordnungen durch ihre Handlungsweisen, zu denen sie sich hinreissen lassen zur Vermehrung der Zahl ihrer Kolonisten. Die Gier nach dem sichtbaren Gewinn bildet ihre einzige Lebensregel."*[3]

Der Vollständigkeit halber sei angemerkt, dass auch der (offizielle) russische Gesandte am Berliner Hof, Fürst Dolgorukij, ungeachtet dessen, dass in Preußen die Auswanderung strengstens verboten war, nach Russland zu Wasser und zu Land einige Handwerker und „Fabrikanten" entsandte und ihnen für die Reise und Tilgung ihrer Schulden 222 Dukaten auszahlte. Hierfür

---

[1] Plewe, S. 83 f.
[2] Schippan, S. 35.
[3] Zitiert nach: Kufeld, S. 82.

bekam er aber von der russischen Regierung eine strenge Rüge, da wegen des Auswanderungsverbots möglicherweise sämtliche Ausgaben umsonst gewesen sein könnten.[1]

Die ersten kleineren Schwierigkeiten mit den von den Privatunternehmern angeworbenen Kolonisten haben sich für die Diplomaten bereits mit den ersten französischen Auswanderern ergeben: Einer wollte nur in Moskau leben und andere forderten nur unter Franzosen angesiedelt zu werden. Drei ehemalige Offiziere der französischen Armee forderten ständig zusätzliches „Taschengeld". Falls sie es nicht bekämen, dann würden sie sich beim französischen Gesandten beschweren und öffentlich über die Nichterfüllung des im Manifest Versprochenen sprechen.

Musin-Puschkin hat seine Meinung zu ihnen Petersburg bekannt gegeben:„Diese ganze Bande besteht aus Offizieren, Friseuren, Köchen und Konfitüremachern und ist zur Ansiedlung in einer Ackerbaukolonie nicht geeignet." [2] Aber zu einer adäquaten Reaktion auf die Einwände des Botschafters kam es natürlich nicht, im Gegenteil, er musste sich die Erwiderung gefallen lassen, dass gerade die „Kronschen" nichts wert seien.[3] Aber Recht wird er doch gehabt haben, da dies auch die Statistik belegt: Laut Igor Plewe waren 1769 von den Kolonisten Beauregards 11% zum Ackerbau unfähig, von denen le Roys 12%, von den Kronkolonisten hingegen aber nur 6%.[4]

Die Zusammenarbeit mit den privaten Agitatoren stellte für die Diplomaten zwar eine Arbeitserleichterung dar, ging aber über ihren ureigenen Arbeitsbereich hinaus und konnte von den betroffenen Ländern als Einmischung in ihre eigenen Angelegenheiten angesehen werden. Deshalb regte Smolin die Schaffung des Amts eines Kommissärs, welche ihren Sitz in Ulm und Frankfurt am Main haben sollten und unter seiner Kontrolle die Arbeit weiterführen sollten, an. Dieser Vorschlag wurde vom Kontor unterstützt, und so bestimmte Smolin für Ulm Karl Friedrich Meixner und für Frankfurt Johann Facius, der bereits viele Jahre für die englischen Diplomaten in Deutschland gedient hatte, als Kommissäre. Im Unterschied zu den „Entrepreneuren" bekamen sie ein festes Jahresgehalt: Meixner 500 Rubel und Facius 400 Rubel. Dieser Umstand erlaubte ihnen bei der Auswahl der Kolonisten wählerischer zu sein und eine größere Sorgfalt an den Tag zu legen. Sie beschäftigten ihrerseits wieder eigene Werber, die für jede angeworbene Familie drei bis vier Dukaten erhielten. Insbesondere war darauf Wert zu legen, dass nur jene angenommen wurden, die von den örtlichen Behörden oder Machthabern auch die Ausreisebewilligungen bekommen haben. Es sind uns sogar Fälle

---

[1] Kufeld, S. 51.
[2] Zitiert nach: Plewe, S. 82.
[3] Kufeld, S. 83.
[4] Plewe, S. 82 f.

bekannt, in denen für die Erlangung der Ausreisegenehmigung von den russischen Bevollmächtigten die Schulden der zukünftigen Kolonisten beglichen wurden.[1]

Die Lage in der neuen Heimat war aber für die meisten nicht so rosig, wie sie es sich erhofft hatten. Und so ist es nicht verwunderlich, dass erste Briefe bzw. Flugblätter von Auswanderern, in denen ihr Leid und die Betrügereien der russischen Regierungsbeamten ausführlich geschildert wurden, sich sehr bald in Deutschland zu verbreiten begannen. Im Gegenzug ließen die entsprechenden Propagandaexemplare der Werber jedoch auch nicht lange auf sich warten: Es wurden vermeintliche Briefe von bereits an der Wolga angesiedelten Kolonisten verteilt, in denen ein solches Schlaraffenland geschildert wurde, an welches die meisten wohl nicht ein mal im Traum zu denken wagten.[2]

Im Folgenden seien drei Beispiele angeführt:

„Wie es mir gelungen ist, mich von den Worten der Augenzeugen zu überzeugen, ist das Land unvergleichlich besser, als es beschrieben wird. Es ähnelt dem der warmen Provinzen Frankreichs. Die Flüsse sind reich an Fischen. Unter der gegenwärtigen friedlichen Lage mit Persien gibt es mit ihm Handel. Die benachbarten Kalmücken, Kosaken und Russen sind das friedreichste Völkchen.... Den Kolonisten baut man gute Häuser. [...] Alles hier sage ich als ehrlicher und edelmütiger Mensch, ohne Bestechung und Anstiftung, und rate alle armen schuftenden Leuten sich in Russland anzusiedeln, indem ich ihnen beteuere, dass es ihnen hier gut gehen wird."[3] *(Brief vom 2. Juni 1765)*

In einem anderen Schriftstück wird die Gegend am Wolgastrom als eine der *„vorteilhaftesten und fruchtbarsten Gegenden geschildert, wessen Klima dem Lionischen in Frankreich beinahe ähnlich und das am Ober- Rheinstrom weit übertrifft, dabei sehr gesund und überaus fruchtbar ist in einer schönen flachen Lage, wo eine schwarze und salpeterreiche Erde bald anderthalb, bald zwey bald mehr Ellen tief, vermutlich aus der Fäulung des Grases und der Kräuter entstanden" zu finden war. [...], wie solches viele eigenhändig Briefe und Beschreibungen sowohl von Catholischen und Protestantischen Geistlichen als auch von verschiedenen anderen Ausländern, welche sich bey einigen Tausenden in der umliegenden Gegend bereits niedergelassen, sattsam bezeugen. [...] Zur Viehzucht findet sich allda ein unvergleichlicher Wiesenwachs und das in Mannhöhe aufwachsende Gras steht bereits mit Ausgang April Monats 3 Fuß hoch. Das Hornvieh, welches an Größe dem Holländischen gleich-*

---

[1] Plewe, S. 69 f. und: Schippan, S. 34.
[2] Dietz, S. 50
[3] Zitiert nach: Dietz, S. 51.

kommt, wird daselbst für 3, 4 und 5 Rubel das Stück verkauft; [...] Schafe von sehr großer Art sind auch um einen geringen Preis zu haben." [1]

Und in einem dritten Brief heißt es: *„...und habe Gott sey Dank Äcker, Wiesen-Pferde, Kühe und ander Vieh so viel, ja mehr als ich bestreiten kann, habe also noch nie über Mängel zu klagen gehabt, Kirche und Schule haben wir auch."* [2]

Das Gemisch aus Wahrheit und Unwahrheit wurde aber ebenso wie der Inhalt des Manifests des Öfteren auch von der Kanzel aus den Leuten zugerufen. So bekamen die Bewohner des Dorfes Mettenheim, welches in der Grafschaft Wartenberg (untere Pfalz) lag, zu hören: *„Der Ort ist am Wolgastrom gelegen im Königreich Astrachan bei der neuen deutschen Stadt Katharinenburg. Die Gegend kommt derjenigen am Oberrhein gleich,... Wer bei uns nichts hat, kann dort glücklich werden."* [3]

Indem man auf die Unwissenheit der Menschen setzte und ihnen einen Garten Eden an der Wolga vorgaukelte, brachte man sehr viele der Aussiedler bereits noch in Deutschland dazu, für eine Ansiedlung im Wolgagebiet zu unterschreiben. Dass niemand – verständlicherweise – auch nicht einmal eine mehr oder weniger konkrete Vorstellung von der zukünftigen Heimat hatte, musst im Jahr 1765 der Gelehrte Ludwig Schlözer bei einem Arbeitsurlaub in Deutschland erfahren. Dieser war als erst Siebenundzwanzigjähriger nach Sankt Petersburg gekommen, wo er Adjunkt an der Akademie der Wissenschaften und an der Wende 1764/65 Akademieprofessor für russische Geschichte wurde. Nachdem er in Lübeck angekommen war, schrieb er einen Brief an die Zarin:

„Eine große Nachlässigkeit habe ich begangen, daß ich mich in Petersburg nicht nach dem Koloniewesen, der Beschaffenheit der Gegenden, wo die Kolonisten hingeschickt werden, und dergl. besser erkundiget. Alle Welt will hierüber von mir Unterricht haben, und da ich nicht Kolonistenkommissär bin, so glaubt man meinen Berichten mit desto wenigerm Verdachte. [...] Von Saratov hat man gute Ideen, man hält es für ein Land wie Italien, nur hat man die Grille, man wäre da vor den Tataren nicht sicher." [4]

---

[1] [Zitiert nach: Kufeld, S. 63.] Dieses Dokument befindet sich vielleicht auch heute noch in Privatbesitz und trägt den Titel: „Beschreibung derjenigen Vorzüge und großen Vorteile, welche bey der im Russischen Reiche auf Schweizerischen Fuß neu errichteten und vor allen anderen besonders privilegieren Colonie Catharinenlehn, zu finden und zu geniessen seyn"
[2] Zitiert nach: Schippan, S.42.
[3] Zitiert nach: Schippan, S. 28.
[4] [Zitiert nach: Schippan, S. 50.] Und hiermit sollten die Auswanderer auch Recht behalten, jedoch mit dem feinen Unterschied, dass es sich nicht – wie wir noch später sehen werden – um die Tataren handeln sollte, sondern um die Räuberbanden Pugatschjows und danach um die Kirgisen und Kajsaken.

Außerdem teilte Schlözer auch mit, dass man mündlichen Berichterstattungen mehr Glauben schenkte als den plötzlich massenweise auftauchenden, „fabrikmäßig" erzeugten Briefen.[1]

Diesen ist auch der Handwerksgeselle Christian Gottlob Züge erlegen. Seine ursprüngliche Absicht, nach Amerika auszuwandern, um *"von meinem Vaterland fern gelegene Gegenden der Welt zu beseh'n"*, änderte er kurzfristig. In Lübeck überredeten ihn *"einige gut gekleidete Leute"*, gemeinsam mit ihnen auszuwandern:

> *„Geht mit uns nach Rußland, (...), dort hat jetzt die große Catharina, selbst eine Deutsche, allen ihren Landsleuten, welchen es daheim nicht gefällt, ein neues Paradies eröffnet. Unter dem mildesten Himmelsstriche ihres weitläufigen Reiches will sie Colonien von Deutschen anlegen, welchen sie nicht nur Reisegeld, sondern auch etliche Jahre lang so viel gibt, als zum Unterhalte nöthig ist, auch jedem eine Summe von 150 Rubeln auszahlen läßt, um sich damit nach seinem Gefallen zu etablieren. Dorthin geht man einem gewißen Glücke entgegen, durchstreicht bis an das Ziel der Reise einen nicht kleinen Theil der Welt, lernt Kosaken, Kalmücken, Mordwinen, Tschukschen, und einen Menge anderer unbekannter Völker kennen und sieht unzählige Dinge, von welchen man hier zu Lande kaum einmal hat reden hören."* [2]

Ein weiterer Umstand, der den Werbern neben ihrer Agitation und Propaganda in die Hände spielte, ist das Phänomen des „Dominoeffekts": Die Kolonnen von Ausreisewilligen, die zu den Sammelpunkten zogen, bewirkten, dass sich viele Leute, die zuvor keinerlei Kenntnis von der Ausreise hatten, spontan den Trecks anschlossen. Einen Eindruck von dieser "Sogwirkung", den durchziehende Kolonistentransporte auf die örtliche Bevölkerung in den deutschen Kleinstaaten ausübten, vermittelt ein Auszug aus dem Kirchenbuch von Stockhausen bei Gießen, welches immer wieder Kolonistenzügen von etwa 500-600 Personen durchquerten. Den Transporten schlossen sich 46 Einwohner an.

Im Kirchenbuch heißt es dazu: *„ Wofern nicht ein herrschaftliches Verbot Einhalt gegeben, so wäre, aus eitler Träumerei nach einem gelobten Land, wohl das halbe Dorf entvölkert worden."* [3] Auch in Rosslau, das von 11 Kolonistenzügen durchquert wurde, wird die Lage ähnlich ausgesehen haben.[4]

Wie schon angeklungen ist, mussten die Werber ihrerseits mit den Auswanderern Verträge abschließen. Diese mussten dann offiziell von Musin-Puschkin bestätigt werden, aber es lässt sich doch mit ziemlich großer Sicherheit sagen, dass es dazu in der Realität kaum gekommen ist. Zum einen war sicherlich die große Arbeitsauslastung des diplomatischen Vertreters daran

---

[1] Schippan, S. 196.
[2] [Zitiert nach: Züge, S. 19.] Das Volk der Tschukschen ist im äußersten Nordosten Sibiriens beheimatet. Falls hier Züges Erinnerung nicht trügt, so zeigt diese Stelle sehr deutlich, in welchem Maße so mancher Werber auf die allgemeine Unkenntnis, man möchte fast sagen Naivität, seines Publikums gesetzt haben dürfte.
[3] Zitiert nach: Schippan, S. 39.
[4] Schippan, S. 41.

schuld, zum anderen aber auch ein sicher vorhandener Unwille bei den Lokatoren, diese Verträge auch vorzulegen – war doch die Mehrheit von ihnen inhaltlich nicht korrekt bzw. entsprach nicht jenen Anforderungen, die man (auch schon) damals an ein Vertragswerk stellte:

- oft lässt sich nicht einmal ersehen, wann und wo sie abgeschlossen wurden;
- auf Kontrakten befanden sich nicht die Unterschriften von den diplomatischen Vertretern, sondern von ihren Schriftsetzern;
- für Analphabeten unterschrieben nicht zwei Zeugen, so wie das gefordert wurde, sondern in der Regel der Werber selbst;
- auf einigen Verträgen finden sich bis zu 60 Unterschriften, alle von nur einem Menschen, dem Setzer, angebracht;

Diesbezüglich hat die russische Regierung insofern einen schweren Fehler, der in späteren Jahren noch zu so manchen Schwierigkeiten geführt hat, begangen, als sie meist gewissenlos handelnden Männern die Aufsetzung eines Vertrags überlassen und keine standardisierte Verträge in Umlauf gebracht hat. Dies führte dazu, dass einzelne Artikel so formuliert wurden, dass sie auf verschiedene Weise aufgelegt werden konnten: So wurde sogar der Wunsch des Kontors, den späteren Direktoren der Kolonien 1/20 der Ernte abzuliefern, in vielen Verträgen auf 1/10 abgeändert. Diese „Schwindelei" hatten aber – vielleicht zu Recht – keine Reaktion des Kontors zu Folge, da durch sie ja nicht die Interessen des Manifests geschmälert wurden und es sich sozusagen um eine rein private Vereinbarung handelte. Jedenfalls aber war eines klar: Vor Ablauf der durch das Manifest zugesicherten dreißig Jahre anhaltenden Befreiung von allen Abgaben konnte der Zehent nicht gefordert werden.

Besonders die Herrn Lokatoren Precour und le Roy haben sich für die Erhaschung von Unterschriften sehr fragwürdiger Methoden bedient: Precour legte (gebildeten) Franzosen den Vertrag in deutscher Fassung, (gebildeten) Deutschen auf Französisch vor. Das Unerhörteste, was dem Fass sozusagen den Boden ausschlägt, ist aber jener Umstand, dass sich sowohl bei le Roy als auch bei Precour solche erst nach dem Unterschreiben dazugeschriebene Abschnitte finden, nach denen die Kolonisten in Russland unter der Aufsicht der Herrn Lokatoren stehen werden und dass sie diesen den „Zehnten" zu zahlen hätten.[1]

---

[1] Plewe, S. 85 f.

Von der Gewissenlosigkeit Precours zeugt zu guter Letzt jener Umstand, dass er nach seiner Tätigkeit als Kolonistenwerber in einem polnischen Freikorps gemeinsam mit einigen von ihm ehemals angeworbenen Kolonisten gegen die Truppen seiner früheren Auftraggeberin kämpfte.[1]

Bereits die ersten dreißig von le Roy geschickten Familien haben nach ihrer Ankunft in Russland im Jahr 1765 erklärt, dass sie davon nichts gewusst haben und sich nur als freie Leute ansiedeln möchten. Auf diesen Vorfall hin musste le Roy nach Petersburg reisen und sie zur Unterschreibung neuer Verträge überreden. Da sich solche Fälle aber häuften, wurde ein Kollegienassessor mit dem Auftrag zu klären, warum die Kolonisten nicht wissen, dass sie in Russland den Lokatoren unterstellt sein werden, nach Deutschland geschickt.[2] Nach Beendigung seiner Nachforschungen war es auch amtlich, dass die Aussiedler die Wahrheit gesagt haben und dass ihnen ohne die Leistung der Unterschrift auch kein Tagesgeld ausgezahlt wurde.

Auf einigen Verträgen des Herrn le Roy wurden sogar nicht einmal irgendwelche Unterschriften daraufgesetzt. Anstatt der Unterschriften setzte man einfach Kreuzchen hin, oft wurden ein und dieselben Ausgaben zweimal erfasst oder Ziffern gelöscht und an ihre Stelle einfach andere gesetzt. Die häufigen Korrekturen erklärte man damit, dass die Kolonisten ständig mehr und mehr Geld forderten.

Darüber hinaus aber soll es auch vorgekommen sein, dass man Vertragsformulare – sei es nun, ob sie korrekt oder nicht korrekt zusammengestellt waren – oft erst relativ kurz vor dem Ablegen des Schiffes zum Unterschreiben vorlegte. So haben nach der Ankunft in Russland einige Kolonisten erklärt, dass sie ein dreiseitiges Dokument unterschrieben haben, dessen Inhalt ihnen nicht bekannt war und die Stelle, an welcher die Schulden aufscheinen hätten müssen, zu ihrer Überraschung leer blieb.[3]

Aber auch auf eine andere Art versuchte man sich zu bereichern, nämlich durch den Versuch der Einfuhr von Waren nach Russland, die man als „Kolonistenware" ausgab. Denn nach Paragraph 6 des kaiserlichen Manifests war den Kolonisten nicht nur die zollfreie Einfuhr ihres Vermögens gestattet, sondern auch die von Waren im Wert bis zu 300 Rubeln (dies galt jedoch nur dann, falls man sich mindestens zehn Jahre in Russland aufhalten werde). Von

---
[1] Schippan, S. 39.
[2] Der Titel „Kollegienassessor" war in Russland ein ziviler Beamtenrang der „achten Klasse" und entsprach ungefähr dem Dienstgrad eines Majors.
[3] Plewe, S. 86 f.

diesen Rechten konnte aber in der Regel aufgrund der bitteren Armut dieser Leute kaum einer Gebrauch machen.[1]

So führten die bis zum 17. August 1765 Eingewanderten (mehr als 1000 Familien) Waren und Gegenstände im Wert von nicht mehr als 1000 Rubel mit (das bedeutet, dass vielleicht jeder Dritte oder Vierte im Besitz eines Rubels war!!). Dies ist ein Beweis dafür, wie jammervoll die Lage der Menschen gewesen sein muss und dass sich die meisten nicht aus purer Abenteuerlust wie unser Züge zum Verlassen der Heimat entschlossen haben. Aus diesem Sachverhalt wollten die Entrepreneure noch dadurch zusätzlichen Nutzen ziehen, indem sie Waren en gros zum gewinnbringenden Weiterverkauf anschafften und diese von den Auswanderern auf ihren Namen gegen eine Entschädigung nach Russland transportieren ließen. Es dauerte natürlich nicht lange, bis einige kluge Köpfe herausbekommen hatten, dass sich auf diese Weise leichter und vermutlich auch mehr Geld verdienen ließe, als wenn man eine fixe Bezahlung bekommen würde. So kam es auch, dass sich seit 1764 immer wieder verschiedene Ausländer mit dem Angebot an die „Vormundschaftskanzlei" in der Hauptstadt wendeten, dass sie ganz entgeltlos Kolonisten anwerben würden, wenn diese für sie nur Waren einführen dürften. Aber da auch die russischen Beamten zu rechnen vermochten (und den Ausländern der Begriff „Bestechung" vielleicht nicht so vertraut war) erteilte man diesen Leuten eine Absage, was manche gewinnsüchtige Unternehmer aber nicht von ihrem Vorhaben abhielt.

Wie fast nicht anders zu erwarten, hatten auch hier Precour und le Roy ihre Hände mit im Spiel. Ersterer ließ Waren im Wert von 14.000 (!) Rubel einführen, wobei seine Kolonisten immerhin eine Prämie von 8-10% vom Wert der von ihnen transportierten Waren bekamen. Dieser enorme Warenwert allein machte ihn natürlich schon verdächtig und Musin-Puschkin konnte nachweisen, dass Precour zu hohe Summen für den Transport der Kolonisten gefordert hatte. Graf Orlow versuchte ihn zwar zu verteidigen, konnte sich gegen die Mitglieder des Kontors aber nicht durchsetzen.

Ähnlich verhielt es sich auch mit seinem Gefährten le Roy: Nachdem er bereits vom Treukontor 15.000 Rubel für die Kolonisten in Empfang genommen hatte, verschwieg er dies nach seiner Rückkehr aus Russland und entlockte Musin-Puschkin nochmals dieselbe Summe, die er für den Ankauf von Waren verwendete. Nachdem das Kontor beide zu einer Aussprechung

---

[1] Von einer Ausnahme berichtet uns hingegen der 1812 in russische Kriegsgefangenschaft geratener Deutsche Friedrich Peppler. Dieser wurde während seines Aufenthalts im Wolgagebiet von einem Müller zu ihm nach Hause eingeladen, wo er eine ziemlich große, hauptsächlich aus landwirtschaftlichen Werken bestehende Bibliothek zu Gesicht bekam. Da zu dieser Zeit von den Kolonisten nur sehr wenige Leute die russische Sprache beherrschten, ist es sehr nahe liegend, dass es sich bei diesen Büchern wohl um aus Deutschland mitgebrachte gehandelt haben wird. [Woltner, S. 76.]

nach Petersburg vorlud, beide aber die Unmöglichkeit ihres Erscheinens unter Vorwänden bedauerten, wandte sich das Kontor an die Hamburger Behörden mit der Bitte beide zu arretieren und auszuliefern. Diese kamen der Bitte auch gerne nach und beide wurden alsbald fristlos gekündigt.

Auch Beauregard wurde bei der illegalen Einfuhr von Waren erwischt, konnte aber – da er bei der Zarin als erfolgreichster Lokator hoch im Kurs stand und sich darauf ausreden konnte, dass er den Inhalt des Manifests falsch verstanden hat – einer Bestrafung bzw. Annullierung seines Vertrags entgehen. Jedoch musste er für alle unrechtmäßig eingeführten Waren die Zölle nachzahlen.[1]

Abschließend sei noch darauf hingewiesen, dass sich unter den von den russischen Beamten angeworbenen Kolonisten wesentlich weniger Katholiken als unter jenen, die von Lokatoren „eingesammelt" wurden, befanden. Sie machten lediglich 23% aller katholischen Familien aus und kamen übrigens hautpsächlich aus Fulda, Aschaffenburg, Bamberg usw. Der Grund hierfür besteht darin, dass die Kommissäre der russischen Regierung sich an die bestehenden Gesetzte hielten und in keinen Gegenden, wo die Auswanderung verboten war, ihren Geschäften nachgingen.[2]

---

[1] Kufeld, S. 66-68 und Plewe, S. 88.
[2] Plewe, Einwanderung in das Wolgagebiet 1764 – 1767..., S. 23.

Die Sammelplätze und Überfuhr

Eine der wichtigsten Fragen, welche von der russischen Regierung gelöst werden mussten, war jene, welche Orte den Auswanderungswilligen als Sammelplätze dienen sollten und welche Reiseroute wohl die geeignetste sei. Der Landweg über Böhmen, Preußen, Wien und Polen, über welchen im Jahre 1763 vom Berater und Minister der russischen Regierung in Regensburg Smolin einige kleinere Gruppen – hauptsächlich Städter aus süddeutschen Ländern und Österreich – auf die Reise geschickt wurden, erwies sich schon bald als unzweckmäßig.[1] Hierfür sprach vor allem zum einen jene Tatsache, dass aufgrund der langen Reisezeit die Verwendung von Pferdefuhrwerken gegenüber jener von Schiffen um ein Vielfaches teurer kam, und zum anderen der Umstand, dass die zwischenstaatlichen Beziehungen Russlands mit einer Reihe von den in Betreff kommenden Durchzugsländern zumindest als kompliziert bezeichnet werden können, was natürlich die einwandfreie Abwicklung der Transporte jederzeit gefährden konnte (der Preußenkönig und der sächsische Kurfürst z.B. verboten die Durchreise).[2] Außerdem kam noch hinzu, dass für Kolonistenzüge auf dem Landweg mehr Begleitpersonal benötigt wurde, um so eventuellen Fluchtvorhaben und vor allem dem Abwerben durch Vertreter anderer Staaten einen Riegel vorzuschieben (z.B. wurde dies oft von preußischen Werbern versucht).

In vielen Städten Deutschlands wurden Werbezentren organisiert, die sich mit der Anwerbung von Ausreisewilligen befassten und diesen auch als Sammelplätze dienten, sie lagen meist in oder in der Nähe größerer Städte. Solche Sammelplätze entstanden in Regensburg, Ulm, Frankfurt am Main, Fürth bei Nürnberg, Friedberg, Lüneburg, Freiburg im Breisgau, Günzburg bei Ulm, Worms, Hamburg, Danzig, Rosslau, Büdingen und noch in einigen anderen Orten. Jedoch existierten sie nicht alle zur selben Zeit, sondern waren auf das Tätigkeitsfeld der Werber ausgerichtet.[3] Als Sammelplatz mit dem vielleicht größten Einzugsgebiet kann Freiburg im Breisgau gelten, da sich hier auch Auswanderer aus Lothringen, Frankreich und dem Elsass einfanden.[4]

Von diesen kommt dem anhaltischen Rosslau und dem oberhessischen Büdingen eine besondere Rolle zu. Welche ausschlaggebende Rolle hierbei die letztgenannte Stadt innehatte, lässt sich

---

[1] Kein einziger dieser Kolonisten findet sich in den russischen Listen unter denen, welche an der Wolga angesiedelt worden waren, wieder.
[2] Plewe, S. 94 f. und: Schippan, S. 29.
[3] Plewe, S. 70.
[4] Schippan, S. 35.

lediglich aus den Kirchenbucheintragungen des Jahres 1766 erahnen: In der hiesigen Marienkirche wurden auf Veranlassung des Kommissariats zwischen dem 24. Februar und dem 8. Juli an insgesamt 91 Tagen 375 Paare getraut, manchmal bis zu 13 an einem Tag! Auch für Wöhrd bei Nürnberg sind solche Trauungslisten erhalten geblieben.[1] Der Grund lag darin, dass auswandernde Paare in der Regel doch bevorzugt aufgenommen wurden, zumindest erhoffte man sich das. Und laut Dietz wurde das kaiserliche Manifest in den Zeitungen auch mit folgendem Anhang abgedruckt: *„Es soll allen kund sein, dass Ihre Kaiserliche Allrussische Hoheit die Zarin Kaiserin sowohl Handwerker, als auch Ackerbauern anwirbt, [...]; zusammen mit dem werden unverheiratete Jungfrauen für die Herausgabe zur Verheiratung angenommen."* [2] Da die überwiegende Mehrzahl der Paare aus dem gleichen Ort oder aus Nachbardörfern stammte, kann davon ausgegangen werden, dass die Auswanderer im Regelfall doch eher „wohl" überlegt als „wild durcheinander" heirateten. Jedoch soll es auch – wie ein späterer Pastor der Kolonie Norka berichtet – vorgekommen sein, dass noch auf dem Schiff Ehen in größtem Leichtsinn geschlossen worden waren, wobei sich die Eheleute kaum einen Tag vorher kennen gelernt hatten.[3] Auch die Hochzeiten fanden nicht in aller Stille statt, wie Vermerke über Musikantengelder belegen. Angeblich sollen junge ledige Auswanderer und -innen durch öffentliche Aushänge sogar dazu aufgefordert worden sein zu heiraten.

An dieser Stelle muss noch darauf hingewiesen werden, dass in den Büdinger Archiven bezüglich der Auswanderungswilligen keine Aufzeichnungen amtlichen Charakters vorhanden sind, obwohl, wie einzelne Hinweise belegen, die Büdinger Regierung mit den Vorgängen durchaus vertraut gewesen sein muss. Für diesen Sachverhalt bieten sich zwei mögliche Erklärungen an: Entweder war man nach den Kriegszeiten im Büdinger Verwaltungsapparat noch nicht zur Normalität zurückgekehrt, oder solche Akten existierten überhaupt nie bzw. gelangten nicht in die Registratur oder in ein Archiv, da sich das ganze Geschehen letztendlich doch in einer nicht umstrittenen Grauzone abspielte. Interessant ist jedoch, dass für den Sammelplatz Feuerbach amtliche Aufzeichnungen in beträchtlichem Umfang vorhanden sind.[4]

Übrigens soll aus den Listen auch hervorgehen, dass in ziemlich vielen Ehen der ersten Kolonisten die Männer wesentlich – zum Teil um 10 bis 15 Jahre – jünger waren als die Ehefrauen.[5]

---

[1] Schippan, S. 35.
[2] Zitiert nach: Dietz, S. 52.
[3] Kufeld, S. 99.
[4] Decker, S. 11, S. 15 f., S. 21.
[5] [Plewe, Einwanderung in das Wolgagebiet 1764 – 1767..., S. 22.] Laut ihm ist das durch den Umstand, dass unter den Einwanderern viel mehr Männer als Frauen waren, zu erklären – inwieweit aber diese Erklärung logisch ist soll dahingestellt bleiben.

Fast alle die Menschen, die sich zur Auswanderung in den verschiedenen Regionen Deutschlands zusammengefunden haben, hatten ein gemeinsames vorläufiges Reiseziel: Lübeck. Berücksichtigt man nämlich, dass allein im Jahr 1766 72 % aller zwischen 1763 und 1772 nach Russland ausgewanderten (und registrierten) 30.623 Kolonisten ihr Vaterland von Lübeck aus verließen, so wird einem die Bedeutung der Stadt als wichtigster Hafen für die Einschiffung nach Russland erst so richtig klar. Dass die Entscheidung für Lübeck gefallen ist, lässt sich sowohl auf die Vorschläge der beiden Diplomaten Smolin und Musin-Puschkin als auch auf folgende rationale Gründe, die hierfür in die Waagschale geworfen werden konnten, zurückführen:

1) – die geographische Lage dieser Hafenstadt ist als günstig anzusehen;

2) – als Hansestadt kam Lübeck eine besonders große Entscheidungsfreiheit zu;

3) Lübeck verfügte über althergebrachte und dauerhafte Handelsbeziehungen mit Russland, welche sich mit dem Machtantritt Katharinas noch festigten; In diesem Zusammenhang soll auch nicht unerwähnt bleiben, dass das Stadtmagistrat die Zarin achtungsvoll als „unsere Kaiserin" betitelte und auch Graf Raab, einem Stellvertreter von Kaiser Josef II., mitteilte, dass es zwar die Besorgnis des Hofes über die russische Werbetätigkeit und die damit verbundene Unvorteilhaftigkeit für die deutsche Heimat verstehen könne, aber aufgrund der Handelsbeziehungen mit Russland diese nicht behindern könne (jedoch wird man sich sicherlich auch zusätzliche Einnahmen in die Staatskasse erwartet haben).

Aus dem Obigen geht hervor, dass man annahm, dass eine Handelsstadt wie Lübeck für die Lösung solcher Aufgaben wie Verpflegung und Unterbringung von Menschenmassen wohl sehr gut geeignet sein wird.

Die Unterbringung der sich in Lübeck zusammenfindenden Auswanderer war verhältnismäßig gut geregelt, zumindest noch im Jahr 1764. Damals wurden sie in erster Linie in Wohnungen von Handwerkern und Kaufleuten in der Stadt selbst und in dem benachbarten Städtchen Trawermünde untergebracht. In Privatwohnungen bzw. -häusern fanden zwischen drei und vier Menschen ein Dach über dem Kopf, in Wirtshäusern zwischen dreißig und vierzig und mehr.

Im nächsten Jahr war Kommissar Schmidt aber schon gezwungen, zwei größere Schuppen bzw. Magazine innerhalb der Stadt anzumieten. Die Leute mussten hier auf dem Stroh schlafen und sich ihr Essen über dem Lagerfeuer machen, da auch keine öffentliche Ausspeisung für alle organisiert wurde. Aber in der Erwartung eines guten Lebens in Russland fanden sich die Kolonisten mit allem ab. Zu einer kleinen – wenn auch nur vorübergehenden – Milderung der Lage kam es dann, als die Stadtbehörden einige Räumlichkeiten zur Verfügung stellten.

Während 1764 von hier aus nur 2542 Menschen die Reise antraten, so waren es im Jahr darauf schon 4162. Das Geschäft schien für Herrn Schmidt, der als Belohnung für jeden von ihm abgefertigten Kolonisten einen halben Taler bekam, immer besser zu gehen. Der Magistrat der Stadt aber machte seinerseits alles, um die Massen nicht in die Stadt lassen zu müssen, da man sich verständlicherweise vor Unruhen, Krankheiten und Nahrungsknappheit fürchtete. Außerdem kam es auch nicht selten dazu, dass die Kolonisten oder ihre Anführer die Ortsbevölkerung schädigten oder sich sonst etwas zu Schulden haben kommen lassen. So wurde eines Nachts gegen Mitternacht der Werber Florentin samt Helfern von einer aufgebrachten Volksmenge mit folgenden Worten empfangen: *„da kommen sie, die russischen Kanaillen und Schwindler, die müssen alles sterben, wollen wir sie mit den Steinen totwerfen."* [1] Da die Stadt mit dem Kolonistenwesen aber viel Geld verdienen konnte, hat man solche Vorfälle am nächsten Tag meist auch schon wieder „vergessen".

So musste es dann auch unweigerlich dazu kommen, dass der Magistrat am 15. März 1766 Schmidt die Unterbringung von mehr als 800 Menschen in der Stadt verbot. Nach längeren Verhandlungen und einer positiv abgeschlossenen Untersuchung der sanitären Verhältnisse in den Scheunen einigte man sich aber auf den „goldenen Durchschnitt" von 1400 Menschen, Schmidt hatte 2000 gefordert. Alle anderen mussten außerhalb der Stadt auf ihre Abreise warten. Für diese ließ der Senat vor den Stadttoren drei Baracken für je 450 Menschen und weitere mit einem Fassungsvermögen bis zu 1400 Menschen entlang des Weges nach Trawermünde bauen.

Der Zustrom an Auswanderern, den der Publizist Schlözer als *„Laufen und Rennen nach Russland"* bezeichnete[2], übertraf jedoch schon bald jegliche Erwartungen: Nach verschiedenen Angaben befanden sich zu Anfang Mai 1766 in der Stadt noch zwischen 2221 und 3714 „Kolonisten", und wenn noch jene außerhalb der Stadt untergebrachten mitgerechnet werden, dann kommt man auf bis zu zehntausend.

Und trotz dieser beträchtlichen Menschenansammlung kam es in den nächsten zwei Monaten (!) zu keinen Abfertigungen, mit Ausnahme von jenen 1500 Menschen, welche Mitte Mai

---

[1] Zitiert nach: Kufeld, S. 66.
[2] Zitiert nach: Dietz, S. 41.

Lübeck Richtung Russland verließen. War laut Schmidt anfangs noch die stürmische Baltische See schuld, so konnte nach deren Abflauen schon bald nicht mehr darüber hinweggetäuscht werden, dass der wahre Grund für die sich so lange hinziehenden Einschiffungen seine sich nun plötzlich rapid verschlechternde Tuberkulose war. Zwar hat Musin-Puschkin, vielmehr sein Übersetzer, aufgrund Schmidts schwerer Krankheit schon seit dem September des letzten Jahres aktiv nach einem Nachfolger für ihn gesucht und einen solchen in dem Juristen Gabriel Christian Lemke auch gefunden, jedoch verweigerte Schmidt seinen Rücktritt. Mit dessen Tod am 30. Mai löste sich dieses Problem dann von selbst. Inzwischen warteten in der Stadt und in deren Umland bereits ca. zehntausend Menschen auf ihre Einschiffung. Lemke hat natürlich verstanden, dass er alleine mit seinem Erbe nicht fertig werden kann, und deshalb bekam er auch die vier angeforderten Buchhalter vom Kontor bewilligt. Nun musste er schauen, die von Tag zu Tag mehr werdenden Menschen wegzubekommen, da man Anfang Juni für deren Verpflegung schon mehr als 10.000 Mark pro Tag ausgab. Während des Aufenthalts in Lübeck bekamen Männer 16 Kreuzer, Frauen 10 und Kinder 6 pro Tag zu. Daher war er gezwungen, in Hamburg und Amsterdam Kredite aufzunehmen. Wie Plewe andeutet, waren diese am leichtesten von europäischen Kaufmännern zu kriegen. Bereits im Jahr zuvor haben drei englische Kaufmänner und einer aus Hamburg der russischen Regierung unter die Arme gegriffen.[1] Lemke hat die Sache nun aber auch anders als sein Vorgänger organisiert: Während Schmidt das Proviantgeld für eine angenommene 14-tägige Überfahrt bereits einige Tage vor der Abreise den Leuten auszahlen ließ, was natürlich dessen unsachgemäße Verwendung und auch Fluchtgedanken förderte, ließ Lemke von einigen ausgewählten, vertrauenswürdig erscheinenden Personen Lebensmittelvorräte besorgen. Diese gaben sie dann an die Vorsteher weiter, welche sie wiederum an ihre Kolonisten verteilten.[2] Überhaupt schenkte Lemke – anders als Schmidt – der finanziellen Frage eine besondere Bedeutung, weshalb es auch bei ihm diesbezüglich nie zu Problemen mit dem Kontor gekommen ist.

Wie es damals angesichts der immer unruhiger werdenden Massen in Lübeck zugegangen sein musste, ließe sich wohl kaum erahnen, wenn uns nicht Züge, der zu dieser Zeit hier ebenfalls auf seine Einschiffung wartete, hiervon eine Beschreibung geliefert hätte.

---

[1] Plewe, S. 71.
[2] Aus organisatorischen Überlegungen heraus bestimmte man für die Zeit der Reise „Vorsteher", welche auch „Vögte" oder „Schulze" genannt wurden und für eine ihnen zugeteilte kleiner Gruppe von Menschen zuständig waren. Manche von ihnen wurden dann später auch die ersten Ortsvorsteher in den Kolonien.

Demnach wirkte die Masse der Liederlichen auf so manch anständigen Menschen anfangs noch, so auch auf ihn, eher anziehend, weil man *„mit einem male von einer Menge fröhlicher Menschen lautjubelnd bewillkommt wurde"* und des Öfteren auch *„so manches hübsche Mädchen erblickte, von welchen einige einladende Blicke zu einer näheren Bekanntschaft"* auf einen warfen. Als amüsantes Detail am Rande soll erwähnt sein, dass auch ihm in Lübeck dieses Schicksal widerfuhr, er glücklicherweise jedoch bald darauf aufmerksam gemacht wurde, dass seine *„Schöne eine ausrangierte, feile Dirne wäre."* Sie sei mit einem gewissen Maas, der in Hamburg ein *„öffentliches Haus der niedrigsten Art für lüsterne Bootsknechte"* führte, hierher gekommen, da dieser den Entschluss gefasst hatte – *„weil seine Mädchen, als verrufen, ausser Cours kamen, und er überdies Gefahr lief, sich in seinem Gewerbe von der Polizey verhindert zu sehen"* – *„sein Serail nach Rußland zu führen, um zu versuchen, ob es dort eher Liebhaber fände, und ihm selbst ein glücklicheres Schicksal würde als in Teutschland."* [1]

Die oft sechs- bis achtwöchigen Wartezeiten machten vielen vermutlich nicht allzu viel aus, da sie an nichts Mangel litten und die regelmäßig ausbezahlten 8 Schillinge zur täglichen Verpflegung völlig ausreichend waren.[2] Jedoch waren nicht alle heiter und sorgenfrei: *„Manche saßen trübsinnig und mißmuthig in einem Winkel, entweder ganz in sich verloren oder mit der Aeußerung der widrigen Empfindungen, welche ihnen die faunische Laune der größeren Menge erregte."* [3] Und umso länger die Wartezeiten dauerten, je mehr Menschen wurden auch mit ihrer gegenwärtigen Lage immer unzufriedener und kamen auf den Gedanken die Flucht zu ergreifen, was nun bereits für die Unglücklichen kaum noch möglich war, da sie ihre Dokumente (z.B. Gesellenbrief) den Kommissären und ihre Sachen den Wirten übergeben hatten. Fiel jedoch auf jemanden der bloße Verdacht, dass er oder sie zu entwischen gedachte, so musste die Person die Zeit bis zur Abreise in einem Wachhaus verbringen.[4] Nachdem einst des Nachts etlichen die Flucht gelungen war, fiel der Verdacht u.a. auch auf den uns schon so vertrauten Züge, welcher von seinem Vorsteher zu Herrn Schmidt geführt wurde:

„Ich habe erfahren, daß ihr Herrn damit umgeht zu entwischen, was mich von euch um so mehr wundert, weil ihr euch alle ganz freywillig bey mir gemeldet habt, ohne im geringsten überredet zu werden zu einer Reise, die euch nun zu gereuen scheint. Ihr steht bereits in beträchtlichen Vorschüssen, und weil ich für euch haften oder die bereits bezahlte Summe einbüßen muß, werdet ihr es mir nicht verargen, wenn ich zu meiner Sicherstellung die nöthigen Vorkehrungen treffe. Ihr müßt euch folglich gefallen lasen, die kurze Zeit bis zur Abreise in einem Wachhause zuzubringen, wo ihr jedoch keine Noth haben werdet, denn ihr

---

[1] Zitiert nach: Züge, S. 24.
[2] Frauen bekamen 5, Kinder 3 und Kleinstkinder einen Schilling pro Tag. [Schippan, S. 49.]
[3] Zitiert nach: Züge, S. 25.
[4] Züge, S. 26.

bekommt eure Tagegelder, wie bisher, ausbezahlt, habt auch auf der Wache eure Aufwartung von der ihr euch holen lassen könnt, was ihr wollte." [1]

Eine Aufgabe, welche nicht ohne weiteres zu lösen war, war die Zurverfügungstellung der nötigen Transportmittel. Bereits im März 1766 wurde Schmidt von Smolin beauftragt, fünfzig bis siebzig Schiffe zu pachten, jedoch gelang es ihm nur zwanzig aufzutreiben. Im Folgenden verließ sich die russische Regierung auch nicht auf die Möglichkeit von deutschen Staaten oder Städten Schiffe anzuwerben, da hierzulande die Auswanderung ja ohnehin nur ungern gesehen wurde, sondern wandte sich an England. Dank der Unterstützung von Graf Woronzow gelang es ihr zwei riesige englische Fregatten zu mieten, welche in der zweiten Juni- und ersten Augusthälfte in zwei Fahrten 4082 Menschen, also fast ein Fünftel all jener, welche in Lübeck auf ihre Ausreise warteten, beförderten. Aber auch die eigenen Schiffe trugen ihren Anteil am Kolonisationswerk bei. Von ihnen wurden so genannte Barketten und Pinken mit einem Fassungsvermögen von 70-80 bzw. 280-290 Menschen eingesetzt. Auf ihnen erreichten im Sommer 1766 3076 Kolonisten Oranienbaum.

Erwähnenswert erscheint mir noch, dass die Schiffe von Lübeck aus in der Regel immer gruppenweise ablegten, was natürlich der allgemeinen Sicherheit zur See nur dienlich sein konnte. So kamen z.B. am 18. Juni in Oranienbaum vier Lübecker Schiffe und im August zwei „Flottenverbände" von insgesamt 17 Schiffen an. Die größte Zahl von Kolonisten (7645 Menschen) wurde jedoch zwischen dem 12. und 19. September desselben Jahres nach Russland geliefert, das letzte Schiff, die Barkette „Elefant", erreichte Oranienbaum am 30. September. Somit verließen allein in diesem Jahr über Lübeck 21 965 Menschen (ca. 72%!) ihre Heimat in Richtung Russland.[2]

Wie schon angesprochen wurde, kamen aber nicht alle an die Wolga. In den Kolonien rund um St. Petersburg wurden 416 Menschen angesiedelt, weitere 329 Personen in zwei Kolonien in Livland und 283 bei Jamburg. In dieser Zeit wurden auch die ersten Kolonisten nach Kleinrussland geschickt. Insgesamt 1436 Menschen wurden so in den verschiedenen Gegenden Kleinrusslands angesiedelt. 337 Personen blieben als Handwerker in St. Petersburg, Moskau, Reval und Tambov.[3]

---

[1] Zitiert nach: Züge, S. 28 f.
[2] Plewe, Igor: Otprawka kolonistow w Rossiju tscherež Ljubek w 60-x gg. XVIII w. (Beförderung der Kolonisten nach Russland über Lübeck in den 60er Jahren des XVIII. Jahrhunderts). IN: Rossijskie njemzy. Problemy istorii, jažika i sowremennowo položenija. Meždunarodnaja nautschnaja konferencija. Anapa, 20-25 sentjabrja 1995 g. (Russlanddeutsche. Probleme der Geschichte, Sprache und gegenwärtigen Lage. Internationale Wissenschaftskonferenz. Anapa 20-25 September 1995.), S. 136 f.
[3] Plewe, Einwanderung in das Wolgagebiet 1764 – 1767..., S. 12.

An dieser Stelle sollte nicht unerwähnt bleiben, dass neben Lübeck auch zeitweise Danzig als Einschiffungshafen gedient hat, jedoch haben die Hindernisse und „Stolpersteine", welche den Werbern von der preußischen Regierung in den Weg gelegt wurden, Danzig für die russische Seite eben nicht zu einem „zweiten Lübeck" werden lassen. Hier versammelten sich in erster Linie Auswanderungswillige aus den umliegenden Gegenden und auch die ersten Gruppen von Auswanderern, welche im Sommer des Jahres 1763 in Russland ankamen, wurden in Danzig eingeschifft. In der Folgezeit kam Danzig in dieser Hinsicht eine nur sehr unbedeutende Rolle zu. Erst im Mai 1766 legten von hier mit der „Kleinen Andreas" und der „Danziger Hoffnung", welche 336 Passagiere an Bord hatte, wieder 2 größere Schiffe in Richtung Oranienbaum ab. Danach büßte Danzig dann seine Funktion als Abfertigungshafen praktisch ein, nur im Juli desselben Jahres wurden noch einmal 73 Menschen von hier aus abgeschickt.[1]

Manchmal sollen Kolonisten auch in Hamburg und sogar in Haag und Amsterdam eingeschifft worden sein.[2] Dorthin wurden sie auf dem Rhein befördert und laut Pastor Kufeld stand in der Stadt Wesop, welche nahe Amsterdam liegt, auch ein Haus zur vorübergehenden Unterkunft zur Verfügung. Dieses wurde jedoch bald von der Regierung konfisziert, da es hierzulande auch nicht ausblieb, dass holländische Untertanen angenommen wurden, welche sich gegenüber dem Staat etwas zu Schulden kommen hatten lassen.[3]

Inzwischen hat der Unmut unter den deutschen Fürsten ein immer größeres Ausmaß angenommen. Im April 1766 wandten sich der Erzbischof von Salzburg und der Kurfürst von Bayern an die „berufenden Fürsten" Frankens und Schwabens mit dem Vorschlag, von nun an gemeinsam gegen das Kolonistenunwesen vorzugehen.

Und bald erhob sich auch in der Gegend des Oberrheins ein heftiger Sturm gegen die russischen Werber. Seine unmittelbare Folge war, dass der Kommissar Facius aus Frankfurt am Main ausgejagt wurde, was jedoch den Landesherrn, den Grafen von Hessen-Darmstadt, in Erzürnung versetzte. Unterstützung konnte Facius aber beim Grafen von Isenburg-Büdingen finden, welcher ihm trotz Protestschreiben aus Mainz, Hanau und Hannover die Verwendung der Stadt Büdingen als Sammelplatz gestattete.

Er hielt nämlich Facius für einen anständigen Menschen und konnte darin, dass er ihm die Stadt zeitweilig für seine Aktivitäten „zur Verfügung stellte", nichts Verwerfliches finden,

---
[1] Plewe, Otprawka..., S. 132 f. und: Plewe, S. 96.
[2] Dietz, S. 57.
[3] Kufeld, S.69.

zumal seiner Meinung nach auch keine Menschen angenommen worden waren, welche ihre Regierungen nicht gehen gelassen hatten. Zu dieser Zeit ist es dem russischen Botschafter in London auch gelungen, die englische Regierung dahingehend zu bewegen, dass sie sich bei der hannoveranischen Regierung für die russische Seite stark machte. Diese Bemühungen trugen Früchte, und Ende März erlaubte der hannoveranische Minister wieder den Durchzug durch die Territorien von Braunschweig und Lüneburg. In der gegebenen Situation traute sich Iwan Smolin bereits bei niemandem mehr um Hilfe anzufragen – das Wichtigste war, dass einem die Arbeit zumindest nicht unmöglich gemacht wurde.

Aber bald schon sollten die nächsten großen Schläge erfolgen, welche der Sache der Werber dann auch das „Aus" brachten: Plötzlich, ganz unerwartet, hat auch der Prinz von Anhalt-Zerbst, der die Stadt Rosslau früher gerne zur Verfügung gestellt hat, einen Rückzieher gemacht. Und letzten Endes konnte sich der Graf von Isenburg-Büdingen aufgrund der Vielzahl der auf ihn einprasselnden Vorwürfe und Beschwerden auch nicht mehr dem Trend widersetzen, weshalb auch er die Verwendung Büdingens als Sammelplatz verbieten musste und die sofortige Ausweisung aller Auswanderer anordnete. Auch Österreich übte im Kampf gegen die Werber auf viele kleinere deutsche Staaten dahingehend Einfluss aus, als dass solche bald damit aufhörten, Unterkünfte und Verpflegung für Durchreisende zur Verfügung zu stellen.[1]

Zur Agitation gegen die Auswanderungsbewegung wurde auch die Presse in Anspruch genommen. Nun tauchten viele Schmähschriften auf, in denen behauptet wurde, dass die Auswanderer in Russland an reiche Russen ausgeliefert würden, dass sie die dortige Bevölkerung hasse und dass die Ufer der Wolga bald das Grab für „*diese unglücklichen Opfer des Unwissens und Willens*" werden würden.[2]

Vom Münchner Hof wurden in den Zeitungen Rundschreiben an Regierungsbeamte des bayrischen, fränkischen und schwäbischen Gebiets veröffentlicht, in welchen die Kolonisationsmaßnahmen in ausgesprochen düsterem Licht dargestellt wurden. Auch in der „Frankfurter Zeitung" erschien noch im selben Jahr ein Artikel, in welchem die Kolonisation an der Wolga als vollkommen misslungen dargestellt wurde.[3]

Dass die Werber samt ihren Kolonisten überhaupt so lange in doch relativ vielen (Klein-)Staaten geduldet worden waren, ist neben dem wirtschaftlichen Gesichtspunkt sicherlich

---

[1] Kufeld, S. 72 f. und: Plewe, S. 72-74.
[2] Zitiert nach: Plewe, S. 74.
[3] Kufeld, S. 73.

auch der Persönlichkeit des Iwan Smolin zu verdanken, der mit einer Reihe von Gesandten (deutscher) Regierungen „freundschaftliche" Beziehungen unterhielt. Aber das unehrenhafte Auftreten der Werber schuf mit der Zeit Iwan Smolin immer mehr Probleme. In einem Brief vom 20. Februar 1766 schrieb er: *„Ich kann die Kolonistenwerber, Lokatoren nicht so in Zügen halten wie es sich gehört. Sie streichen in großer Zahl in allen umliegenden Gegenden Preußens, in Franken, Schwaben, entlang des Rheins umher, und eine ungeheure Zahl von diesen, von denen einer immer einen anderen zu überlisten trachtet, verursacht der Kolonistensache großen Schaden... die deutschen kaiserlichen Dienstränge geben alle mit großen Schwierigkeiten die Genehmigung zur Aufnahme von Kolonisten, weil die Sache so weit gegangen ist, dass sie unsere Kommissare in Ulm und Frankfurt nicht mehr länger dulden wollen."* [1]

Auch in Petersburg sah man anscheinend ein, dass es so nicht weitergehen könne. Und der Vizekanzler Fürst Golizyn, der zum Zweck der Wahrung von friedlichen und freundschaftlichen Beziehungen zu den deutschen Staaten bei der Zarin das Ende der Werbetätigkeiten gefordert hatte, schrieb am 21. April Smolin, dass er den Kommissaren die weitere Annahmen von Menschen doch verbieten solle. Dieser Ratschlag kam aber gewissermaßen verspätet, da Smolin selbst bereits – ohne die Erlaubnis der Zarin einzuholen – das entsprechende Verbot am 15. Mai ausgesprochen hatte.[2]

Alle Kommissare mit Ausnahme Beauregards schienen dieser Anordnung auch nachgekommen zu sein. Dessen Emissär Weimar, der seinen Sitz in Fürth bei Nürnberg hatte, erklärte sogar ganz unverhohlen, ihn gehe der „russische Befehl" nichts an.

Neben diesem Problem stand man in Lübeck aber noch vor einem viel größeren, namentlich der Übersetzer Wichljajew, auf den die meiste Arbeit von seinem Chef bereits abgewälzt worden war. Dieser schrieb am selben Tag der Anweisung Smolins an Facius, dass in Lübeck ca. 13.000 Menschen und in Hamburg ca. 2000 auf ihre Abreise warteten, außerdem befänden sich 290 Familien auf dem Weg von Büdingen nach Lübeck. In seiner Ratlosigkeit war Wichljajew schon geneigt die Leute wieder nachhause schicken zu wollen, aber Smolin redete ihm das mit dem Hinweis auf die Wahrung der Ehre der russischen Krone und die bereits gemachten Ausgaben aus (außerdem wird man wohl auch die Reaktion der Massen gefürchtet haben). Nach langem Hin und Her mit Sankt Petersburg wurde am 7. Juni 1766 durch eine Depesche des Justizminsters Graf Panin an Smolin endlich befohlen, dass man nur mehr die

---

[1] Zitiert nach: Dietz, S. 54.
[2] Kufeld, S. 74 und: Plewe, S. 75;

bereits angenommenen Leute, die man nicht mehr loswerden kann, nach Russland einschiffen soll. Bereits aufgenommene Verhandlungen mit Werbern mussten sofort fallen gelassen werden.

Nun kamen die Einschiffungen wieder mehr und mehr in Gang, was einige, der russischen Behörde zum Teil nicht einmal bekannte Personen auf die Idee brachte, dass es jetzt doch wieder weitergehen wird, und deshalb „im Geheimen" (wieder) zu werben begannen. Der holsteinische Minister zu Hamburg machte es sich aber zur Aufgabe, die Bevölkerung vor solchen selbsternannten Werbern zu schützen: Er ließ in verschiedenen Zeitungen Warnungen an die Auswanderungslustigen veröffentlichen. In ihnen heißt es, dass aufgrund des bevorstehenden Winters niemand mehr angenommen werde.

Am 9. November 1766 erging dann ein allerhöchster Befehl, welcher mit sofortiger Wirkung die Anwerbung verbot und somit der Einwanderungsbewegung ein Ende setzte – jedoch nur ein vorläufiges, wie sich bald herausstellen sollte. Dieses Verbot erfolgte nicht nur aus den bereits genannten Gründen heraus, sonder auch deshalb, da aufgrund der enormen Massen an Siedlern die logistischen Vorbereitungs- und Durchführungsmaßnahmen (Bau von Häusern im Wolgagebiet, Bereitstellung von Fuhrwerken für den Transport dorthin etc.) in der Heimat ins Straucheln gekommen waren.[1]

Aber auch dadurch ließen sich einige Werber, unter denen Beauregard hervorzuheben ist, nicht irre machen. Bevor ich aber darauf eingehen werde möchte ich noch darauf hinweisen, dass dieser nach der offiziellen Einstellung der Kolonistenanwerbung im Jahr 1766 Maria Theresia die vielen „übrig gebliebenen Kolonisten" anbot. Er wäre sogar dazu bereit gewesen, mit Hilfe niederländischen Kapitals die Kosten für Verpflegung und Transport nach Ungarn zu übernehmen, wenn es ihm nur gestattet werden würde, die von den Kolonisten erwirtschafteten Produkte (Rindfleisch, Tabak „virginischer Art", Schafwolle,...) in Westeuropa (gewinnbringend) zu verkaufen. Die Herrscherin lehnte jedoch klugerweise die Zusammenarbeit mit ihm ab: „... *mit selben nichts weiters will verhandeln.* "[2] Das gleiche Los zog auch Precour, der –ähnlich wie Beauregard – der Habsburger Monarchie eine Schar von hundert Auswanderungswilligen anbot.

Das Problem, das man nun vor allem mit Herrn Beauregard haben sollte, fußte auf dem unglücklichen Umstand, dass sein Vertrag im Mai des vorigen Jahres gleich um drei Jahre verlängert worden war, weshalb er sich im Falle einer vorzeitigen Kündigung auch um seinen

---

[1] Kufeld, S. 74, S. 76.
[2] Zitiert nach: Schippan, S. 32.

erhofften Gewinn gebracht sah. Außerdem war eine Bewegung, die solch enorme Ausmaße angenommen hatte, auch nicht mit nur einem Federstrich zum Stillstand zu bringen, wollte man nicht im Ausland das Gesicht verlieren. Es haben nämlich nicht wenige von denen, die noch vor dem Erlass des Befehls angeworben worden waren, bereits ihr sämtliches Hab und Gut verkauft. So wandte sich im Frühling 1767 der Kommissar Lembke mit dem Ansuchen an das Kontor, noch die Annahme von Kolonisten, die bereits im Herbst des vorigen Jahres von einigen Offizieren des Beauregard angeworben worden waren, zu genehmigen.

Und nachdem er von dort eine abweisende Antwort bekommen hatte, wandte er sich am 26. Juli direkt an die russische Regierung. Er bat von den bereits angeworbenen Familien zumindest noch 100 der besten und nützlichsten nach Russland bringen zu dürfen. Er setzte die russische Regierung mit dem Argument, dass man in Deutschland von dieser Angelegenheit bereits eine viel schlechtere Meinung habe, als man sich das denken könnte, unter Druck. Und dieser Bluff zeigte auch tatsächlich seine gewünschte Wirkung, und Beauregard wurde die Erlaubnis in der Hoffung erteilt, dass sie *„dem Staate wegen ihrer besonderen Kunstfertigkeit einen hervorragenden Nutzen bringen können und weil sie ihre Kontrakte mit ihm tatsächlich noch im Sommer des vorigen Jahres abgeschlossen"* haben.[1] Aus irgendeinem Grund brachte er aber nur vierzig Familien und wollte die übrigen im Frühjahr des nächsten Jahres nachliefern. Diesmal aber verbot ihm die Vormundschaftskanzlei die Lieferung unter der Androhung, dass bei Zuwiderhandeln der Vertag mit ihm sofort gekündigt werde und seine Helfer entlassen würden. Aber auch dieses Mal ließ sich der Entrepreneur nicht einschüchtern und besaß die Frechheit, von Amsterdam aus 1768 noch einmal 29 Mann abzuschicken in der Hoffnung, dass die Regierung die Kosten für diese schon erstatten werde.[2] Und er irrte sich auch diesmal nicht: Man machte zwar keine gute Miene zum bösen Spiel, zahlte aber den Menschen zur *„Wahrung des Ruhmes, welchen die russischen Siedlungen im Ausland genossen"*, wie es in der entsprechenden Resolution hieß, die Verpflegungs- und Reisekosten.[3]

Diese Handlungsweise des Kontors widersprach auch nicht dem Gesetz, da mit dem Erlass der Zarin ja lediglich das (offizielle) Anwerben von Kolonisten verboten wurde, nicht aber die Einreise von Ausländern nach Russland, falls sie auf ihre eigenen Kosten kommen würden. Und so sehen wir auch noch in den nächsten Jahren einige Schiffe mit Ausländern an Bord in

---

[1] Zitiert nach: Kufeld, S. 78.
[2] Bereits seit dem letzten Jahr wurden aufgrund einer Anordnung Josefs II. von Lübeck aus keine Kolonisten mehr abgesandt.
[3] Zitiert nach: Kufeld, S. 78.

der russischen Hauptstadt einlaufen. Jedoch hatte man inzwischen aus den Fehlern der Vergangenheit gelernt und unterzog nach dem Ende der großen Einwanderungswelle die Kolonisten einem besonderen Examen hinsichtlich Kenntnisse und Fähigkeiten über den Ackerbau. Nur jene, welche es geschafft haben, wurden als Kolonisten angenommen und nach Saratov geschickt. Hierbei handelte es sich zwischen 1767 und 1772 um 128 Familien, und 1773 kamen zum letzten Mal nochmals 137 Familien hinzu.[1] Welche Folgen die russische Werberbewegung in Deutschland nach sich gezogen hätte, falls ihr nicht von so vielen Seiten Steine in den Weg gelegt worden wären, lässt sich nur annähernd erahnen.

Abschließend möchte ich die Frage aufwerfen, warum sich so viele Leute für Russland gemeldet haben, wo sie doch auch nach Amerika oder Ungarn gehen konnten. Schippan gibt diesbezüglich folgenden Hinweis: *„Mancher Ausreisewillige mag gehört haben, daß von den pfälzischen Auswanderern, die nach 1709 in die nordamerikanischen Kolonien gezogen waren, viele ihr Leben durch Hunger, Krankheiten und Kämpfe mit den Indianern eingebüßt hatten. Aus den Feldzügen des Prinzen Eugen von Savoyen waren viele Soldaten zurückgekehrt, die mitteilen konnten, wie es in Ungarn aussah. Doch die Wolga war sehr weit entfernt, über diese Gegend konnte kein Rückkehrer erzählen."* [2]

Sicherlich besaß aber auch für die Werber das Sprichwort „Wer zuerst kommt, mahlt zuerst.", Gültigkeit. In seltenen Fällen könnten sich die Werber aber auch den Anschein gegeben haben, dass sie *„die angeworbenen Kolonisten nach Ungarn transportieren wollten, so daß die Leute sich nicht wenig wunderten, als sie sich in Hamburg und schließlich in Rußland wiederfanden."* [3]

---

[1] Dietz, S. 56.
[2] Zitiert nach: Schippan, S. 47.
[3] Zitiert nach: Schippan, S. 47.

Schiffsreise, Ankunft und Weiterreise nach Saratov

Die Überfuhr nach Russland wird für die meisten Leute bei weitem schwieriger und kräfteraubender gewesen sein, als sie sich das vorgestellt hatten, war doch kaum einer von ihnen jemals bereits auf hoher See gewesen. Als Züge mit ungefähr 200 seiner Landsleute von Lübeck auf einem allerdings viel zu kleinen Schiff die Reise antrat, brach unter den Menschen schon aufgrund des natürlichen leichten Schwankens des Schiffes eine Panik aus:

„Einer taumelte wider den anderen, Furcht und Zagen bemeisterte sich aller Gemüther; einer schrie, der andere fluchte, die Mehresten beteten, doch in einem so mannichfaltigen Gemisch, das daraus ein klägliches, aber abscheuliches Geschrey entstand. Von den unter uns befindlichen Catholiken beteten einige den Rosenkranz ab, einer rief den, der andere jenen Heiligen an; die Protestanten sagten Stoßseufzer aus dem Kulbach, Schmolken und anderen Gebetsbüchern her. Endlich stimmte ein Catholik die Litanei, ein Lutheraner das Lied: „Befiehl du deine Wege" an, und nun formte sich beynahe der ganze Haufen zu zwei Chören, wovon der eine das erste, der andere das zweite Lied sang." [1]

Während der Reise auf dem so ungewohnten Element Wasser waren die Leute von der Schiffsmannschaft abhängig, und so konnte es auch nicht ausbleiben, dass sie nicht selten von ihr übers Ohr gehauen wurden. Von einem interessanten Vorfall berichtet uns in seiner bereits gewohnt

mitreißenden Weise Züge: Kurz bevor sie bei der Insel Bornholm vorbeisegelten, verbreiteten die Matrosen das Gerücht, dass die Bewohner dieser Insel feindselige Menschen und Hexenmeister wären, welche öfters einen Sturm herbeizauberten, um sich in Folge an den gestrandeten Gegenständen zu bereichern. Dass aber an diesen Aberglauben die Seemänner selbst vermutlich weniger glaubten als viele der ungebildeten Menschen an Bord, können wir den folgenden Zeilen entnehmen:

„Wir kamen glücklich vor der gefürchteten Stelle vorbey, und ich wurde nun gewahr, daß die Geschichte von jener Hexerey von den Matrosen wahrscheinlich nur deshalb immer noch erhalten würde, um daher Gelegenheit zu nehmen, von den Passagieren ein Trinkgeld zu erpressen. Nachdem uns das Schiffsvolk jauchzend verkündet hatte, daß wir nun, wegen der zaubernden Bornholmer, außer Gefahr wären, wurde eine Büchse herbey gebracht, und wir ermahnt, etwas Geld in dieselbe zu stecken, wenn wir uns nicht gefallen lassen wollten, die

---

[1] Zitiert nach: Züge, S. 32 f.

Schiffstaufe zu erhalten, zu welcher auch schon die nöthigen Vorkehrungen gemacht wurden. Man läßt dabey, wie den mehresten meiner Leser bekannt sein wird, den Täufeling auf einem, an einem Seile befestigten Knüppel in das Wasser. Keiner von uns hatte Lust, sich diesem ziemlich aus der Gewohnheit gekommenen Schiffsgebrauche zu unterwerfen. Wir steuerten nach Guthaben in die Büchse, und das Schiffsvolk machte sich auf unsere Kosten einen guten Tag." [1]

Auch kam es oft dazu, dass die Kapitäne die Reisezeit künstlich in die Länge zögerten, um so ihre eingelagerten Lebensmittel an die Passagiere gewinnbringend verkaufen zu können. Züge führt diesbezüglich aus: *„Gewöhnlich fährt man an den zweyhundert Meilen von Trawemünde nach Petersburg oder Kronstadt nicht länger als zehn bis zwölf Tage; wir befanden uns aber bereits drey Wochen in der See, und sahen das Ziel unserer Reise immer noch nicht. Die Colonisten, welche sich eng zusammen geschichtet, sehr übel befanden, murrten täglich lauter, wurden aber mit der Belehrung, widriger Wind verstattete keine schnellere Reise, zur Ruhe gewiesen. Wirklich mochte der Wind an unserer langen Fahrt weniger schuld sein, als der Eigennutz des Capitäns, der einen Vorrath von Lebensmitteln, als Wein, Branntwein, Bier, Caffe, Kuchen, Heringe u. d. gl. Mitgenommen hatte, und diese Dinge, die er uns ins ziemlich hohen Preisen verkaufte, ohne Zweifel erst wollte comsumiren laßen, ehe er uns an das Land brächte. Er fand auch an den mehresten unter uns gute Kundleute, und viele hatten ihm den ganzen Betrag ihrer Taggelder zu lösen gegeben. Einige von uns wollten gesehen haben, dass der alte Pfiffkopf, die Reise zu verlängern, des Nachts die Segel einziehen ließe, und ich bemerkte wenigstens, daß wir, als es mit den Waaren des Capitains auf die Neige gieng, weit schneller fortkamen als vorher, ob schon der Wind immer ziemlich einerley war."* [2]

Bernhard von Platten berichtete über die Leiden der Schiffsreise Folgendes[3]:

Da ward ein Jeder Mann
Mit Brofiant versehen
Und so nach Petersburg
Ins Schiff hinein zu gehen
Allein condrerer Wind
Macht uns die Reise schwer
Das Brofiant ging auf
Die Taschen wurden leer.

Sechs Wochen mußten wir
Die Wasserfahrt ausstehen
Angst, Elend, Hungersnoth
Täglich vor Augen sehen
Also daß wir zuletzt Salz-Wasser,
Schimmlich Brod
Zur Lebensunterhalt
Erhielten kaum zur Noth.

---

[1] Zitiert nach: Züge, S. 35.
[2] Zitiert nach: Züge, S. 36 f.
[3] Zitiert nach: http://www.russlanddeutschegeschichte.de/deutsch1/poem_platen.htm

Bis diese Glücksstund kam
Oranienbaum zu sehen
Da thät ein jeder nun
Mit Freud vom Schiffe gehen
Quartierten 14 Tag
Uns in die Häuser ein
Ja all zum Schiff hinein
Ein sehr betrübt Plamir.

Groß war die allgemeine Erleichterung, als man endlich wieder festen Boden untern den Füßen hatte. Nachdem man in dem auf einer Insel vorgelagerten Kronstadt angekommen war, musste man noch so lange auf dem Schiff ausharren, bis die Passagierlisten überprüft worden waren und die Zollinspektion abgeschlossen worden war.[1] Bereits hier kam es zu ersten Kontakten mit der einheimischen Bevölkerung. Unser einziger Gewährsmann in dieser Hinsicht berichtet uns, dass sich eine „Frauensperson" in einem kleinen Kahn dem Schiff näherte und den Kolonisten „kalatschy" (Weißbrotwecken) zum Kauf anbot. Als sie sich des wohlschmeckenden Brotes erfreuten, ließ sie der zu ihrer Bewachung abgestellte Soldat verstehen, dass er gerne ihr Gast sein würde. Deshalb teilten sie auch *„gern mit ihm, und er biß begierig in das Brod, rief aber vorher sein Hosbodybomille, welches alle gemeinen Russen zu thun pflegen, ehe sie etwas zu sich nehmen, so wie sie überhaupt ihre mehresten Handlungen mit diesem frommen Gemeinseufzer anfangen."* [2]

Nachdem die Prozedur abgeschlossen war, wurden die Kolonisten nach Sankt Petersburg, in der Regel aber vermutlich nach Oranienbaum (das heutige

Lomonossow) gebracht, wo sie sich im Schnitt ein bis zwei Monate aufhielten, manche reisten aber auch schon nach einigen Tagen weiter. Die Annahme, Unterbringung und tägliche Auszahlung der Essensgelder leitete in Oranienbaum Adam Assen-Delft, ein Mensch, der bereits viele Jahre im russischen Staatsdienst gestanden war und verschiedene Sprachen beherrschte.

Ein Mann bekam 15 Kopeken, eine Frau 10, Kinder von 2 bis 15 Jahren 6 Kopeken und Kinder unter zwei Jahren 2 Kopeken ausbezahlt. Am 19. Mai 1766 wurde die Höhe des Verpflegungsgeldes herabgesetzt: Männern und Frauen wurde nur mehr 10 Kopeken, Kindern zwischen 10 und 17 Jahren sechs Kopeken, Kindern zwischen 2 und 10 Jahren vier Kopeken und jenen unter 2 Jahren zwei Kopeken pro Tag ausbezahlt.[3]

---

[1] Plewe, 103.
[2] Zitiert nach: Züge, S. 39. („Gospodi pomiluj!" [Господи помилуй!] bedeutet „Herr, erbarme dich!")
[3] Plewe, Einwanderung in das Wolgagebiet 1764 – 1767..., S. 13.

Seit 1766 hatte Titularrat Iwans Kuhlberg dieses Amt inne. Erst er begann anlässlich der Ankunft der Kolonisten Listen anzufertigen, in welchen Angaben über Glaubensbekenntnis, Beruf, Herkunftsland, Alter und Anzahl der Familienglieder gemacht wurden. Sie hatten jene Ankömmlinge, die noch nicht zur Ansiedlung an der Wolga geneigt gemacht werden konnten, zu überzeugen, dass der weiteren Ausübung ihres bisherigen Berufes mit dem Dasein eines Ackerbauern im Wolgagebiet nichts im Wege stehen würde. Besonders mit Handwerkern hatte man es in dieser Hinsicht nicht immer leicht: So beharrte z.B. der Kolonist Nr. 4887, Johann Friedrich Walzer, Kuhlberg gegenüber darauf, dass er zur Ausübung seines *„Strumpfhandwerks"* in irgendeiner Fabrik unterkommen möchte. Von mehr als tausend Familien, die im Jahr 1766 ankamen, erklärten 76 nach allen möglichen Überredungsversuchen noch immer, dass sie in der Stadt Saratov wohnen möchten, und 22 wollten unbedingt in Petersburg bleiben. Aber auch die schriftliche amtliche Bekundung solcher Wünsche konnte nichts daran ändern, dass sich trotzdem auch viele von den Hartnäckigeren letztendlich doch an der Wolga wieder fanden.[1]

Über die Unterkunftsmöglichkeiten in Oranienbaum scheint mir außer der traurigen Tatsache, dass sich dort ein Student namens Möhring für einen sechswöchigen Aufenthalt aus Holz und Reisig eine Erdhütte bauen musste, kaum etwas bekannt zu sein.[2] Nur die wenigen, die gegen Wintereinbruch angekommen waren, mussten hier bzw. in Petersburg so lange abwarten, bis die Flüsse wieder schiffbar waren. Während ihres Aufenthalts hatten die Menschen die Möglichkeit, mit den ihnen zusätzlich ausbezahlten bescheidenen Geldern Winterkleidung oder andere benötigte Gegenstände zu kaufen.

Auch Züge wurde mit seinen Reisegefährten nach Oranienbaum gebracht. Dieses beeindruckte ihn aber keineswegs positiv:

„Die glänzende Vorstellung, die ich mir von dem Glücke, das meiner in Rußland warten würde, gemacht hatte, wurde ziemlich herabgestimmt, nachdem ich mich ein wenig auf dem festen Lande umgesehen hatte. Statt des geträumten Paradieses fand ich alles beinahe wie daheim, nur im allgemeinen schlechter und roher. Mich befiel eine gewisse Ängstlichkeit, die mich auch nicht verließ, als mein Vorsteher und etliche andere mich versicherten, die Gegend, wohin wir bestimmt wären, sey nicht nur weit lachender und schöner als die hiesige, sondern übertreffe auch bei weitem Teutschland. Dort würde auch die geringere Cultur der Russen gegen unsere feinere selten anstoßen, weil wir mit den Russen wenig zu schaffen hätten, und unter uns ganz nach teutscher Weise und Sitte leben könnten." [3]

---

[1] Plewe, S. 106.
[2] Schippan, S. 52.
[3] Zitiert nach: Züge, S. 42.

Während seines dortigen Aufenthalts durchstreifte er mit einigen Bekannten des Öfteren die Stadt und besuchte die Kabacken (Schenken, zumeist Wein- oder Branntweinschenken), da man ihnen gesagt hatte, *„wer in Rußland gesund bleiben wolle, müße sich an das Branntweintrinken gewöhnen."* So lernten sie die *„empfohlene Medicin"* bald in größeren Dosen zu sich zu nehmen.[1]

Das für die Deutschen im Großen und Ganzen neue russische „Nationalgetränk" scheint auf ihn doch eine gewisse Faszination ausgeübt zu haben. Jedoch zeugen seine Ausführungen teilweise von einer gewissen Naivität bzw. einem abgehobenen Blickwinkel, von dem er als ehrbarer Handwerksgeselle auf die einfachen Russen herabschaut. Zum Beispiel erzählt uns Züge über jenen russischen Soldaten, den sie sich anfangs mit einer kleinen Branntweinspende zum Freund gemacht hatten, Folgendes:

„So wild und mürrisch er an den ersten Abenden gewesen war, so sklavisch höfisch machte ihn die Branntweinquelle, die ihm auf Kosten unseres Säckels floß. Er wußte kaum, wie er seinen Dank dafür hinlänglich zu erkennen geben sollte, und äußerte dabei ganz das Sklavenunterwürfige, das ein Charakterzug des Pöbels dieser Nation ist. Nicht selten fällt der gemeine Russe demjenigen zu Füßen, der ihm einige Kopeken zu Branntwein spendet." [2]

Und an einer anderen Stelle führt er aus: *„Die gemeinen Rußen finden überhaupt vieles Vergnügen darin, sich zu berauschen, zeichnen sich aber dabei vortheilhaft vor uns und anderen Nationen aus. Gezänk und Schlägereien, die bei den Trinkgelagen der mehresten Völker nicht selten sind, stören in Rußland fast nie die allgemeine Freude. Der Rausch der Rußen äußert sich auf gefälligere Weise. Sie werden herzlicher und traulicher gegen einander, küssen und umarmen sich und singen lustige Lieder."* [3]

Den folgenden beinahe amüsanten Zeilen zufolge war Religion und Trunk(sucht) durchaus miteinander vereinbar: *„Ueberhaupt zeigen die gemeinen Rußen, auch wenn sie betrunken sind, noch immer viel Religiosität. Begegnet einem, wenn er nach Hause taumelt, ein Pope: so nimmt er die Mütze ab, und neigt sein Haupt nach dem Geistlichen hin, damit er die Hand darauf legen und ihn segnen möge. Dies geschieht selbst in Augenblicken, wo der Ruße seiner so wenig mehr mächtig ist, daß er, wenn er sich kaum einige Schritte vom Popen entfernt hat, niederstürzt und auf offener Straße liegen bleibt, den Rausch auszuschlafen. Dies geschieht so häufig, daß es nicht das geringste Aufsehen macht, Betrunkene auf den Straßen zu finden. Niemand spottet ihrer, selbst die Kinder nicht; im Gegentheile heben sie die vorüber gehenden Nüchternen sanft auf, um sie nach Hause zu tragen oder doch, wenn es Unbekannte oder solche Leute sind, mit welchen sie sich diese Mühe nicht geben wollten, sie auf die Seite an die Häuser zu legen, um ihnen eine sichere Ruhestätte zu verschaffen."* [4]

---

[1] Zitiert nach: Züge, S. 43.
[2] Zitiert nach: Züge, S. 45.
[3] Zitiert nach: Züge, S. 48.
[4] Zitiert nach: Züge, S. 127.

Einige Tage nach seiner Ankunft in Oranienbaum hatte Züge *„auch Gelegenheit, die große Katharina zu sehen und in ihr die seltene Verbindung großer Schönheit und hoher Majestät zu bewundern, welche vor mir schon eine Menge Reisender zu schildern versucht haben."* [1]

Diese war nämlich auf ihr Lustschloss nach Oranienbaum gekommen, um ihre im Park desselben in Reih und Glied angetretenen ehemaligen „Landsleute" und neuen Untertanen in Augenschein zu nehmen und persönlich zu begrüßen. Bei Kratzky, der als Vorsteher seiner Gruppe, zu der auch Züge gehörte, an der Spitze stand, verweilte sie ein wenig. *„Als sie sich wieder entfernte, macht sie mit der Hand eine Bewegung, sie ihm zum Kusse zu reichen, aber Kratzky mußte dies entweder nicht verstehen oder hatte nicht Muth genug zu wagen, was die herablassende Kaiserin ihm verstatten wollte. Ich ärgere mich über das kindische Benehmen des blöden Menschen und weil die Leutseligkeit der großen Frau mir Muth machte, beschloß ich, was er verdorben hatte, zu verbessern und die Ehre meiner Landsleute zu retten. Indem sie mir vorbeiging, machte ich eine tiefe Verbeugung, welche die Kaiserin mit einem freundlichen Nicken erwiderte ohne mich jedoch anzureden;"* [2]

In einer Chronik eines anonymen Autors wird eine Rede der Herrscherin, welche sie in deutscher Sprache hielt, überliefert:

„Liebe Kinder! Ihr habt erstmals von Eurer teuren Heimat aus ein fremdes Land betreten, unseren Staat. Die Gebiete, wo ihr gelebt habt, waren für Euch unzweifelhaft heilig: die Natur, die Liebe Eurer Fürsten und die staatliche Fürsorge habe sie für Euch zu solchen gemacht. Aber auch dieses Land, welches Ihr, liebenswürdige Kinder, betreten habt, wird für Euch zu einem ebensolch teuren und heiligen gemacht werden. Nachdem ich Euch in mein Imperium, unter meine Protektion, eingeladen habe, begrüße ich Euch: Herzlich Willkomm! Meine Liebe zur deutschen Nation bewegte mich dazu, aus dem Ausland Deutsche in unser Land zu rufen, sie herzlich zu empfangen und sich um sie zu sorgen. Ihr habt Euch auf meinen Ruf gemeldet und seid in der Hoffung auf Gott und meine Schutzherrschaft hierher gekommen. Seid sicher, dass in Eurem ganzen und Eurer Nachfahren Leben alles Versprochene heilig eingehalten wird. Eurerseits müsst auch Ihr, liebe Kinder dafür mit Liebe, Treue und Hingabe einstehen, so wie das in unseren Gesetzten vorgeschrieben ist. Seid arbeitsam und fleißig in all Euren Vorhaben, fürsorglich und gegenüber all dem, was Euch zum Vorteil dient." [3]

---

[1] Zitiert nach: Züge, S. 48.
[2] Zitiert nach: Züge, S. 48 f.
[3] Zitiert nach: Dietz, S. 59.

Während ihres Aufenthaltes in Oranienbaum mussten die Kolonisten auch den Treueid auf die russische Krone leisten. Dieser wurde den Kolonisten in ihrer Muttersprache von einem deutschen Pastor vorgesprochen und musste von allen Anwesenden wiederholt werden. Spätestens jetzt wurde wohl allen klar, dass sie von nun an Untertanen der Zarin geworden waren und eine Rückkehr nicht ohne weiteres möglich sein dürfte. Um aber vor dem eigenen Gewissen nicht eidbrüchig zu werden, wenn man doch wieder in die alte Heimat zurückkehren wollte, bewegte so mancher, wie Christian Gottlob Züge beobachtete, *"nur die Lippen, ohne etwas zu sagen"*.[1] Der Eid hatte folgenden Wortlaut:

„Ich, unten benamter, verspreche und schwöre dem Allmächtigen Gott unter Seinem Heiligen Evangelium, dass ich IHRER KAISERLICHEN HOHEIT Meiner Allergnädigsten Herrscherin KAISERIN JEKATERINA ALEKSEJEWNA ALLRUSISCHE ALLEINHERSCHERIN, und IHRER KAISERLICHEN HOHEIT den Allerliebsten Sohn Herrscher Zesarewitsch und Großfürst Pawel Petrowitsch, dem gesetzlichen Erbfolger des Allrussischen Throns, getreulich und nicht heuchlerisch zu dienen und Gehorsam zu leisten möchte und muss, indem ich mein Leben bis zum letzen Tropfen Blut nicht schone, und alle zur ALLEINHERSCHAFT, Macht und zu den Behörden IHRER KAISERLICHEN HOHEIT gehörenden gesetzlich bestimmte und künftig zu bestimmende Rechte und Prärogative [oder Vorteile] dem äußersten Ermessen, Kraft und Möglichkeit nach zu wahren und zu verteidigen, und dabei nach äußerstem Maße bestrebend alles zu unterstützen, was den treuen Dienst und staatlichen Nutzen zu IHRER KAISERLICHEN HOHEIT in allen Angelegenheiten betreffen kann. [...]

Zum Abschluss meines Schwurs (jedoch) küsse ich das Wort und Kreuz meines Retters. Amen." [2]

Ein weiterer Hafen, in dem Einwanderer eintrafen, war Narwa. Hier kamen aber nur Auswanderer aus Nordeuropa, vor allem aus Schweden an. Da der Auswanderungsstrom aus Nordeuropa gering war, konnte der Stadtkommandant die Annahme der Menschen leicht in seinen Tätigkeitsbereich miteinbeziehen und deren Transport nach Petersburg organisieren.

Die ersten Kolonisten wurden in einem Haus an der Mojka, also direkt im Stadtzentrum, untergebracht. Schon bald aber musste man nach einer neuen Unterkunftsmöglichkeit Ausschau halten, da mit der Zeit immer mehr Kolonisten in der Stadt eintrafen. Von dem ursprünglichen Plan diese neben dem Gebäude des Vormundschaftskontors zu errichten ging man aber deshalb ab, da es sich bei den Neuankömmlingen doch um ein sehr unruhiges Element

---

[1] Züge, S. 51.
[2] [Zitiert nach: Plewe, S. 104 f.] Der Titel „Zesarewitsch" war in Russland seit 1791 der offizielle Titel des Thronfolgers.

handelte. Am 30. April brachte Graf Orlow den Vorschlag ein, doch die alten Holzbaracken am Stadtrand, die ehemals den sich in Russland aufhaltenden Soldaten aus Holstein als Unterkunft gedient hatten, herzurichten und sie für diesen Zweck auch zu verwenden. Ein Teil der Kolonisten wird aber vermutlich auch in den Wohnungen der Stadtbewohner untergebracht worden sein, wenn das sicherlich auch die Ausnahme gewesen sein wird.

Zur Heilung von erkrankten Kolonisten wurde in Sankt Petersburg ein zum Alexander-Newskij-Kloster gehörendes, für die damalige Zeit nicht kleines Krankenhaus gegründet. Für die Behandlung fielen den Kolonisten keine zusätzlichen Kosten an.[1]

Die ersten Kolonisten, welche im Herbst 1763 und im Sommer des darauf folgenden Jahres in Oranienbaum ankamen, wurden auf Fuhrwerken auf dem Landweg über Peterhof [2], Nowgorod, Twer, Moskau, Rjasan, Pensa, Petrowsk nach Saratov gebracht. Im Jahr 1765 wurde angesichts der so rasanten Zunahme von Ansiedlern eine zweite Marschroute, welche teilweise zu Lande, aber zum weitaus größeren Teil zu Wasser verlief, ins Leben gerufen. Sie sah folgendermaßen aus: Über die Zarenstadt auf der Newa, dem Ladoger-Kanal und dem Wolchow bis nach Nowgorod, dann über den Fluss Mst weiter bis nach Wyschnij Wolotschok und von hier aus zu Lande bis nach Toszchok. Weiter ging die Reise auf dem Fluss Twjerjez bis nach Twer, wo man nun endlich einen wirklich großen Strom, dessen Anblick so manchen vielleicht schon wehmütig werden ließ und an den heimatlichen Rhein oder die Donau erinnert haben mochte, zu Gesicht bekam. Auf „Mütterchen Wolga" ging es nun stromabwärts – vorbei an den alten Städten Jaroslawl, Kostroma und Nischnij Nowgorod – bis nach Saratov.

Auch eine dritte Route, auf welcher über 4000 Familien 1766 die Reise zum Bestimmungsort zu absolvieren hatten, ist uns bekannt: auf der Newa, dem Ladoger-Kanal und dem Swir bis zum Weißen See, und danach über Rybinsk, Kostroma, Nischnij Nowgorod bis nach Saratov.[3] (siehe Karten im Anhang)

Die Strapazen einer so anstrengenden Reise kosteten auch nicht wenigen Menschen ihr Leben. So berichtet uns z.B. der Kolonist Mering in seinen Memoiren darüber, dass im Winterquartier nahe Nowgorod viele Kolonisten gestorben seien, darunter auch seine Frau.[4] Dass die Sterblichkeit während der Reise im Allgemeinen relativ hoch war, bestätigen uns auch entsprechende Listen (siehe auch S. 87.) Von 26.676 Kolonisten, die ihren Weg an die Wolga antraten (inklusive jener 167, welche die von Saratov 400 km entfernte Stadt Sarepta

---

[1] Plewe, S. 105 f.
[2] Peterhof liegt ca. 30 km westlich von Sankt Petersburg.
[3] Dietz, S. 60.
[4] Dietz, S. 61.

gründeten), starben auf dem Weg 3293, was fast 12% der Gesamtzahl ausmacht.[1] Unter diesem Licht betrachtet erscheinen uns die Angaben, welche in einem in Deutschland verbreiteten Brief gemacht wurden, regelrecht als vorsätzliche Gefährdung für das Leben der Aussiedler: *„Über das Schicksal der sich im letzten Jahr in Russland angesiedelten Kolonisten haben die Zeitungen die verschiedensten Zeugnisse abgelegt. Jetzt haben wir die Möglichkeit wahrheitsgetreu bekannt zu geben, dass die Kolonisten wohlbehalten aus Petersburg an ihrem Bestimmungsort an der Wolga, in Saratov, am 26. Tag und am bekannten Fluss Wolga angesiedelt wurden. Während der ganzen Zeit des Aufenthalts am Wege ist von 269 Familien lediglich ein Kind gestorben, während 27 Säuglinge geboren wurden."* [2]

Zum Zweck der Kontrolle von Recht und Ordnung wurde den Wojewoden-Kontoren, durch deren Länderein die Menschen durchzogen, aufgetragen, ein Auge auf die Kolonistenzüge zu werfen.

Die Kolonisten, die auf dem Wasserweg in das Wolgagebiet kamen, wurden auf dieser Reise mit der gleichen Taktik konfrontiert, die sie bereits auf der Schiffsreise von Lübeck nach Kronstadt erlebt hatten. Auch hier waren die Schiffsführer bestrebt, die Reise so lange wie möglich auszudehnen, um eine größere Menge Lebensmittel zu überhöhten Preisen an die Reisenden verkaufen zu können.

Viele von den in den Jahren 1765 und vor allem 1766 angekommenen Menschen mussten ihr Winterquartier in einem der auf ihrem Weg gelegenen Dörfer aufschlagen. Hierbei handelte es sich aber um eine von den Verantwortlichen durchdachte und unvermeidliche Notmaßnahme. Bedenkt man nämlich, dass die Tracks im Durchschnitt zwei bis zweieinhalb Monate unterwegs waren, so konnten sie frühestens erst irgendwann im Herbst oder Spätherbst an der unteren Wolga ankommen. Zu dieser Jahreszeit kann es in Russland aber durchaus schon sehr kalt sein. Da für den Bau von Häusern bis zum Wintereinbruch nun schon zu wenig Zeit verblieb, hätten die Kolonisten in der Gebietshauptstadt Saratov den Winter verbringen müssen. Jedoch hat schon das Jahr 1764, als man hier nur mit Mühe 1300 Menschen unterbringen konnte, gezeigt, dass dies nicht möglich ist.[3]

Um die städtische Bevölkerung zu entlasten, ordnete Graf Orlow den Bau von 16 Durchgangs- und Verteilungskasernen in Saratov an: *„Ihre Kaiserliche Hoheit geruhte anzuweisen, daß für die in Saratov befindlichen und zur Ansiedlung abreisenden Ausländer bis zur Ansiedlung an Ort und Stelle anständige hölzerne Kasernen errichtet zu werden haben, worin*

---

[1] Plewe, S. 114.
[2] Zitiert nach: Dietz, S. 50.
[3] Plewe, S. 112 f.

sie auch einquartiert werden sollen, und in Zukunft sind Neuankömmlinge dort unterzubringen...Graf G. Orlow, 23. Dezember 1764." [1] Diese zwanzig Meter langen „Kasernen" wurden bis Ende November des nächsten Jahres fertig gestellt und bestanden aus zwei großen Räumen für je eine Familie (in Wirklichkeit fanden aber mehrere Familien in ihnen Unterschlupf). Natürlich stellen auch sie keine große Entlastung für das Unterkunftsproblem dar. Mit dem Bau von Wohnhäusern bzw. Gemeinschaftsbaracken, welcher auf Staatskosten erfolgte, wurde erst 1765 begonnen.

Auch in Oranienbaum konnten solche Menschenmassen selbstredend nicht zur Überwinterung untergebracht werden. Im Juni 1766 war man ungeachtet ständiger, etappenweiser Abfertigungen von Gruppen genötigt, Menschen in das nahe Peterhof oder in andere nahe liegende Dörfer zu schicken. Mediziner hatten darauf zu achten, dass es nirgendwo zum Ausbruch einer Epidemie kommt.[2]

Während dieser notgedrungenen Aufenthalte bot sich den Kolonisten erstmals die Möglichkeit, sowohl ihre zukünftigen „Nachbarn" mitsamt ihren Sitten und Gebräuchen etwas genauer kennen zu lernen, als auch erste Erfahrungen in der doch so völlig anderen Sprache zu sammeln. Züge bot sie sich in dem Dorf Pantschina (Gouvernement Simbirsk), wo er zur Überwinterung bei einer Bauernfamilie einquartiert wurde. Eine der vielen neuen Erfahrungen, die er während dieser Zeit gemacht hatte, war die, dass dem „gemeinen Russen" ein großer, gemauerter Ofen als Schlafplatz diente, welcher ungefähr drei Menschen Platz bot. Aufgrund der kulturellen Unterschiede konnte man für die Gewohnheiten des Fremden beiderseits oft nur ein gewisses Missverständnis aufbringen: *„Ich nahm es anfangs übel, daß mein Hauswirth, wenn er zuweilen frierend in die Stube kam, vor dem Ofenloche, daß sich immer innerhalb der Stube befindet, ganz ohne Umstände den bloßen Hintern wärmte, und sich im geringsten nicht darum bekümmerte, ob der dargebotene schlechte Prospect mein Auge beleidigte. Aehnliche Kleinigkeiten, die ich, um nicht langweilig zu werden, nicht namhaft machen will, gaben täglich von einer oder der anderen Seite Anstoß, bis die Zeit uns daran gewöhnte."* [3]

Das Zusammenleben zwischen den Einheimischen und den (ungebetenen) Gästen verlief im Wesentlichen bis auf einige kleinere Vorfälle recht friedlich. Jedoch kam es am Ostersonntag in Pantschina zu einem folgenschweren Zwischenfall, der sich, wie folgt, zugetragen hat: Der

---

[1] Zitiert nach: Terjochin, S. 34, Sp. 1f.
[2] Plewe, S. 113.
[3] Zitiert nach: Züge, S. 66.

Topf eines Hamburgers wurde vom Herd seines „Gastgebers" etliche Male verwiesen, da auf diesem schon zu viele Töpfe standen und einige bigottere Russen fürchteten, ihr Essen könnte durch den Topf des Hamburgers verunreinigt werden. Darauf zündete er sich im Hof ein Feuer an, was er besser hätte unterlassen sollen. Einige aufgebrachte Russen liefen zusammen, löschten das Feuer und straften ihn für diese Unvorsichtigkeit mit Prügeln. Der aufgebrachte Hamburger lief nun von Haus zu Haus und verbreitete das Gerücht, die Sicherheit der Deutschen wäre gefährdet, falls man die ihm widerfahrene Beleidigung nicht zu rächen trachte. Mit Prügeln, ja sogar mit Schießgewehren bewaffnet, machten sich die Hitzköpfe, unter denen auch einige Nichtdeutsche waren, auf den Weg zu dem Haus seines Wirtes, um am leblosen Inventar Rache zu üben. Schon bald aber kamen die männlichen Dorfbewohner angelaufen, und es kam zu einer regelrechten Straßenschlacht, die mit Platzwunden an den Köpfen und einem entzwei geschlagenen Arm ausging. Erst ein Franzose namens Lefebre, der durch den Tumult aus dem Schlaf gerissen wurde, machte dem blutigen Treffen durch einen Schuss auf einen Russen ein Ende. In der Folge verschanzten sich die Deutschen in dem einen Stadtteil, die Russen in dem anderen. Auf diese Weise wurden bis zum Friedensschluss zwischen den beiden Streitparteien viele russische Familien ihrer eigenen Häuser beraubt. Als Zeichen dafür, dass man es mit der Versöhnung ernst meinte, musste jeder „Gast" seinem Hauswirt die Hand reichen. Die Russen wurden von den wenigen kaiserlichen Begleitsoldaten ausdrücklich darauf hingewiesen, dass jene der Kaiserin mit dem Kopf für die Sicherheit der ihnen anvertrauten Kolonisten zu bürgen hätten.[1]

Ungeachtet dessen, dass so manche Dorfbewohner durch die Kolonisten meist eine nicht unbedeutende Summe Geld gewannen, waren sie meistens doch sehr froh, als sich die Zeit der Abreise für die ungebetenen Gäste näherte. Dies mag vor allem für so manche junge Männer und Eltern zugetroffen haben, da sich unter den Ausländern auch eine Menge großteils junger, unverheirateter Männer befand, *„welche mit den russischen Weibern und Mädchen einen Umgang einzuleiten suchten, der auch allenfalls bei völliger Unkunde der Sprache sehr vertraut werden konnte."* [2]

---

[1] Züge, S. 69-74.
[2] Zitiert nach: Züge, S. 76.

Ankunft an der Wolga und erste Einrichtungsarbeiten

Nachdem die Kolonisten in dem 800 bis 900 Häuser großen Saratov angekommen waren, trafen sie nach längerer Zeit wieder auf Landsleute. Zu dieser Zeit hielten sich in der Stadt laut Schippan bereits ca. 10.000 Menschen auf.[1] Aufgrund amtlicher Vorschriften lebten bis zum 19. Jhdt. in der Stadt aber nur wenige Ausländer (1795 waren es 137 Personen), was sich seit 1801 änderte (damals wurde eine „Erlaubnis für die Kolonisten, die ihre Schulden beim Fiskus abgezahlt und einen Pass zur freien Ansiedlung in Saratov und zum Treiben von Handel erhalten haben" ausgestellt). Im Jahr 1897 lebten bereits 5500 Nachkommen von Einwanderern in Saratov.[2]

Hier wurde ihnen das versprochene Darlehen in Kupfermünzen ausbezahlt (siehe dazu S. 135). Aber eben dieser Schritt war von den Beamten insofern ein großer Fehler, als es sich hierbei um einen solchen Haufen Metall handelte, dass man für dessen Transport – laut Züges Beteuerung – einen kleinen Wagen nötig gehabt haben würde. Da aber viele Gruppen bis zur nächsten und letzten Weiterreise an den endgültigen Bestimmungsort aus nicht ersichtlichen Gründen für eine längere Zeit in der Stadt festgehalten wurden, fand sich für viele schnell eine Möglichkeit, sich von dem schweren Ballast in den Schenken der Stadt zu befreien, und so mancher „schnellfingerige" Russe war hierbei nicht selten behilflich.

Wie mir scheint, so übte gerade in der Anfangszeit der Genuss des Wodkas, dem so mancher während des monatelangen Nichtstuns in den verschiedensten Quartieren zusprach, gemeinsam mit anderen Faktoren eine negative Wirkung auf das Gedeihen der Kolonien aus. Sogar ein so kluger Kopf wie der Schwede Nieberg, der im Kontor als Übersetzer arbeitete, war dem Trunke so ergeben, *„daß er jede Gelegenheit, wo er wegwischen konnte, benutzte, um in eine Kabacke zu gehen, die er nicht leicht eher wieder verließ, bis er hinaus taumeln musste. Wenn daher in der Canzllei nöthig zu thun war, und man seiner nicht entbehren konnte, wurde er mit einer kleinen Kette an den Tisch der Expedition gehangen, worin er arbeitete, welches hier als ein Beweis stehen mag, wie roh es hier und da in den russischen Gerichtshöfen noch zugeht, was auch schon von mehreren anderen Reisen bemerkt worden ist. Die Schreiber bekommen sogar die Pletky [kleine, geflochtene Peitsche], und man verschont nicht einmal die Gebrechlichen."* [3] Waren nur mehrere der Kontorbeamten so liederlich, so wäre dies –

---

[1] Schippan, S. 56.
[2] Terjochin S. 56, Sp. 1 – S. 57, Sp. 1.
[3] Zitiert nach: Züge, S. 85.

neben dem bereits bekannten Streben nach Gewinn – schon eine ausreichende Erklärung dafür, warum sich immer mehr Menschen in Saratov ansammelten.

Während der Zeit in Saratov trieb sich Züge auch öfters in der am anderen Ufer gegenüberliegenden Kosakenansiedlung herum. Hier lernte er auch Vertreter der künftigen Nachbarsvölker kennen. Mit Erstaunen musste er feststellen, dass die Kosaken zwar „*rohe, aber nicht so wilde und grausame Leute*" waren, wie man sich das in Deutschland während des Siebenjährigen Krieges vorgestellt hatte. Hier sah er auch zum ersten Mal eine Horde durchziehender Kalmücken.

Auf der etwa 90 Werst (ca. 95 km) langen Schlussetappe ging es durch eine Steppe, in welcher man keine Siedlung mehr sah, „*außer einigen deutschen Colonien, welche unsere Hoffnung von der Zukunft noch mehr herab stimmten, weil wir sahen, daß bei diesen verpflanzten Landsleuten die äußerste Dürftigkeit herrschte und sich beynahe in jedem Gesicht Sehnsucht nach dem verlaßenen Vaterlande malte.*"[1] Als man dann endlich in dem Siedlungsgebiet, welches den Kolonisten durch die Gnade der Kaiserin geschenkt worden war, ankam, erreichte die Stimmung einen endgültigen Tiefpunkt:

"Unser Führer rief halt! Worüber wir uns sehr wunderten, weil es zum Nachtlager noch zu früh war; unsere Verwunderung gieng aber bald in Staunen und Schrecken über, als man uns sagte, daß wir hier am Ziel unserer Reise wären. Erschrocken blickten wir einander an, uns hier in einer Wildniß zu sehen, welche, so weit das Auge reichte, außer einem kleinen Walde, nichts als fast drei Schuh [entspricht etwa einem Meter] hohes Gras zeigte. Keins von uns machte Anstalt von seinem Roße oder Wagen herabzusteigen, und als das erste allgemeine Schrecken sich ein wenig verloren hatte, las man auf allen Gesichtern den Wunsch, wieder umlenken zu können [...]Das ist also das Paradies, das uns die russischen Werber in Lübeck verhießen, sagte einer meiner Leidensgefährten mit einer traurigen Miene! Es ist alles verloren, guter Freund, antwortete ich ihm, denn gewiss haben Adam und Eva, als sie der Engel aus dem Paradiese jagte, da, wo sie zuerst verweilten, nicht mehr Dornen und Disteln gefunden, als wir hier in dieser trostlosen Einöde. Ihnen wuchs doch Kraut auf dem Felde, uns wächst nur dürres Heidegras, das dem Scheine nach nicht einmal unsere Pferde werden fressen können. Es war freilich eine Thorheit von uns gewesen, daß wir uns in Russlands unbewohnten Gegenden einen Garten Eden dachten; die Täuschung war aber dagegen auch allzu groß, dafür eine Steppe zu finden, die auch nicht einmal den mäßigsten Forderungen entsprach. Wir bemerkten in dieser unwirthbaren Gegend nicht die geringste Anstalt zu unserer Aufnahme, sahen auch im Verlauf mehrerer Tage keine machen, und doch schien, bei dem nicht mehr fernen Winter Eile nöthig zu sein."[2]

Auch wenn die Siedler, wie Züge bemerkt, nach einer näheren Untersuchung der Umgebung feststellten, dass sie anscheinend doch nicht ganz so unfruchtbar war, blickten sie doch mit großer Bange in die Zukunft. Denn der Winter stand schon vor der Tür, die versprochenen

---

[1] Zitiert nach: Züge, S. 88.
[2] Zitiert nach: Züge, S. 89 f.

Zimmerleute waren noch immer nicht erschienen und die Vorräte neigten sich ihrem Ende zu. In dieser Notsituation machten sich einige Dorfbewohner auf die Suche nach Nachbarn und fanden diese auch in einem einige Stunden entfernten Dorf. Die Männer des Dorfes boten an, ihnen gegen 15 bis 20 Rubel „Simlinken" (žemljanka = Erdhütte) zu bauen, sodass sie den Winter auch überstehen könnten. Hierbei handelte es sich um ca. 10x10 Ellen breite und 5-6 Ellen tiefe Löcher, über welche man ein Dach stellte, welches mit Tannenzweigen und der ausgegrabenen Erde bedeckt wurde.

An der Seite waren zwei kleine Fensterchen angebracht, und in der Mitte der Žemljanka befand sich ebenso wie bei der Jurte eine Feuerstelle. Um ins Innere zu kommen musste man durch ein kleines Türchen eine Schräge hinabrutschen. Züge konnte seinem Vorsteher aber die Erlaubnis abringen, über den Winter in Saratov in einer Fabrik zu arbeiten, da er nicht wie seine Landsleute, *„welchen man es kaum noch ansahe, daß sie Deutsch waren, wen sie, schon halb rußisch gekleidet, aus ihren Simlinken hervorkrochen"* in solchen Erdhöhlen den Winter verbringen wollte und endlich auch wieder etwas anderes als nur Wasser, getrockneten Fisch bzw. manchmal auch (hartes) Brot zu sich nehmen wollte.[1] Die versprochenen und so sehnlich erwarteten Zimmerleute trafen übrigens erst im Sommer des nächsten Jahres ein.[2]

Als Belohnung für den langen und kalten Winter zeigte sich die Steppe im Frühjahr dafür in ihrer vollen Farbenpracht: *„Das Land fängt an, sich wie ein Garten zu zeigen; es sind Millionen Tulpane, aber klein und fast alle gelb oder rot; wilder Majoran oder Schafgarben ist in großer Menge."* [3] Dies änderte aber auch nichts daran, dass die ersten Versuche das Land zu bearbeiten naturgemäß äußerst mühevoll waren, da der Boden ja noch nie unter den Pflug genommen worden war. Hinzu kam noch, dass die russischen Pflüge in der Regel primitiv waren und dass zu Herstellung eines deutschen Pfluges nicht immer Schmiede ausfindig gemacht werden konnten.[4]

Während die gestiegene Lebenserwartung der Menschen in Deutschland für den Staat allmählich zu einem Problem wurde, so zeigte sich bei den Kolonisten in Russland die umgekehrte Tendenz. Deren vergleichsweise geringere Lebenserwartung in den ersten Jahren der Ansiedlung ist neben dem rauhen Klima und den Auswirkungen, welche schon bald von Räuber- und Mörderbanden auf die Kolonien ausgingen, wohl auf die hohen Belastungen

---

[1] Züge, S. 91 f., S. 95 f.
[2] Züge, S. 98.
[3] Zitiert nach: Hafa, Herwig: Die Brüdergemeinde Sarepta. Ein Beitrag zur Geschichte des Wolgadeutschtums. Breslau 1936. (Schriften des Osteuropa-Institutes in Breslau. Neue Reihe. Heft 7.), S. 47.
[4] Hafa, S. 48.

zurückzuführen, denen die Menschen ausgesetzt waren. In der ersten Phase des Aufbaus waren hohe Arbeitsleistungen erforderlich, um die Felder urbar zu machen und so die Grundlage zur Sicherung des Lebensunterhaltes zu schaffen. Das Sprichwort „Die ersten Jahre brachten den Tod, die nächsten Jahre noch immer Not, erst die letzten Jahre brachten uns Brot" umreißt in etwa diesen Sachverhalt.

Das oft gezeichnete düstere Bild, nach welchem die ersten Kolonisten oft einige Jahre in Erdhütten dahinvegetieren mussten, kann so aber nicht stehen gelassen werden. Bereits im Frühjahr 1764 nahmen Zimmerleute aus den umliegenden russischen Dörfern die Arbeit in den ersten fünf Kolonien auf. In Nischnaja Dobrinka arbeiteten z.B. 72 Zimmerleute. Zwischen 1764 und 1766 wurden 14 Verträge für den Bau von 868 Häusern abgeschlossen, zu dieser Zeit standen bereits 152. Schon bald wurde es schwierig Zimmerleute aufzutreiben. Schwierig gestalteten sich vor allem die Verhandlungen mit den Gutsbesitzern, die ihre Zimmerleute nur ungern gehen lassen wollten. Deshalb wandte sich die Regierung an die Gubernatoren von Nischnij Nowgorod und Kasan mit der Anweisung schnellstmöglich bekannt zu geben, dass die Regierung Zimmerleute anzuwerben und diese auch zum Arbeitsort zu bringen gedenke – nicht alle von ihnen konnten sich dafür begeistern, jedoch wurde von der Regierung ein entsprechender Druck ausgeübt. Laut Plewe soll es erst im Jahr 1767 zu (größeren) Problemen gekommen sein, als es aufgrund der häufigen Stürme, wie sie an der Wolga vorkommen, nicht gelang, das am Oberlauf der Wolga bereitliegende Bauholz zu den Bestimmungsorten zu transportieren. Dass aber sicherlich auch die verstärkte Zuwanderung eine Mitursache dargestellte haben wird, wird wohl kaum bestreitbar sein. Der Mangel an Wohnungen soll vor allem die von den Entrepreneuren angeworbenen Kolonisten betroffen haben.

Trotzdem waren 1768 für 6229 Familien 3453 Häuser fertig gestellt, und im selben Jahr kamen dann noch einmal 998 hinzu. Die meisten Familien lebten in eigenen Häusern, und nur einige der Familien mussten sich zwischen 1768 und 1769 ein Haus mit einer anderen Kolonistenfamilie teilen.

Verblüffend erscheint einem die Aussage Plewes, nach der sich im Jahr 1773 in fast allen Kolonien leerstehende Häuser befanden. Die letzte Gruppe von Einwanderern, die im Jänner (!) desselben Jahres in Saratov angekommen ist, wollte man in diesen ansiedeln. Sie wollte aber zusammenbleiben, und nur 8 der 27 Familien willigten in das „Angebot" ein, für die restlichen musste man nochmals eine kleine Ansiedlung im Gebiet der Kolonie Jagodnaja Poljana errichten.

Berücksichtigt man den enormen Zustrom an Kolonisten und die widrigen geographischen Gegebenheiten, so muss man doch zugeben, dass sich die Regierung beim Bau der Unterkünfte reichlich Mühe gegeben hat. Dafür aber hat sich die Errichtung von landwirtschaftlichen Bauten bzw. Anbauten bis zum Jahr 1771 in die Länge gezogen. 1767 waren nicht mehr als 1000 Wirtschaften mit ihnen ausgestattet, 1770 aber bereits 5845 Häuser mit 8417 Anbauten verschiedenster Art.[1]

---

[1] Plewe, Einwanderung in das Wolgagebiet 1764 – 1767..., S. 25 und: Plewe: S. 123-125.

Die Planung der Kolonien

Auch die Planung der Kolonien unterlag ebenso wie Anwerbung, Transport und Unterbringung der Kolonisten der schon bekannten Tutelkanzlei. In seinem Bericht „Über die Vermessung der für die eintreffenden Ausländer vorgesehenen Ländereien" vom März 1764 schlug Graf Grigorij Orlow als einheitlichen Ansiedlungspunkt das Gebiet um Saratov (gemeint war das brachliegende Land am rechten Wolgaufer von Saratov bis Zarizyn[1]) vor. In ihm sprach er sich auch für ein Projekt aus, das zum damaligen Zeitpunkt noch im ganzen russischen Reich seinesgleichen suchte[2]: *„Für den Fall, daß die ankommenden Ausländer den Wunsch äußern, sich in Sonderkolonien und an bestimmten Orten anzusiedeln, müssen genaue Pläne mit der Beschreibung brachliegender Ländereien vorgelegt werden, die für eine Ansiedlung in Frage kommen…"* [3] Laut Dietz war ursprünglich vorgesehen, zwei Arten von Kolonien zu schaffen: Solche für Bauern, aber auch einige für Handwerker. Falls es diesen Plan auch wirklich gegeben haben mag, so wurde er jedenfalls nie verwirklicht.[4]

Zur Erstellung der Pläne wurde unter der Leitung des Militäringenieurs Hauptmann Iwan Reis ein Stab aus 24 Geodäten gebildet – unter ihnen waren auch viele der deutschen Sprache mächtig. Nachdem sie genaue Skizzen der in Frage kommenden Landstriche angefertigt hatten, wurden diese den in Saratov auf ihre Ansiedlung wartenden (ersten) Kolonisten vorgelegt. Diese konnten nun gegebenenfalls die ihnen am günstigsten scheinende auswählen.

In der Folge wurde von Reis´ Kommando, das sich aus Ingenieuren und Offizieren zusammensetzte, ein Plan für die eine oder andere Kolonie entworfen, wohin die Siedler zu Beginn der Bausaison (Ende April/Anfang Mai) gebracht werden konnten. Diese Vorgehensweise stellte zur damaligen Zeit insofern ein Novum dar, als es damals – weder im Wolgagebiet, noch im ganzen russischen Reich – eine Stadt gegeben hatte, die nach einem regulären Plan angelegt worden war. Außerdem war seine Truppe noch für die Überwachung der Bautätigkeit und die Verteilung der Baumaterialien zuständig.[5]

Nach zweijähriger Arbeit war der Auftrag der Truppe erfüllt, und einige von Reis´ Leuten machten sich in Sankt Petersburg an die Anfertigung eines „Abschlussberichts", welcher „lediglich" aus einer großformatigen Karte des für die Ansiedlung vorgesehenen Landes

---

[1] Zarizyn ist der alte Name für Stalingrad bzw. heutige Wolgograd.
[2] Terjochin, S. 15, Sp. 2.
[3] Zitiert nach: Terjochin, S. 10, Sp. 2.
[4] Dietz, S. 206.
[5] Terjochin, S. 12, Sp. 1, S. 21, Sp. 1.

bestand.[1] Aus diesem geht hervor, dass in den Jahren 1764-1767 auf diese Weise 102 Kolonien gegründet worden sind, und zwar fünf 1764 (alle am rechten Wolgaufer gelegen; darunter auch zwei der bedeutenderen Kolonien: Schilling und Beideck), 9 im Jahr darauf (darunter Balzer), 23 im nächstfolgenden Jahr und 1767 „zur Krönung" noch einmal 65 Kolonien. Diesen von Reis genannten Kolonien sind noch drei, unter welchen sich auch Sarepta (1765) befand, hinzuzuzählen, um so die Gesamtanzahl der innerhalb dieser vier Jahre gegründeten deutschen Kolonien an der Wolga zu erhalten. Die Mehrheit (60) dieser 105 Kolonien wurde am linken Wolgaufer angelegt, 45 am rechten Ufer.[2]

Als erste Kolonie soll Nischnaja Dobrinka am 29. Juli 1764 angelegt worden sein, als letzte Mutterkolonie an der Wolga Pobotschnaja, nämlich am 22. Juni 1773.[3] Eine der Kolonien war aber keine deutsche, sondern eine mit französischer Bevölkerung (Rosochi), weshalb sie im Volksmund auch „Franzosen" genannt wurde, obwohl es bereits zu Lebzeiten Pastor Kufelds dort keine Franzosen mehr gegeben haben soll. Er berichtete, dass man diesen, da auch sie vom Ackerbau nichts verstanden hatten, den Umzug in andere Orte und Städte des Reiches im Gegensatz zu den Deutschen gestattete.[4] Ihre Plätze wurden dann von Deutschen eingenommen.[5]

Von 104 Kolonien (vermutlich ohne Sarepta) wurden 63 als Direktionskolonien und 41 als Kreiskolonien gegründet.[6] Nur 39 lagen direkt am Ufer der Wolga, die restlichen zogen sich entlang der Flussarme hin, 9 Siedlungen befanden sich an der Poststraße Saratov–Astrachan.[7]

Im Jahr 1768 wurden die Kolonien dann in Bezirke eingeteilt: Die staatlichen wurden in 7 lutherische, 2 reformierte und 2 katholische untergliedert, die der Lokatoren in 6 Bezirke, von denen je zwei einem Direktor unterstanden.[8]

Folglich bildeten die größte konfessionelle Gruppe die Lutheraner, danach folgten Katholiken und Reformierte. Zu Anfang der Einwanderungszeit gab es im Wolgagebiet über 4000 lutherische Familien, ca. 2500 katholische und ca. 1250 reformierte Familien.[1]

---

[1] Terjochin, S. 15, Sp. 1f.
[2] Das linke deutschsprachige Wolgaufer bestand aus den Kreisen Schilling, Weigand, Bähr und Meierhöfer, das rechte aus den Kreisen Katharinenstadt, Schönchen, Walter, Laub und Marienthal.
[3] Kufeld, S. 106 und: Plewe, Einwanderung in das Wolgagebiet 1764 – 1767..., S. 26.
[4] Dies stimmt aber nur bedingt. Denn auf Grundlage des Ukasses vom 18. April 1775 wurden 318 Familien (504 männliche und 415 weibliche Personen), die für den Ackerbau angeblich völlig unfähig waren, ausgewählt und in die verschiedenen Städte des Reichs entlassen, sodass sie der Staatskasse die Schulden zurückzahlen könnten. [Dietz, S. 226.]
[5] Kufeld, S. 107 f.
[6] Kufeld, S. 106.
[7] Terjochin, S. 12, Sp. 1 – S. 13, Sp. 2.
[8] Dietz, S, 76.

An dieser Stelle möchte ich sozusagen vorgreifen und noch einige Worte über die weitere demographische Entwicklung der Deutschen an der Wolga – insofern sie in unseren ungefähren Untersuchungszeitraum fällt – anführen. Aufgrund des großen Kinderreichtums der Kolonisten wuchs die Bevölkerung relativ schnell: Gab es 1788 in den Kolonien nur 30.992 Menschen, so waren es 1804 schon 41.481 und um 1830 sogar 102.369. Trotz dieses relativ starken Bevölkerungswachstums wurden aber in der Folgezeit nur zwei weitere Kolonien gegründet, und zwar Kustarewo-Krasnorynowka (1788) und Neu-Straub (Nowaja Skatowka) (1802).[2] Zwischen diesen beiden und den Mutterkolonien lässt sich vor allem insofern eine Verbindung herstellen, als für deren Gründung bereits ehemals ausgemessene Parzellen herangezogen worden sind.

Nach einem Jahrzehnt wuchs die Bevölkerungzahl in den Kolonien noch einmal durch Neuankömmlinge an, dieses Mal handelte es sich aber um Kriegsgefangene der „Grande Armée". Da deren Verpflegung als eine schwere Last auf der russischen Staatskasse lag, wurde gegen Ende des Jahres 1812 die Entscheidung getroffen, sie zur Arbeit, darunter auch in den Kolonien, „einzuladen". Die Aufnahme der Arbeit setzte ein gegenseitiges Einvernehmen zwischen Arbeiter und „Arbeitgeber" voraus. Der Kriegsgefangene hatte von seinem „Arbeitgeber" ein monatliches Gehalt von 4 bis 6 Rubel (!) und anständige Kleidung zu bekommen. Dieses Angebot stieß anscheinend auf Resonanz: Zu Beginn des Monats Mai trafen 53 Kriegsgefangene in den Saratover Kolonien ein, und im Juni wurden nochmals 21 Kriegsgefangene aus Penza zugestellt. Im Herbst des folgenden Jahres gab es vermutlich so gut wie keine Kolonie mehr, welche nicht einen oder mehrere Kriegsgefangene aufgenommen hatte. Erwähnt zu werden verdient jenes Schicksal zweier Männer, welches sie nach Jahrzehnten wieder zusammengeführt hat: In einem Kriegsgefangenen aus Westfalen hat der Koloninst Christoph Schäfer seinen Verwandten wiedererkannt und gebeten, *„ihn zu sich in die Kolonie Golobolowka in seine Obhut"* nehmen zu dürfen.

Die russische Regierung war durchaus daran interessiert, dass ein gewisser Teil der Kriegsgefangenen für immer in den Kolonien blieb. Die Einladung der Regierung stieß bei den Kriegsgefangenen auf ein großes Echo. Fast jeder Kolonie wurden 2-3 ehemalige Kriegsgefangene zugeteilt, da „die Lebensweise der Kolonisten besser zum Leben der Kriegsgefangenen passte, als das Wesen der Saratover Kaufleute und Kleinbürger…"

---

[1] Plewe, Einwanderung in das Wolgagebiet 1764 – 1767..., S. 22.
[2] Terjochin, S. 17, Sp.2.

Wieviele Kriegsgefangene damals wirklich diese Gelegenheit genutzt haben, scheint unklar zu sein. Dietz hat in seinem Werk von nur 8 französischen Kriegsgefangenen, die sich in sechs verschiedenen Kolonien niederließen, berichtet.[1] Hierbei hat er aber weit daneben gegriffen, denn Tomfaluschin konnte 181 Menschen, die auf diese Weise zu neuen Ansiedlern geworden sind, ausfindig machen.[2]

Die nächste große Welle von Neugründungen setzte erst sehr viel später ein, nämlich unter Zar Nikolaus I. (1825-1855): Zwischen 1848 und 1867 entstanden im Samarer Gubernium 86 neue Siedlungen, von denen alle bis auf zehn am linken Ufer angelegt wurden.[3] In ihnen fanden in erster Linie preußische Mennoniten ein neues Zuhause. Erst durch die Erlaubnis des Zaren vom 19. November 1851, in welcher er 100 mennonitischen Familien die Einreise nach Russland gestattete, wurde deren Ansiedlung im Samarer Gubernium ermöglicht. Der Großteil der Mennoniten, die gekommen waren, war relativ wohlhabend und brachte bei seiner Einwanderung wertvolle Möbel, Truhen, anderes Inventar oder landwirtschaftliche Geräte mit. Im Jahr 1868 haben sich im Kreis Alexanderstadt 178 wohlhabende mennonitische Familien niedergelassen. Eine von ihnen besaß sogar 60.000 Taler, ein Fünftel von ihnen zwischen 10.000 und 15.000 und die Übrigen zwischen 2000 und 6000 Taler.[4]

Kommen wir nun aber wieder auf die Siedlerarchitektur an der unteren Wolga zurück, da in Bezug auf die Planung der Kolonien noch ein Nachtrag angebracht ist. Denn was die Planung der einzelnen Kolonien betrifft, so muss betont werden, dass diese nicht der völligen Willkür der jeweiligen Konstrukteure unterworfen war, sondern nach dem System des „Reguljarstwo" zu erfolgen hatte. Mit diesem Schlagwort wurde in Russland jenes aus Europa stammende städtebauliche Prinzip bezeichnet, welches in der Epoche des Klassizismus (vor allem am Ende des 18. Jhdts.) im ganzen Land weite Verbreitung fand und sich über solche architektonischen Grundsätze wie geometrisch angeordnete Straßennetze und deutlich hervorgehobene Zentren definierte. Seine erste Anwendung fand es im russischen Reich bereits in der Petrinischen Epoche, und zwar in Militärsiedlungen.

---

[1] Dietz, S. 228.
[2] Tomfaluschin, W. B.: Powolžkie kolonisty i oteschwennaja wojna 1821 goda. (Die Wolgadeutschen und der Vaterländische Krieg des Jahres 1812) IN: Rossijskie njemzy. Problemy istorii, jažika i sowremennowo položenija. Meždunarodnaja nautschnaja konferenzija. Anapa, 20-25 sentjabrja 1995 g. (Russlanddeutsche. Probleme der Geschichte, Sprache und gegenwärtigen Lage. Internationale Wissenschaftskonferenz. Anapa 20-25 September 1995.), S. 143 f.
[3] Damit war auch die Entstehung von sechs neuen Kreisen verbunden: am rechten Ufer war dies Iwlin, am linken Jeruslan, Torgun, Nischnyj Karaman, Werchnyj Karaman und Malyschin. [Terjochin, S. 17, Sp.2.]
[4] Savtschenko, I. A.: Menonity w Samarskom Kraje (Mennoniten im Gebiet von Samara). IN: Rossijskie njemzy. Problemy istorii, jažika i sowremennowo položenija. Meždunarodnaja nautschnaja konferenzija. Anapa, 20-25 sentjabrja 1995 g. (Russlanddeutsche. Probleme der Geschichte, Sprache und gegenwärtigen Lage. Internationale Wissenschaftskonferenz. Anapa 20-25 September 1995.), S. 196.

Das eben Gesagte bedeutet aber nicht, dass es sich hierbei um eine völlige Einheitsarchitektur gehandelt hat. Zwar wurde für die Kolonien von Smirnow, einem Geodäten aus dem Kommando von Reis, ein linear ausgerichteter „Musterplan" erstellt, dieser konnte aber schon aufgrund unterschiedlicher Bodenreliefs und anderer Umstände (die meisten Kolonien lagen an Flüssen und in Tälern) nicht mehr als eine Richtlinie sein. Folgerichtig wurden dann für die Projekte an der Wolga von Reis und seiner Mannschaft auch 120 verschiedene Pläne ausgearbeitet, welche aber in keinem offenen Widerspruch zu den planerischen Grundgedanken standen. Und gerade dies – sprich die sorgfältige Beachtung von allgemeinen „Brandschutzvorschriften" und die Einplanung logisch durchdachter Funktionszonen – war ein Mitgrund dafür, dass sich die Kolonien in ihrer überwiegenden Mehrheit im Vergleich zu den meisten russischen Dörfern relativ günstig entwickeln konnten. Natürlich haben auch die vielen Häuser aus Stein oder Lehm dazu beigetragen, dass die Entwicklung der Kolonien durch Feuersbrünste nur in eher unbedeutendem Ausmaß verzögert wurde. (siehe Liste zu den Brandschäden zwischen 1850 und 1864 im Anhang auf S. 162) An dieser Stelle soll aber auch erwähnt sein, dass viele ausgearbeitete Pläne nicht immer eins zu eins umgesetzt worden sind. Vor allem in der Zeit nach dem Pugatschjow-Aufstand (1775/76) und nach der Auflösung der Tutelkanzlei (1782) hatte die Kontrolle der Bautätigkeit nachgelassen und die Verteilung des Grundbesitzes ist durcheinander geraten.[1] Auch in den nächsten Jahrzehnten wurden von den Ministerien oder der Gouvernementverwaltung nur einige sehr vage formulierte und großzügig auslegbare Ordnungsvorschriften für Baugenehmigungen erlassen, weshalb zumindest bis zur zweiten Jahrhunderthälfte der Bauherr sein Haus meist nach eigenem Ermessen hochziehen konnte.[2]

Somit wurde nun (zumindest in den ersten Jahren) auch im Wolgagebiet jenes von Staatswegen überwachte und geleitete „Architektur-Experiment" fortgeführt, welches vor gar nicht langer Zeit zuvor, nämlich im Jahr 1762, in den beiden „Hauptstädten" des Reichs ins Leben gerufen worden war. Damals kam es nämlich zur Gründung einer eigenen „Kommission für Steinbauten in Sankt Petersburg und Moskau", welche bald darauf ihre Tätigkeit auch auf andere größere Städte und allmählich sogar auf das ganze Land ausdehnte. Gerade hierbei sollte dann der Kommission der im deutschsprachigen Wolgagebiet gewonnene Erfahrungsschatz auch außerordentlich positiv zugute kommen.[3] Laut Terjochin suchten sowohl Umfang

---

[1] Terjochin, S. 21, Sp. 1 – S. 24, Sp. 1.
[2] [Terjochin, S. 38, Sp. 1-2.] Dieser Umstand ist sicherlich weniger auf die „Güte" und Toleranz der Behörden den Deutschen gegenüber als darauf zurückzuführen, dass die Räder des russischen Staatsapparates nicht immer gerade schnell und oft unkoordiniert ineinander griffen.
[3] Terjochin, S. 21, Sp. 1.

als auch Resultat ihrer Tätigkeit zur damaligen Zeit nicht nur in Russland, sondern sogar auf der ganzen Welt ihresgleichen.[1]

Als nächsten Schritt wollte der Staat an die Stelle der gewohnten „Hallenhäuser" (in Ackerbaukolonien) bzw. „Gutshöfe" (in Handels- und Handwerkerkolonien) typisierte und „mustergültige" öffentliche Wohnhäuser „setzen". Zu diesem Zweck wurden auch 1820 im „Bau-Komitee" in Sankt Petersburg „Pläne und Fassaden [Vorderansichten] für den Bau von Bauernhäusern [oder: ländlichen Häusern] in den Saratover Kolonien" ausgearbeitet. Dieses Vorhaben stieß bei den Siedlern aber auf wenig Gegenliebe. So antworteten sie auf einen Vorschlag „zur Verbesserung ländlicher [bzw. dörflicher] Bauten", dass sie es vorziehen, Häuser aus ungebranntem Ziegelstein zu bauen.[2] Beachtenswert ist, dass gerade in dieser Frage das russische Innenministerium von der Verwirklichung seiner Vorstellungen absah und im Jahr 1840 sogar noch die Frage über den Bau von „Bauernhäusern und Speichern nach deutscher Manier" behandelte. Ein solches Zugeständnis den Deutschen gegenüber kann sicherlich als eine beachtliche Geste angesehen werden.

Bereits zu Beginn des 19. Jhdts. waren die Kolonien in Bezug auf Planung und Architektur schon nicht mehr einheitlich, und dieser Trend sollte sich auch in der Folgezeit immer stärker fortsetzen. Von dieser Zeit an lassen sich folgende drei Typen von Siedlungen unterscheiden:

1) Siedlungen von Handwerkern und Kaufleuten

2) Siedlungen von Ackerbauern

3) Siedlungen, die als „Mischtyp" von 1) und 2) klassifiziert werden können.

<u>1) Siedlungen von Handwerkern und Kaufleuten</u>

Architektonisch ähnelten diese Kolonien Kleinstädten: Ihr quadratisch konstruierter Grundriss war üblicherweise relativ dicht bebaut und ihre Straßen befanden sich immer in einem – im Vergleich zu anderen deutschen Kolonien oder gar russischen Dörfern oder auch Städten – sehr guten Zustand. Es liegt geradezu auf der Hand, dass in diesen Kolonien, zu denen neben so bedeutenden wie Sarepta, Katharinenstadt, Balzer, Seelmann, Warenburg auch noch einige andere gehörten, üblicherweise auch Markttage abgehalten wurden. Auf diesen fand vor allem Getreide und Sarpinka (Erzeugnisse aus gestreifter oder karierter Baumwolle) reißenden Absatz.[3]

---

[1] Terjochin, S. 20, Sp. 1.
[2] Terjochin, S. 38. Sp. 2.
[3] Terjochin, S. 29, Sp. 1 – S. 30, Sp. 1.

2) Siedlungen von Ackerbauern

Dieser Typus bildete mit fast 5/6 aller Kolonien an der unteren Wolga die überwiegende Mehrheit. Als bedeutendste Vertreter des rechten Wolgaufers seien an dieser Stelle die großen Kolonien Weigand, Frank und Baum genannt, des linken Ufers Schönchen, Walter und Mariental. Das quadratische Grundschema fand üblicherweise auch hier seinen Eingang, ihren Zentren fehlte es aber verständlicherweise zumeist an den für Städte oder Siedlungen „von zentraler Bedeutung" charakteristischen architektonischen Akzenten. Als Kompensation sozusagen schmückten dafür in der Regel hübsche Vorgärtchen die Ansiedlung. So heißt es in einer Beschreibung des größten Vertreters dieses bäuerlichen Siedlungstyps – der Dorfes Weigand – um 1800: *„Die Höfe sind zur Straße hin mit einem Holzzaun und innen mit einem Flechtzaun versehen; dahinter liegen die Gemüsegärten an der Norka."* [1]

Manche dieser Ackerbaukolonien erreichten – vor allem dank des Bevölkerungswachstums in den umliegenden Städten (vor allem Saratov!) – eine recht beachtliche Größe: So verkauften – falls man den Beschreibungen Glauben schenken darf – die Bewohner von Weigand bereits im Jahr 1790 Getreide in der 65 Werst entfernten Gebietshauptstadt (Saratov), weshalb sie auch gut ein halbes Jahrhundert später über 20 Mühlen verfügten. Als zweites Beispiel soll uns die Kolonie Messer dienen, die ihren um die Mitte des 19. Jhdts. einsetzenden Aufstieg vor allem der positiven Entwicklung in der Sarpinkaproduktion zu verdanken hatte: Bestand sie um die Mitte des 19. Jhdts. noch aus 198 Höfen (das entsprach 66 Quadraten im Kataster), so waren es am Ende desselben Jhdts. bereits 348. Von den 4627 Einwohnern im Jahre 1894 waren allein ca. 600 Weber! [2]

3) Siedlungen, die als „Mischtyp" von 1) und 2) klassifiziert werden können.

Was diesen Typus anbetrifft, so handelt es sich bei ihm um eine Entwicklungsform, die erst relativ spät – ungefähr am Ende des 19. bzw. Anfang des 20. Jhdts. – in Erscheinung tritt. Das Unterscheidungsmerkmal zu den rein landwirtschaftlich geprägten Kolonien bildeten hier in erster Linie die (Sarpinka-)Webereien, die nun „wie Schwammerl aus dem Boden schossen". Zu diesem Mischtypus ist die überwiegende Mehrheit der am rechten Wolgaufer gelegenen Kolonien zu zählen, jene des linken Ufers jedoch blieben im Großen und Ganzen dem Ackerbau treu.[3]

---

[1] Zitiert nach: Terjochin, S. 31, Sp. 2.
[2] Terjochin, S. 30, Sp. 1 – S. 31, Sp. 2.
[3] Terjochin, S. 32, Sp. 1.

Die Architektur

a) Das Haus

Die traditionellen Häusertypen und der der Siedlung zugrunde liegende quadratische Grundriss basierten natürlich ebenso wie die architektonische Stilelemente und das Innendekor der Häuser auf den gewohnten Traditionen der Kolonisten, weshalb von einer Betrachtung dieser Besonderheiten in der vorliegenden Arbeit auch Abstand genommen wird.

Neben diesen Merkmalen war es vor allem das Erscheinungsbild der Siedlung selbst und insbesondere die Bauweise der Häuser, wodurch sich die deutsche Kolonie aufs deutlichste von der Umgebung abhob. Denn ein deutsches Dorf und ein russisches Dorf waren und sind auch heute noch zwei völlig diametral entgegengesetzte Begriffe, die Welten voneinander entfernt sind. Waren die deutschen Kolonien in den allermeisten Fällen Städte „en miniature" (in den größeren Kolonien gab es oft sogar auch Trottoire!), so waren die russischen Ortschaften in der Regel von so einem Ortsbild meilenweit enfernt.

So kann man einer Beschreibung des Jahres 1878 etwa Folgendes entnehmen: *„Nehmen wir an, Sie fahren in irgendeine Kolonie. Schon auf den ersten Blick fallen Ihnen die breiten, sauberen Straßen auf. Die Häuser sind aus Holz, eingeschossig und oft mit Eisenblech gedeckt... Entlang der Straße ziehen sich gepflanzte Bäume...in der Mitte des Dorfes auf dem Platz erhebt sich eine Kirche, mit einem Staketzaun umgeben, hinter dem hohe Bäume wachsen..."* [1]

Als Musterbeispiel einer deutschen Kolonie galt übrigens Sarepta, über dessen Entstehungsgeschichte das nächste Kapitel handeln wird.

Wodurch unterschied sich nun ein deutsches Haus von einem russischen? Zum einen war dies sicherlich oftmals die Größe, auf was uns u.a. folgender Satz aus einer Liste, die im heutigen „Zentralen Staatsarchiv für Geschichte" in Sankt Petersburg aufbewahrt wird, hinweist: *„Die Kolonisten bauen leidenschaftlich gern große Häuser, die sie im übrigen für ihre großen Familien auch brauchen."* [2] Große Häuser bedeutete: Zwei bis drei Zimmer und eine Küche.[3]

An dieser Stelle sei bezüglich der Familiengröße nur so viel gesagt, dass diese statistisch

---

[1] Zitiert nach: Terjochin, S. 33, Sp. 1. [Die Aussage, dass „die Häuser" zu dieser Zeit noch (überwiegend) aus Holz gewesen wären, kann so sicherlich nicht stehengelassen werden, wie die weiteren Ausführungen zeigen werden.]
[2] Zitiert nach: Terjochin, S. 34, Sp. 1.
[3] Kufeld, S. 26 und: Savtschenko, S. 196.

gesehen am rechten Ufer mit 7/8 Personen pro Haushalt jene des linken Ufers mit 5/6 übertraf. Dieser Berechnung liegt eine amtliche Beschreibung zugrunde, welche auch Angaben über die damalige Bevölkerungszahl enthält.[1]

Und zum anderen waren dies – jedoch meist nur bei den öffentlichen Gebäuden[2] – folgende zwei Unterscheidungsmerkmale:

1) die traditionelle Form der Häuser und die Schmuckelemente (Gesimse, Fenster- und Türverkleidungen, Fensterbrettnischen)

2) die Bauweise aus Stein (bzw. später dann auch aus Ziegeln)

Besonders das letztgenannte Moment war in architektonischer Hinsicht ein fast sicheres Anzeichen dafür, dass man sich in einer deutschen Siedlung befand, denn das Baumaterial „Stein" und somit auch die Bauverfahren wurden erst von den Deutschen in der Wolgagegend eingeführt. Der Grund hierfür ist nicht so sehr darin zu sehen, dass den Mitteleuropäern „stabile" und „dauerhafte" Häuser lieber bzw. die Verfahren zu ihrer Errichtung nur allzu bekannt waren, sondern vielmehr in der Notwendigkeit, das eben fast (einzige) lokale vorhandene Baumaterial zu verwenden. Denn wie schon angeklungen ist, waren Bäume von einigermaßen stattlicher Größe in der Steppenzone rund um Saratov nur in den seltensten Fällen vorhanden, und wenn doch, dann eigentlich nur in einigen Kolonien am rechten Wolgaufer. Nur in zwei Kolonien (Jagodnaja Poljana (Beerenlichtung) und Pobotschnaja) gab es bewaldete Flächen. In diesen Kolonien kamen auf eine Familie 14,8 bzw. 20,4 Desjatninen Wald, dessen Bäume man auch als Bauholz verwenden konnte. In den übrigen Kolonien betrug diese Ziffer 2-5 Desjatinen, jedoch wuchsen hier nur Gestrüpp oder „minderwertige" Bäume, die als Bauholz kaum geeignet waren. Im Gemeindeland von 11 Kolonien gab es überhaupt keine Holzbestände.[3]

Somit muss aber auch gleichzeitig gesagt werden, dass die Bevorzugung der einen oder anderen Bauweise noch bis zum Ende des 18. Jhdts. territorial unterschiedlich war. So konnten sich wohlhabendere Kolonien wie Katharinenstadt, Walter oder Seelmann schon relativ früh die Herstellung von gebranntem Ziegel leisten, während in anderen noch mit Stein, Lehm oder auch Holz gebaut wurde. Aufgrund des Mangels an Bauholz wurde von Staatswegen bereits in den ersten Jahren der Kolonialisierung (1765-1775) solches aus den an

---

[1] Terjochin, S. 34, Sp. 1.
[2] Zu diesen gehörten in Saratov etwa das Gästehaus, die Branntweinbrennerei und das „Bruderschaftshaus". [Terjochin, S. 36, Sp. 1.]
[3] Plewe, S. 142.

der mittleren und vor allem an der oberen Wolga gelegenen Gouvernements geholt. Aber mit der Schließung der Vormundschaftskanzlei für ausländische Angelegenheiten in Petersburg wurde diese fiskalische Leistung eingestellt, obwohl die Beschaffung von Bauholz auf eigenes Betreiben die Mittel der meisten Kolonisten sprengen musste.[1]

Im Großen und Ganzen wurden beim Häuserbau folgende drei Techniken angewandt:

1) – entweder wurden die Mauern aus Kalksteinblöcken errichtet,

2) oder aus Lehm, dem kleine Steine beigemischt wurden („Stampflehmbau")

3) oder mit gebrannten Ziegeln;

Von diesen drei Methoden war die letzte am Unkompliziertesten, „Baufreundlichsten" und Schnellsten, weshalb sie im Wolgagebiet auch die breiteste Anwendung fand (die Kehrseite der Münze war natürlich, dass sie weniger langlebige bzw. solide Gebäude versprach). Von ihr war sogar Zar Nikolaus I. begeistert; denn dieser hob die Leistungen des Saratover Gouvernement-Architekten Christian Losse, der dieses Verfahren als erster im Wolgagebiet (genau in Saratov) eingeführt hatte, hervor, weil er als erster „*durch sein Beispiel viele Einwohner von Saratov zum Bau von Häusern nach dieser Bauweise anregte...*"[2]

Übrigens wurden solche Häuser auch oft in der „Mosaikbauweise" erbaut, d.h. aus Ziegelsteinen zweier unterschiedlicher Färbungen. Hierbei fanden der scharfkantige gelbe Ziegelstein und der rote Läufer oft eine sehr phantasiereiche und originelle Anwendung, wovon heute noch Gebäude in Balzer, Katharinenstadt, Bähr, Schilling und Baum zeugen, um nur einige der bekannteren Kolonien zu nennen.[3] Laut Terjochin fand diese Bauweise in den Jahren 1890-1910 „überall in den Kolonien" ihre Anwendung.[4] Und gerade diese Gebäude verliehen den deutschen Siedlungen an der unteren Wolga ihre architektonische Spezifik.

Die Lehmhäuser wurden vor allem auf der Wiesenseite gebaut, und hier vor allem in den jüngeren Ansiedlungen, die oft weit in der Steppe lagen. In den Mutterkolonien entlang der Wolga fand man hingegen auch Holzhäuser vor, da an sie das Holz aufgrund der Nähe zum Strom noch leichter geliefert werden konnte. Bei dem Bau eines Hauses aus Lehm ging man folgendermaßen vor: Zuerst wurden aus einem Gemisch aus Steppenlehm, Stroh, Sand und Wasser Ziegelsteine geformt und ließ sie trocknen, danach wurden sie wiederum mit Hilfe von Lehm miteinander verbunden. Ein billigeres Baumaterial ließ sich kaum finden, dafür

---

[1] Terjochin, S. 34, Sp. 2 – S. 35, Sp. 2.
[2] Terjochin, S. 35, Sp. 2.
[3] Terjochin, S. 39, Sp. 2 – S. 40, Sp. 1.
[4] Terjochin, S. 37, Sp. 2.

aber war es in den Häusern im Sommer immer ziemlich bis sehr heiß und bekamen bei Dauerregen und Frost leicht Risse bis sie dann irgendwann einmal ganz auseinander fielen. Etwas besser bewährten sich noch Lehmhäuser, die man mit Hilfe eines Geflechts aus Weiden errichtete. So ein Geflecht wurde an in die Erde geschlagenen Pfählen befestigt und dann mit Lehm beworfen, der mit Spreu oder Heusamen vermengt worden war. Die Lebensdauer eines solchen Hauses war nicht besonders lang, in der Regel betrug sie zwischen 30 und 40 Jahre.[1]

Was die Errichtung von Häusern aus Stein betrifft, so war diese vor allem auf der Bergseite gängig. Auch die Nebengebäude wurden zumeist aus Stein errichtet. Die Mauern dieser Häuser wurden von beiden Seiten mit Lehm beworfen und weiß getüncht. Laut Kufeld sollen sie leider aber zumeist durch ein allzu großes Strohdach verunstaltet worden sein.[2] *„Wenn Archivmaterialien um 1790 zufolge Steinbauten nur vereinzelt und auch nur in einigen Kolonien auftauchen, so betrug ihr Anteil 1807 bereits 9,1% von der Gesamtheit der Steinbauten. Mitte des Jahrhunderts (ca. 1865) waren es bereits 21,7%. In diesem halben Jahrhundert nahm die Bevölkerungszahl um das Drei- bis Fünffache zu und stieg auf 6300 Personen in Weigand, ...4354 in Katharinenstadt."*[3]

Im Jahr 1886 machte der Anteil der aus Stein bzw. Ziegel errichteten Gebäude in der Kolonie Balzer (rechtes Wolgaufer) schon sogar 83% aus![4] Dieser rasante Anstieg steht in engem Zusammenhang mit der seit der zweiten Hälfte des 19. Jhdts. einsetzenden Steigerung der Ziegelproduktion.

In welchem Grad sich die deutschen Siedlungen an der unteren Wolga noch am Ende des 19. Jhdts. von ihrer Umgebung „positiv" abhoben, wird vor allem anhand der Anzahl der Steinbauten, welche sich in ihnen befanden, ersichtlich: *„ ...Mordwinen haben 0,5% steinerne oder gemauerte Häuser, Tschuwaschen 1,2% Großrussen 2,6%, Meschtscherjaken 3%, Tataren 6,7%, Kleinrussen [= Ukrainer] 6,8%, Deutsche 47% [!]."*[5]

b) Die öffentlichen Gebäude

Um sich ein mehr oder weniger vollständiges Bild über das Bauwesen an der Wolga zu verschaffen, halte ich es für zielführend, auch einige Worte über die öffentlichen Gebäude zu verlieren, wobei jedoch nicht auf etwaige architektonische Besonderheiten eingegangen

---

[1] Kufeld, S. 25.
[2] Kufeld, S. 25.
[3] Zitiert nach: Terjochin, S. 37, Sp. 2.
[4] Terjochin, S. 37, Sp. 2.
[5] Zitiert nach: Terjochin, S. 37, Sp. 2.

werden wird. Von diesen sind es vor allem zwei Gattungen, welche der Region einen charakteristischen Stempel aufgedrückt haben: die Gotteshäuser und die Getreidemühlen.

Zur Gründungszeit der ersten Kolonien wurden auf Staatskosten nicht nur die ersten Unterkünfte errichtet, sondern auch 24 Holzkirchen, in jeder Ansiedlung eine. Hierbei handelte es sich um 11 lutherische, 9 katholische und 4 reformierte Bethäuser. Darüber hinaus fingen die Kolonisten auch bald damit an, Pfarr- oder Filialkirchen aus eigener Kraft und eigenen Mitteln zu errichten, wurden doch die Kolonien schon bald sich selbst überlassen. So kam es, dass in den Kolonien um 1803 bereits 113 Kirchen und Bethäuser (58 lutherische und 32 katholische) gezählt wurden, 1830 waren es schon 173.[1]

„Die ersten Einwanderkirchen waren schlichte und einförmige Bauten und praktisch ohne jeden Schmuck. Diese provisorischen Gebäude stellten ein Rechteck dar, auf das ein Glockenturm und ein Walmdach gesetzt waren. Von einem gewöhnlichen Wohnhaus unterschieden sie sich nur durch die größere Fläche und die Deckenhöhe des Saales (eineinhalb bis zwei Etagen) sowie die größeren Fenster. Sogar der Eingang der Kirche lag nicht an der Stirnseite, sondern an der Längsseite des Gebäudes. Die Platzierung der Kirche zwischen den sie umgebenden Bauten unterstrich anfänglich nicht ihre wichtige geistige und städtebauliche Rolle." [2]

Nur die lutherische Kirche in Sarepta, die bei den 24 oben erwähnten noch nicht mitgezählt wurde, wurde aus Steinblöcken erbaut und stellte daher auch in architektonischer Hinsicht ein Schmuckstück der Kolonie dar. Im Allgemeinen aber kamen Steinkirchen in den Kolonien erst nach und nach auf; am Ende des ersten Drittels des 19. Jhdts. gab es von ihnen insgesamt erst fünf. Zu dieser Zeit wurden auch viele der ersten Kirchen schon baufällig, weshalb sie dringend einer Renovierung bedurften oder ersetzt werden mussten. Alleine in der Zeitspanne zwischen 1820 und 1830 wurden in den Kolonien 25 neue Kirchen erbaut, wiederum alle aus Stein. Die katholischen und lutherischen Kirchen wiesen in der Architektur übrigens keine prinzipiellen Unterschiede auf, und manchmal waren auch beide in einer Siedlung zu finden.

Da alle öffentliche Gebäude (insbesondere Kirchen) – wie schon erwähnt – auf „Privatinitiative" beruhten, wurden sie oft ohne Bauplan und „in aller Eile" errichtet oder der Architekt hatte sich dem Willen des/der Auftraggeber/s unterzuordnen. Gerade diese Vorgehensweise ist es, was mit dem Schlagwort „Siedlerarchitektur" bezeichnet werden kann. Erst im Jahr 1830 wurden für das gesamte russische Reich Vorschriften erlassen, nach denen sowohl die

---

[1] Terjochin, S. 48, Sp. 1. 46, Sp. 2.
[2] Zitiert nach: Terjochin, S. 41, Sp. 2.

Pläne für den Bau orthodoxer Kirchen als auch jener „ausländischer Konfessionen" von (regionalen) Berufsarchitekten zumindest gutgeheißen werden mussten. In den Jahren von 1840 bis 1860 wurden vom Ministerium für Staatsverwaltung und der Gouvernementverwaltung sehr strenge Bauvorschriften erlassen, der Neubau von Gebetshäusern ja teilweise sogar verboten. Diese Phase endete erst dann, als im Jahr 1860 in der Saratover Vormundschaftskanzlei ein Berufsarchitekt eingestellt wurde, der sich in erster Linie um die Planung von Kirchen kümmern musste.

Zu Beginn des 20. Jhdts. bildete sich im Wolgagebiet der Typus des historischen Gotteshauses heraus, von nun wurde auch der Innendekoration und Ausschmückung der Kirchen ein sehr hoher Stellenwert beigemessen. Erwähnenswert ist an dieser Stelle auch, dass viele Aufträge auch in die ehemalige Heimat gingen: So lieferte z. B. die damals in Frankfurt an der Oder ansässige Firma „Orgelbau W. Sauer" im letzten Drittes des 19. Jhdts. zehn Orgeln an die Wolga. Seit dem Ausbruch des Ersten Weltkriegs wurden keine deutschen Kirchen mehr renoviert, geschweige denn gebaut. Von den ehemaligen stolzen deutschen Kirchen sind nur mehr ganz wenige erhalten geblieben, und auch sie sind beschädigt und dem Verfall preisgegeben. Im September 1991 dürften es noch um die 20 Gotteshäuser gewesen sein.[1]

Typisch für die mittlere und untere Wolgagegend waren auch die vielen Mühlen, die sich entlang der Wolga hinzogen. Alleine im Kreis Nowouženskij des Samarer Guberniums waren 9 Wasser-, 287 Wind- und eine Graupenmühle.[2]

Zu Beginn des Ersten Weltkrieges gab es im Wolgagebiet 429 Windmühlen, 80 Wassermühlen und 122 Mühlen mit mechanischem Antrieb, welche zusammen eine Verarbeitungskapazität von 220.000

Tonnen hatten. Das Zentrum der Mühlenindustrie war Saratov. Hier waren die Firmen "Konrad Reinecke & Söhne" (300 Beschäftigte; Tageskapazität: 20.000 Pud), "Gebrüder Schmidt" (500 Arbeiter; Tageskapazität: 36.000 Pud) "Emmanuel Borell & Söhne" und "David Seifert" ansässig.

Die Mühlenbesitzer waren oft mächtige Industrielle, die den hauptstädtischen oder europäischen Markt bedienten und mit ihrem Geschmack und ihren Forderungen auch den Bautyp und die Form ihrer Mühlen eindeutig diktieren

konnten.[3]

---

[1] Terjochin, S. 41, Sp. 1 – S. 53, Sp. 2.
[2] Savtschenko, S. 200.
[3] http://www.russlanddeutschegeschichte.de/deutsch2/muehlenindustrie.htm und: Terjochin, S. 62, Sp. 1., S. 64, Sp. 2.

Der Sonderfall Sarepta

Um ein ganzheitliches Bild der deutschen Kolonien an der Wolga zu schaffen, muss an dieser Stelle noch auf die von Saratov ca. 400 km flussabwärts gelegene Kolonie Sarepta – insbesondere auf deren Entstehungsgeschichte – eingegangen werden.[1] Diese verdankte nämlich ihre Gründung im Gegensatz zu allen anderen Wolgakolonien religiösen Triebkräften und langwierigen vorausgehenden „Vorbereitungsmaßnahmen" – beide waren hauptverantwortlich für die späteren wirtschaftlichen Erfolge und administrativen Besonderheiten. Dass sich das so schnell aufblühende Sarepta gerade in wirtschaftlicher Hinsicht von den anderen deutschen Kolonien auf positivste Weise abhob, lässt sich immer wieder den Schilderungen von ausländischen Russlandreisenden des 18. Jhdts. entnehmen.

Was waren das also für Menschen, die sich so gut wie ausschließlich von ihren religiösen Überzeugungen zum Entschluss durchringen konnten, in ein ihnen völlig unbekanntes, viele tausend Kilometer entferntes Land zu ziehen? Und welche religiöse Lehre konnte oder musste überhaupt so konsequent gelebt werden? Bevor die beiden Hauptthemen in diesem Kaptitel („Vorausgehende Verhandlungen zur Gründung Sareptas" und „Missionstätigkeit der Sareptaner"), durch welche sich die Kolonie Sarepta samt ihrer Einwohnerschaft in eklatanter Weise von allen anderen Wolgakolonien abhob, behandelt werden, halte ich es für notwendig, noch kurz auf die eben aufgeworfenen Fragen einzugehen.

Bei diesen Aussiedlern handelte es sich um Mitglieder der so genannten „Herrnhuter Brüdergemeinde". Der Ort Herrenhut wurde 1722 auf dem Berthelsdorfer Gutsgrund des Reichsgrafen Nikolaus Ludwig von Zinzendorf in der sächsischen Oberlausitz von Mitgliedern der alten Böhmischen Brüderkirche angelegt. Diese Glaubensflüchtlinge standen über Generationen hindurch im Konflikt mit der katholischen Kirche, weshalb sie sich schlussendlich auch zu dem Entschluss durchrangen, ihrer alten Heimat Mähren den Rücken zuzukehren. Da in Herrnhut aber schon bald auch Pietisten und Separatisten und so manch andere Konfessionen ein von Anfeindung und Verfolgung freies Leben suchen wollten, ist es nicht verwunderlich, dass auch an diesem Ort Spannungen und Zwistigkeiten bald überhand nahmen. Erst als der Gutsherr Reichsgraf Zinzendorf „Herrschaftliche Gebote und Verbote" nach streng christli-

---

[1] „Eine wissenschaftliche einwandfreie Geschichte der erneuerten Brüderkirche liegt leider bisher im Druck nicht vor. Der Verfasser hat daher wie jeder, der über die Brüderkirche arbeitet, das sehr gute aber nur handschriftliche Werk vo. J. Plitt „Denkwürdigkeiten..." zu Grunde gelegt, und zwar wurde von den 4 vorhandenen Exemplaren das in dem Archiv zu Herrnhut befindliche benutzt." Diese Worte Hafas beanspruchen meines Wissens auch heute noch Gültigkeit. [Zitiert nach: Hafa, S. 2.] (Plitt Johannes: Denkwürdigkeiten aus der Geschichte der Brüderunität, 1829 ff. Ms. im Archiv zu Herrnhut.)

chen Grundsätzen, in welchen er den Pietismus mit dem Luthertum zu verbinden versuchte, erließ, kehrte allmählich Einigkeit und „brüderliche Gemeinschaft" in die Kolonie ein.

Im dritten Paragraphen dieses Statutes wurden die Eigenschaften und Kennzeichen eines wahren Bruders folgendermaßen definiert: *„Ein jeglicher, der da nicht bekennt, daß ihn die bloße Erbarmung Gottes in Christo ergriffen und er derselben nicht einen Augenblick entbehren könne, [...], und neben dem nicht täglich beweiset, dass es ihm ein ganzer Ernst sei, die Sünde, die Christus gebüßet, wegnehmen zu lassen, und täglich heiliger, dem ersten Bilde Gottes ähnlicher, von aller Anklebung der Kreatur, Eitelkeit und Eigenwillen täglich reiner zu werden, zu wandeln, wie Jesus gewandelt hat, und seine Schmach zu tragen, der ist wahrhaftig kein Bruder."* [1] Wie dieser Satz schon andeutet, hatte die Gemeinschaft folgerichtig auch keine fest umrissene Glaubenslehre. Die „Einigung" fand hier im Gegensatz zu den großen Konfessionen nicht in der Anerkennung einer möglichst großen Anzahl von Glaubensgrundsätzen statt, sondern der lediglich in der von allen christlichen Konfessionen anerkannten Formel, dass der Schöpfer Mensch geworden „und aus Liebe für uns gestorben" ist. Durch diese Hervorhebung der Hauptwahrheit des Evangeliums entstand aus der bunt zusammengewürfelten Einwohnerschaft Herrnhuts tatsächlich auch schon bald eine relativ homogene Gemeinschaft. Da nach Anschauung der Brüder für das Erfassen dieses sehr einfachen Sachverhalts mehr das Herz als der Verstand benötigt wird, wurde diese Anschauung „Herztheologie" genannt.

Durch die Kräfte, die im Pietismus steckten, war es unvermeidlich, dass Mission und Diasporaarbeit bald als die zentralen göttlichen Aufgaben gesehen wurden. Schon in den folgenden Jahren reiste eine beträchtliche Anzahl von „Missionaren" durchs Land, und bereits am 21. August 1732 machten sich die ersten beiden Boten zu Fuß nach Westindien auf. Dieses Ereignis kann deshalb auch als Geburtsstunde der Brüdermission gelten.[2]

Im Jahr 1739 wurde dann die „Stoßrichtung" endgültig formuliert: *„Unsere Haupt-sache in der Welt ist, die Attention und Erwegenheit aufs Verdienst des Blutes Christi unter alle Religionen zu bringen, das ist unser eigentlicher Plan..."* [3] Neben der religiösen Komponente wiesen aber auch zwei rein praktische Erwägungen auf das Kolonisationswerk hin bzw. taten diesem zumindest keinen Abbruch: Zum einen war das die von der Gemeindeleitung beabsichtigte Senkung der Lebenskosten für die Gemeinde, und zum anderen jener Umstand, dass

---

[1] Zitiert nach: Hafa, S. 4.
[2] Hafa, S. 1-8.
[3] Zitiert nach: Hafa, S. 7.

die Einwohnerschaft Herrnhuts ohnehin aus Handwerkern und Kleinbauern bestand, aus Leuten also, welche die russische Regierung gerne im Land haben wollte und die zur Kolonisationstätigkeit auch geeignet sind.[1]

a) Vorausgehende Verhandlungen zur Gründung Sareptas

Zu den ersten, jedoch wenig erfolgreichen Schritten der Brüderkirche im Zarenreich war es schon früher gekommen, insbesondere in den vierziger Jahren des 18. Jhdts. Eine erneute und entscheidende Anregung, ein „Bethlehem" für Russland zu gründen, erfolgte erst viele Jahre später durch den Regimentschirurgen Friedrich Köhler. Dieser war über lange Zeit in Livland stationiert gewesen, wo er auch erstmals auf die Brüder aufmerksam geworden ist. Nach seiner Versetzung nach Sankt Petersburg bot sich ihm die Gelegenheit, seine äußerst positiven Eindrücke über dieselben einem erlesenen Kreis von hochgestellten Persönlichkeiten mitzuteilen. In der Folge erhielt er auch von einem russischen Minister den Auftrag, die Brüdergemeinde aus Deutschland einzuladen, sich im russischen Reich niederzulassen. Da aber in Livland und Russland früher bereits negative Erfahrungen gesammelt worden waren, ließ eine entschiedene Absage des Direktoriums der Unität nicht lange auf sich warten.

Graf Černičev gab aber noch nicht auf und bat deshalb das Direktorium der Brüdergemeinde, ihm über seinen Boten Köhler alle Beschwerden und Unzulänglichkeiten zukommen zu lassen, so dass er bei Hof gegebenenfalls die notwendigen Schritte zu einer Ansiedlung setzen könne. In dem auf den 28. Jänner 1762 datierten Premoria[2] erfüllten sie nicht nur diese Bitte, sondern forderten auch, dass vor etwaigen konkreteren Verhandlungen die früheren Vorkommnisse erst einmal untersucht werden und vor allem ihre kirchliche Lehre und Verfassung offiziell anerkannt werden müsse, da es ihnen fern liege, heimlich und gegen den Willen einer Regierung in ein fremdes Land einzudringen. Zu diesem Zweck eben schilderte man auch kurz den Charakter der eignen Glaubensgemeinschaft, wobei dem sicherlich wirtschaftlich denkenden Grafen zu verstehen gegeben wurde, dass Kolonisation für die Brüderkirche nie Selbstzweck sei und nur missionarischem Wirken dienen könne.

Durch diese Forderungen fanden die Verhandlungen ein vorläufiges Ende, aber nur bis zu jenem Zeitpunkt, als in Russland jener für unser Thema so bedeutungsvolle Thronwechsel stattfand. Nachdem Zar Peter III. im Juni 1762 gestürzt worden war und die neue Zarin

---

[1] Hafa, S. 11.
[2] alt; Denkschrift; Merkzettel;

Katharina als eine ihrer ersten Regierungstaten am 4. Dezember 1762 ein erstes Einwanderungsmanifest erließ, nahm dies Černičev zum Anlass, sich persönlich zur Zarin zu begeben, um sie für seine Angelegenheit zu interessieren. Dies gelang ihm wider Erwarten außerordentlich schnell, da die Zarin durch ihre Mutter bereits in Zerbst von der Brüdergemeinde gehört hatte – und vermutlich nichts Negatives. Denn damals war in dem nicht weit von Zerbst gelegenen Schloss Barby für zumindest einige Jahre die Leitung der Brüdergemeinde eingerichtet gewesen. Und zu dieser Zeit taten sich die Nachbarn besonders positiv dadurch hervor, indem sie bei der Brandbekämpfung des anhaltinischen Schlosses Dornburg tatkräftig Hilfe leisteten. In welchem Ausmaß Katharina der Brüdergemeinde zugeneigt war, zeigt insbesondere die Tatsache, dass die Betonung der Religionsfreiheit im zweiten Einwanderungsukas vom 22. Juli 1763 vor allem auf die Brüder ausgerichtet war. Hätte sich Köhler nach seiner eigenen Aussage nicht strikt dagegen ausgesprochen, wäre die Brüderkirche höchstwahrscheinlich in diesem Punkt sogar namentlich erwähnt worden.[1]

b) Erste Verhandlungen in Herrnhut

So kam es folgerichtig dazu, dass die Zarin – nachdem die schon lange geforderten Untersuchungen nachgeholt worden waren – die Brüdergemeinde offiziell zur Ansiedlung nach Russland einlud, nicht ohne ihnen ihrer *„kaiserlichen Gnade und [ihrers] hohen Wohlwollens besonders zu ihnen"* zu versichern. Als Gesandter wurde – wie konnte es anders sein – Köhler ausgewählt; dieser kam am 26. September 1763 in Herrnhut seinem Auftrag nach. Da in dem eben erwähnten Einwanderungsmanifest fast alle Punkte, die den Brüdern auf dem Herzen lagen, erwähnt wurden, entschloss man sich in Herrnhut – wie für so wichtige und weitreichende Entscheidungen üblich – das Los befragen zu wollen. Und dieses wies auch eindeutig darauf hin, dass des *„Heilands Stunde über Rußland geschlagen habe"*.[2]

Wie aber schon weiter oben angesprochen wurde, ging es der Brüdergemeinde in erster Linie um die Verkündigung des Evangeliums in all jenen Ländern, in denen man sie haben und leiden wollte. Die Anlegung mehr oder weniger blühender Kolonien konnte ihrer Auffassung nach höchstens als „der Wagen" gesehen werden, *„dessen sich der Heiland zuweilen bedient, sein Evangelium da und dorthin zu bringen, und es zum Schlüssel macht, diese und jene sonst verschlossene Tür damit zu öffnen."*[3] Die Verwirklichung dieser „conditio sine qua non"

---

[1] Hafa, S. 21-25.
[2] Zitiert nach: Hafa, S. 26.
[3] Zitiert nach: Hafa, S. 27.

erschien aber zu diesem Zeitpunkt noch aufgrund des §6 des Einwanderungsmanifestes von 1763 als sehr fragwürdig. Zur Erinnerung an ihn sei er an dieser Stelle dem Wortlaut nach angeführt:

„Jedoch wird hiebey jederman gewarnet, keinen in Rußland wohnhaften christlichen Glaubensgenossen unter gar keinem Vorwande zu Annehmung oder Beypflichtung seines Glaubens und seiner Gemeinde zu bereden oder zu verleiten, falls er sich nicht der Furcht der Strafe nach aller Strafe Unserer Gesetze auszusetzen gesonnen ist. Hievon sind allerley an Unserem Reich angränzende, dem Mohametanischen Glauben zugethane Nationen ausgeschlossen, als welche Wir nicht nur auf eine anständige Art zu christlichen Religionen zu neigen, sondern auch sich selbige unterthänig zu machen, einem jeden erlauben und gestatten." [1]

Zieht man an dieser Stelle nochmals in Betracht, dass für die Brüdergemeine ein enges Zusammenleben mit anderen Mitmenschen auf lange Sicht hin gesehen nur in Form einer Glaubensgemeinschaft möglich bzw. wünschenswert ist, wäre ihnen aufgrund dieses Artikels lediglich die Anlage von mehr oder weniger unbedeutenden Missionsstationen am Rande des russischen Reiches, vornehmlich in den Grenzgebieten zu den Kalmücken, möglich gewesen. Da dies aber sowohl für die Brüderunität als auch für die Zarin, der es ja bekanntlich doch auf die Erschließung etwas größerer Landstriche ankam, unbefriedigend sein musste, erhielten die beiden Herrnhuter Abgesandten den Auftrag, bei der Zarin noch Spezialkonzessionen zu erwirken. Zu diesem Zweck sollte sogleich nach ihrer Ankunft eine offizielle Untersuchung ihrer Glaubenslehre und Verfassung angestrebt werden, sodass sie nicht mehr für eine Sekte gehalten, sondern als eigenständige Kirche anerkannt würden. Man war sich durchaus bewusst, dass der offizielle Amtsweg selbstverständlich bei der eben ins Leben gerufenen Tutelkanzlei begann, aber letztendlich würde man sich betreffs der Glaubensfragen doch mit dem „Heiligen Synod" in Verbindung zu setzen haben, von welchem man dann auf folgende fünf Punkte eine positive Antwort erhoffte:

„1. Daß die Brüderunität eine von der Griechischen abstammende alte Kirche ist.
2. Daß sie ihre Lehre in den Fundamental-Artikeln für rechtgläubig erkennen.
3. Daß sie ihre Ordination und alle Disziplin der Brüderunität stehen lassen.
4. Daß sie ihre Missiones unter die Heiden, unter welchen besonders noch keine Missionarii der Russischen Kirche sich befinden, in und außer dem Russischen Reiche nicht nur nicht hindern, sondern mit ihrem Segen begleiten wollen.
5. Daß diejenigen, die sich in den Brüder-Orten wohnhaft niederzulassen verlangen und vor dem Direktorio dazu die Erlaubnis kriegen, auch zur Brüderkirche sich zu halten Fug und Freiheit haben." [2]

---

[1] Zitiert nach: Hafa, S. 27 f.
[2] Zitiert nach: Hafa, S. 28 f.

Als einzige Mindestforderung wurde den Abgesandten auf den Weg mitgegeben, dass, falls der so destruktive Proselytenparagraph (gemeint ist der oben erwähnte § 6) nicht abgeändert wird, die „*Deputati die Negotiationen*" abzubrechen haben. Nachdem sie auch noch mit der Vollmacht, in schwierigen Situationen das Los befragen zu dürfen, ausgestattet worden waren, machten sich die beiden Deputierten zuversichtlich auf den Weg nach Petersburg, wo sie am 7. Dezember 1763 ankamen (nach dem Julianischen Kalender war es der 26. November). Da aber der Hofstaat zu diesem Zeitpunkt gerade in dem unweit von der Hauptstadt entfernten Zarskoe Selo (das Schloss liegt im heutigen „Puschkin") weilte, machte sich Köhler, der bereits lange vor den beiden Abgesandten angekommen war, dorthin auf den Weg, wo er auch unverzüglich von der großen Zarin empfangen wurde. Das Resultat dieses etwas längeren Gesprächs, das sie mit ihm führte, ließ ihn sicherlich verheißungsvoll in die Zukunft blicken: Zum einen konnte er die Zarin von der Unwahrheit ihres Verdachtes, dass die Brüdergemeinde die Absicht habe, die orthodoxe Kirche durch Missionsarbeit zu reformieren, überzeugen. Und zum anderen erklärte sie sich infolgedessen auch mit der von der Brüderunion angestrebten Untersuchung ihrer Kirchenlehre und Verfassung einverstanden, nicht zuletzt deshalb, da er sie darauf hinwies, das seine Glaubensgemeinschaft viel älter als die Lutherische Kirche sei und sich auch in den religiösen Anschauungen von dieser unterscheide. Als Untersuchungsleiter wurden von ihr Graf Orlow und der Erzbischof von Nowgorod, Demetrios, bestellt. An diesen sollten sie sich zuerst wenden, um so zumindest fürs Erste die Steine, die ihnen der „Heilige Synod" in den Weg legen würde, zu umgehen.[1]

Am 5./16. Dezember führte dann auch dieser hohe kirchliche Würdenträger mit ihnen in einer recht gastfreundlichen Atmosphäre ein sehr tief greifendes theologisches Gespräch, tat ihnen aber schon bei der ersten Erwähnung der Heidenmission seine Ablehnung kund. Erst der Hinweis des sie begleitenden Grafen Grigorij Orlow, dass die Kaiserin dazu bereits ihre mündliche Zustimmung gegeben habe, weil es ihr lieber sei, „*wenn meine Untertanen Christen werden als Heiden bleiben*", verwies den Erzbischof in die Schranken.[2]

Wie steinig der für sie zu gehende Weg trotz der Sympathie der Zarin unter Umständen noch werden könnte, wurde ihnen auch von einem für die damalige Zeit so ausgezeichneten Kenner des Russischen Reiches wie dem Akademiker Gerhard Friedrich Müller vor Augen geführt: Laut ihm sei das „*ius summum circa sacra*" erst seit Peter I. bei der Krone. Mit anderen

---

[1] Hafa, S. 28-30.
[2] Dies soll sogar zweimal im Rahmen einer einstündigen Audienz, die am 1./12. Dezember in der Hauptstadt erfolgte (also nur einige Tage nach der in Zarskoe Selo), geschehen sein. [Zitiert nach: Hafa, S. 30.]

Worten bedeutet dies, dass der Ausgang von Machtkämpfen zwischen Krone und Kirche zu dieser Zeit noch immer davon abhängig war, wie fest der jeweilige Monarch „im Sattel" saß.

Inzwischen war es aber dem Synod gelungen, sich in die Verhandlungen erfolgreich einzumischen. Somit blieb der großen Katharina nichts anderes übrig, als Demetrios aufzutragen, ein Gutachten vom Synod anzufordern. Dieses wurde nach langwierigen Auseinandersetzungen am 22. Dezember 1763 von ihm auch endlich abgegeben. Zwar wurde in ihm die Brüderunität als eine protestantische Kirche anerkannt, aber dem Proselytenpunkt wurde – was sicherlich keine Überraschung darstellte – nicht nachgegeben. Folglich mussten die beiden Verhandlungsbevollmächtigten ihr Augenmerk darauf richten, inwieweit die Stellungnahme des Synods in einem eventuellen Spezialukas der Zarin Eingang finden würde. Als sie dann aber am 24 Jänner/4. Februar den ersten diesbezüglichen von Staatsrat Teplov ausgearbeiteten Entwurf überreicht bekamen, war schnell klar, dass dieser für sie völlig unannehmbar war: Denn zum einen wurde die „Evangelische Brüderunität" in dem ganzen Schriftstück nur als „die Herrnhuter" bezeichnet, was vielmehr an irgendeine Sekte als an eine eigenständige Kirche denken lässt. Und zum anderen wurde ihnen nicht nur ein ausdrückliches Missionsverbot ausgesprochen, sondern sie wurden gegenüber anderen christlichen Konfessionen sogar noch insofern benachteiligt, als sie nicht einmal andere Protestanten oder Katholiken bei sich aufnehmen durften.

Bald jedoch schon wurden die Punkte des Anstoßes für sie zufrieden stellend gelöst, in der Hauptfrage konnten sie aber freilich nur erreichen, dass das Verbot der Heidenmission und jenes der Annahme neuer andersgläubiger Mitglieder nur weggelassen wurde. Nachdem der Staatsrat den beiden Brüdern vor Augen geführt hatte, dass die Kaiserin aufgrund der mit einer ausdrücklichen Erlaubnis der Heidenmission unweigerlich einhergehenden schweren Konflikte mit der Kirche ihrem Wunsche nicht entsprechen konnte und können werde, schlug er ihnen die Sicherung ihres Missionsrecht in einem Geheimprivileg vor.[1] Aufgrund einer Losentscheidung wurde dies aber von der Hand gewiesen, was rückschauend als ein großer Fehler der beiden Delegierten angesehen werden muss, der am 31. Juli 1822 unter Zar Alexander I. zum endgültigen Verbot jeglicher Art von Missionstätigkeit führte.[2]

Somit nahmen die langwierigen Verhandlungen nun endlich mit der Ausstellung des Spezialukasses am 11./22. Februar 1764 ihr Ende, und Köhler meldete in einem Brief, dass die Zarin die Brüder, die sie, „wie alle Einwanderer dieser Zeit, möglichst in diese südliche

---

[1] Hafa, S. 31-34.
[2] Hafa, S. 122.

Wolgagegend zu leiten sich bemühte", dem Gouverneur von Astrachan *„ausdrücklich empfohlen habe, weil sie die besten von allen hereinkommenden Ausländern seien."* [1]

Da man sich nun in Hinsicht auf den wesentlichsten Punkt des Wohlwollens der Zarin sicher war, konnte man nun dazu übergehen, letzte notwendige Verhandlungen, zu deren Verwirklichung der Bruder Peter Conrad Fries bestimmt wurde, einzuleiten. Die Verhandlungen über einige der zwölf von der Generalsynode der Brüdergemeinde ausgearbeiteten Forderungen, welche anhand des Einwanderungsmanifests und der Spezialkonzession aufgestellt wurden, machten jedoch noch erhebliche Schwierigkeiten. Auf deren vollständige Auflistung sei hier aber verzichtet, da sie großteils ohnehin den Paragraphen des Manifests gleich oder diesen sehr ähnlich sind. Bereits der erste Punkt, nachdem ihnen als freie Besitzer alle Rechte und Freiheiten über Grund und Boden zukommen sollten, schien fast am Widerstand der Bürokraten zu scheitern, da in Russland nur der Adel unbeschränkten Besitz haben dürfte. Nachdem Fries der Kanzlei zu Sankt Petersburg aber eingehendst versichert hatte, dass die Statuten der Gemeinde die Veräußerung von Immobilien an Dritte ohnehin nicht erlauben würden, aber deren Weitergabe an andere Brüder schon aufgrund der häufigen Wechsel in der Stellenbesetzung, die ihr Werk mit sich bringt, für sie eine Voraussetzung ihrer Tätigkeit darstellt, wurde in dieser Frage „grünes Licht" gegeben. Nur mit großer Mühe konnte durchgesetzt werden, dass die Vorschüsse nicht dem Einzelnen ausbezahlt wurden, sondern ihrem Leiter stellvertretend für die ganze Gemeinschaft. Auch dies hing wieder mit den besonderen Verhältnissen zusammen und sollte verhindern, dass ein Bruder für eine bestimmte Zeit an den Ort gebunden war.

Des Weiteren wurde ihnen die ungehinderte Aufnahme freier Personen in die Kolonie und die entgeltliche Ablösung der nach dreißig Jahren zu leistenden Landdienste gestattet.

Besonders viel Energie wendete Fries dafür auf, bereits im Vorhinein sowohl die Höhe der nach dreißig Jahren fälligen Abgaben als auch den Modus, nach welchem diese entrichtet werden sollten, festzulegen. Dass ihm auch dies gelungen ist, kann als wesentlicher Umstand für den großen wirtschaftlichen Vorsprung Sareptas vor allen anderen Kolonien geltend gemacht werden, da man ja bereits von Anfang an über die in ferner Zukunft anfallenden Abgaben Bescheid wusste. Nach verschiedenen Erwägungen einigte man sich auf eine Besteuerung des Bodens, wobei jedoch nur der wirklich „brauchbare" zur Berechnung herangezogen werden sollte. Da man bei diesem System die Freijahre nicht für jeden Einzelnen berechnen konnte, wurde als Stichtag für den Beginn der Freijahre der 1. Jänner 1767 festgesetzt. Wie die Lasten auf die einzelnen verteilt werden würden, blieb natürlich der

---

[1] Zitiert nach: Hafa, S. 34 f.

Verwaltung der Brüdergemeinde überlassen. Bezeichnenderweise machte die Gemeinde die Weiterentwicklung zum Mir-System, auf welches noch an späterer Stelle eingegangen wird (siehe dazu S. 119), nicht mit. Insofern traten nur Ähnlichkeiten zu dem Grundbesitzrecht in den anderen Wolgakolonien auf.

Am 7./18 Juni 1765 unterzeichnete die Zarin dann endlich jenes Schriftstück, auf welchem die zwölf Paragraphen zusammengefasst wurden.

Nun mussten aber nach der Klärung dieser so außerordentlich wichtigen Frage über die Besteuerung noch zwei weitere geklärt werden: Zum einen handelte es sich um die Ausstellung des Dotationsbriefes, und zum anderen um den Erwerb eines Hauses in Sankt Petersburg, der ihnen in Paragraph 12 zugesichert worden war. Dadurch beabsichtigte man ein „Sprungbrett" nach Deutschland zu haben und mit den Zentralstellen in der Hauptstadt unter Umgehung des Instanzenzuges direkt und somit schneller verhandeln zu können. Da man bisher alle Reisekosten selbst beglichen habe und das auch in Zukunft so halten wollte, erbat man die Schenkung eines Hauses, welcher die Zarin nach längerem Zögern auch nachkam. Und in der Tat bewährte diese Einrichtung sich in der Folgezeit auch bestens.

Nach der Ausstellung des Ukasses vom Juni 1765 machten sich vier Brüder gemeinsam mit Köhler unter Begleitschutz von vier Kosaken zur Sondierung der in Betracht kommenden Ländereien auf den Weg. Am 23. August/3.September nahmen sie das Land an der Sarpa in Besitz.[1] Das 4000 Desjatinen große Territorium bekam nach einer Losentscheidung vom Direktorium in Anlehnung an einen dort fließenden Bach und eine entsprechende Bibelstelle den Namen „Sarepta".[2]

Zugleich wurde ihnen mitgeteilt, dass noch im Sommer 25 ledige Brüder, 17 ledige Schwestern, 4 Ehepaare und ein 1 Witwer eintreffen sollen.[3]

Doch auch die Arbeit der Landvermesser zögerte sich ungewöhnlich lange hin, und erst am 27. März/7.April 1767 ging mit der Ausstellung einer Schenkungsurkunde dieses Gebiet in ihren ewigen Besitz über.[4]

Rückschauend sei nochmals darauf hingewiesen, dass erst diese sorgfältigen Vorbereitungen und die klaren rechtlichen Regelungen die Früchte möglich machten, die später geerntet werden

---

[1] Hafa, S. 35-43.
[2] Der Herr sprach zu Elida: „*Mach dich auf, und geh nach Sarepta, das zu Sidon gehört, und bleib dort!*" [Zitiert nach: Die Bibel. Altes und Neues Testament. Einheitsübersetzung. Stuttgart 1980, 1.Buch der Könige, 17.9.]
[3] Hafa, S. 49.
[4] Hafa, S. 42 f.

sollten. Äußerst heilsam wirkte sich auch der Umstand aus, dass das Kontor mit seinen nicht immer rechtschaffenen Beamten von Anfang an jeglicher Einflussnahme auf die von Saratov doch weit entfernte Kolonie beraubt war. Dass sich die Zarin zur Gewährung so vieler Sonderrechte bewegen ließ, ist sicherlich damit zu erklären, dass sie sich von der Tätigkeit der Brüder eine positive Wirkung versprochen haben wird, worin sie auch nicht enttäuscht wurde.

Bevor dieses Kapitel beendet wird, bin ich es dem Leser aber noch schuldig, ein paar Sätze über die Kalmückenmission zu sagen. Dem für sie wichtigsten Tätigkeitsbereich war nur ein sehr bescheidener Erfolg beschieden. Schon sehr früh hat man erste Kontakte mit den Kalmücken gemacht, da diese zum Kauf von Waren wie Tabak, Branntwein, Weißbrot, Leder, Tücher und Werkzeuge immer wieder in die Stadt gekommen waren.[1] Zur leichteren Herstellung eines Vertrauensverhältnisses zu ihnen machten sich seit 1768 drei ledige Brüder an die Erlernung dieser nicht leichten Sprache, darüber hinaus wohnten sie in Zelten in ihrer Nähe oder zogen mit ihnen auch des Öfteren durch die Steppen. Zur allgemeinen Verwunderung musste man feststellen, dass es sich bei diesem „heidnischen" Volk nicht um Träger einer primitiven Religion handelte, sondern um Anhänger der auf einer straff organisierten Priesterhierarchie fußenden Religion des Lamaismus. Erfolge hatte man lange Zeit über nur insofern, als sich die Kalmücken gerne die Berichte und Geschichten der Missionare erzählen ließen…beim nächsten Treffen war aber auch schon wieder alles vergessen, wofür zumeist die Priester der Kalmücken sorgten. Um überhaupt bedeutende Erfolge im Missionswesen erzielen zu können, hätte es einer ständigen Kleinarbeit bedurft. Diese konnten die Brüder aber deshalb nicht leisten, da sie auch von Zeit zu Zeit wieder ihren bürgerlichen Verpflichtungen und Beschäftigungen in der Stadt nachgehen mussten, vermutlich auch deshalb, da sie als Europäer trotz des nicht gerade „süßen" Lebens in der Kolonie dem harten Alltag eines Nomaden auf die Dauer nicht gewachsen waren. Nachdem 1770/71 der größte Teil der Kalmücken der russischen Oberhoheit müde geworden war und sich nach China abgesetzt hatte und zwischen 1773 und 1775 der Bauernkrieg gewütet hatte (siehe dazu S. 89-101), kam das Missionswerk zum Stehen. Entsprechende Versuche unterblieben auch in den nächsten Jahrzehnten angesichts des wirtschaftlichen Aufschwungs Sareptas.

Erst nach der Jahrhundertwende wurden wieder praktische Maßnahmen eingeleitet. Als die Kirgisen 1806 von einer großen Hungersnot betroffen waren, verkauften viele ihre Kinder in die Sklaverei – und in einem Ukas des Jahres 1808 wurde auch der Brüdergemeinde die Erlaubnis erteilt, Kirgisenkinder zu kaufen. Als man nach dem Kauf von vier Mädchen zwei

---

[1] Hafa, S. 60.

Jahre darauf noch weitere Kinder aufnehmen wollte, wurde das mit der Begründung, dass sich inzwischen die Lage der Kirgisen wesentlich verbessert hätte, untersagt. Als es einige Jahre später dann auch gelungen war, 23 Kalmücken für die neue Lehre zu interessieren, hatten sowohl diese als auch die Missionare unter solchen Anfeindungen zu leiden, dass man mit ihnen 1821 nach Sarepta fliehen musste. Getauft werden konnten laut Schippan insgesamt gar nur fünf Menschen, als Erste 1770 ein blindes neunjähriges Mädchen.[1] Aufgrund dieser äußerst schwierigen Ausgangssituation reichte man eine Bittschrift an den Zaren ein, in welcher um eine Sanktionierung der Missionstätigkeit nachgesucht wurde. Nach einer zweijährigen Wartezeit bekam man aber statt der erhofften offiziellen Bewilligung Nachricht darüber, dass jegliche Missionstätigkeit von nun an aufs Strengste verboten ist.[2]

Der bedeutendste und auch am nachhaltigsten wirkende Dienst, den die Brüder für das Wolgagebiet geleistet haben, war ohne Zweifel die Stellung von Geistlichen für die verschiedene Kolonien. Von den nur 44 evangelischen Geistlichen, die es bis 1825 in den Wolgakolonien gab, haben 18 (41%) – abgesehen von den beiden Pastoren, die nach Astrachan geschickt wurden – durch Vermittlung der Brüdergemeinde ihren Dienst angetreten.[3]

Darüber hinaus waren sie auch bestrebt – vor allem in den ersten Jahrzehnten, in denen es in den Kolonien noch an allem fehlte und Medizin z.B. nur in Saratov zu bekommen war – eine Art Grundversorgung für die Kolonisten sicherzustellen. So erzählte ein Einwanderer in etwas überspitzter Form: *„Hätten sich die Sareptaner unser nicht angenommen und keine Medizin und Aerzte zugeschickt, so wären wir wahrscheinlich ausgestorben."* [4] Jedoch muss auch erwähnt werden, dass nur 20 Kolonien, die überwiegend auf der Bergseite lagen, in den Genuss einer regelmäßigen Betreuung kamen. Sowohl die 30 katholischen als auch die 22 evangelischen Gemeinden bekamen die Brüder so gut wie nie zu Gesicht, in den übrigen 30 Kolonien fanden die Kontakte nur zeitweise mehr oder weniger intensiv statt.[5]

Heutzutage gibt es Sarepta nicht mehr, es wurde von dem riesigen Wolgograd, dem ehemaligen Zarizyn, „verschlungen".[6] Einige der alten Häuser sind aber erhalten geblieben und im Freilichtmuseum „Alt-Sarepta" zu besichtigen. Eine deutsche Gemeinde gibt es in der Stadt auch heute noch.[7]

---

[1] Schippan, S. 73.
[2] Hafa, S. 119-122.
[3] Hafa, S. 145.
[4] Zitiert nach: Hafa, S. 135.
[5] Hafa, S. 136.
[6] Terjochin., 42, Sp. 2.
[7] Siehe: http://www.musicasacra-cottbus.de/sarepta.htm

Namensgebung der Kolonien

Von Amtswegen bekamen die „Reviere" bzw. die Kolonien anfangs noch keine Namen zugeteilt, sondern nur Ordnungsnummern. So wurde den von Sankt Petersburg abreisenden Siedlergruppen auch Lagepläne übergeben, die demzufolge (nur) die Nummer der vorgesehenen „Parzelle" beinhalteten. Auch beabsichtigte man ursprünglich nur Menschen ein- und derselben Konfessionszugehörigkeit in einer Kolonie anzusiedeln, was zu Bezeichnungen wie „Lutherischer Bezirk Nr. 9" führte. Diese Idee wurde aber im Wesentlichen nie verwirklicht, was zum einen mit der sich dieser Frage gegenüber gleichgültig verhaltenen Beamtenschaft zusammenhing, und zum anderen sich einfach aus der Situation heraus ergab (Mischehen; es entstanden während der Reise Freundschaften zwischen Familien; anfangs gab es noch keine katholischen Kolonien, und Katholiken wurden daher in den bereits gegründeten angesiedelt;...). Lediglich in 14 lutherischen und reformierten Kolonien gab es keine Katholiken, in Katharinenstadt hingegen waren alle drei Konfessionen vertreten.[1]

Der Umstand, dass es sich noch um namenlose Landflecken handelte, gestattete den Ankömmlingen ihren neuen Heimatorten selbst Namen zu verleihen, und dies erfolgte in der Regel nach den Namen ihrer Vorsteher oder gegebenenfalls auch Dorfältesten (Keller, Hussenbach, Grimm,...). Gemäß Pastor Kufeld sagte „man freilich nicht schlechtweg Reinwald, Reinhardt usw.", sondern „Reinwalds oder Reinhardts Kolonie", was auch Kirchenbücher und andere weltliche Akten bestätigen.

Am 26. Februar 1768, gut vier Jahre nach der Gründung der ersten Kolonien, erließ das Saratovsche Kontor einen Erlass, demgemäß alle Kolonien von ihm (offizielle) russische Namen erhalten sollten, welche dann auch im amtlichen Schriftverkehr bis zur Gründung der deutschen Autonomie an der Wolga (1924) beibehalten werden sollten. Jedoch muss festgehalten werden, dass das Kontor aus uns unbekannten Gründen nicht allen Kolonien russische Namen gegeben hat („Katharinenlehn" ist hierfür z.B. ein Beispiel). Interessant ist der Hinweis Kufelds, dass nicht immer alle russisch klingenden Namen rein russischer Herkunft sind, sondern manchmal auch tatarischer oder zur Hälfte russisch und tatarisch. Dies ist dadurch zu erklären, dass früher tatarische Stämme im Wolgagebiet beheimatet gewesen sein sollen.

---

[1] Plewe, Einwanderung in das Wolgagebiet 1764 – 1767..., S.22 f.

Was die neue Namensgebung für die Siedlungen anbelangt, so wurde diese hauptsächlich von Landschaftsmerkmalen (Gräben, Bächen, Flüssen, Tälern, Schluchten) geprägt: „Skatovka [Kolonie am Hang], Stepnaja [Kolonie in der Steppe], Rovnaja [Kolonie in der Ebene], Krutojarkovka [Kolonie am steilen Hang], Otrogovka [Kolonie am Ausläufer eines Gebirges], Krasny Jar [Kolonie in der roten Schlucht], Podstepnaja [Kolonie am Rand der Steppe] usw." Wieder andere wurden nach Schluchten, in deren Nähe sie gelegen waren, benannt.[1]

Darüber hinaus kam es auch dazu, dass das Kontor in dieser Frage den Lokatoren auch selbstständige Entscheidungsbefugnisse zugestand. So war Baron Beauregard bestrebt, die Ortsnamen zu Ehren für ihn wichtiger Personen auszuwählen. Die erste und wichtigste Kolonie wurde selbstverständlich nach der Zarin, nämlich Katharinenstadt, benannt, andere Orte rund um Katharinenstadt nach dem Thronfolger Pawel Petrovitsch (Paulskoe) oder nach Staatsbeamten (Panin – nach dem gleichnamigen Minister, Orlowskaja und Baskowka – nach dem Präsidenten und Vizepräsidenten der Vormundschaftskanzlei für ausländische Ansiedler, Reszanwoka und Barataewka – nach dem Oberrichter des Vormundschaftskontors und dem Bezirksrichter…). Aber auch auf seine Frau und Kinder bzw. auf sich selbst wurde hierbei nicht vergessen: Auf diese Weise kamen Susannental, Ernestinendorf, Philippsfeld und die nach seinem Vor- bzw. Familiennamen benannten Orte Boregard (bzw. Beauregard) und Kano (bzw. Caneau) zu ihren Namen.

Bemerkenswert ist in dieser Hinsicht auch, dass er im Wolgagebiet auch die Städtenamen Clarus, Schaffhausen, Basel, Zürich, Solothurn, Zug, Luzern und Unterwalden wieder finden wollte. Dieser Umstand hat schon des Öfteren den Gedanken nahegelegt, dass es sich hierbei um Ansiedlungen mit hauptsächlich schweizerischer Bevölkerung handle. Will man den Angaben des Buches „Schweizer im Zarenreich" Glauben schenken, so sollen sich rund 1000 Eidgenossen im Wolgagebiet niedergelassen haben.[2]

Dieser Sachverhalt kann jedoch nach dem Dafürhalten aller Autoren, die sich mit den Deutschen Kolonien im Wolgagebiet beschäftigt haben, nicht bestätigt werden. Gemäß den Quellen, die Igor Plewe untersucht hatte, stammten von den 1766 eingewanderten 7000 Familien nur 15 aus der Schweiz, und von diesen konnten für das Ende des nächsten Jahres lediglich acht im Wolgagebiet nachgewiesen werden. Die Beziehung zur Schweiz ist ziemlich

---

[1] Plewe, Einwanderung in das Wolgagebiet 1764 – 1767..., S. 117.
[2] Siehe dazu: Bühler, Roman: Schweizer im Zarenreich. Zur Geschichte der Auswanderung nach Rußland. Zürich 1985, S. 48.

sicher nur dadurch entstanden, dass der Baron den Plan hatte, seine Kolonien „nach Schweizer Vorbild" anzulegen, was ihm aber wie so manch anderes auch nicht gelang.

Auch le Roy wurde das gleiche Recht zuerkannt, und auch er wollte sich durch eine Kolonie, welche neben dem klingenden Namen Krasnopolje („Schönes Feld") auch seinen Namen tragen sollte, verewigt wissen. Aber die Kolonisten nannten auch weiterhin ihre Kolonie Preuss nach ihrem ersten Vorsteher. Dass dasselbe Schicksal auch deutschen Namen wie Schönfeld, Schöntal, Gnadental oder Obernberg, die der Lokator für seine Kolonien ausgesucht hatte, widerfuhr, kann doch als ein Beleg für den Konservativismus und Starrsinn der Kolonisten angesehen werden.[1]

Zusammenfassend soll festgehalten werden, dass eine Kolonie oft unter zwei oder gar drei verschiedenen Bezeichnungen bekannt gewesen sein konnte. Die Bezeichnung nach dem Namen des Vorstehers, wie sie sich beim Volk rasch eingebürgert hatte, war laut Pastor Kufeld zumindest noch zu Ende des 19. Jahrhunderts gang und gäbe. Die offiziellen Namen und/oder die Benennungen durch die Direktoren waren in der Regel nur für den Schriftverkehr von Bedeutung und waren oft sogar den einfachen Kolonisten unbekannt. Diesem „Mangel an Patriotismus" wurde dann im Jahre 1915 insofern ein Ende gemacht, als das durch die Zarenregierung alles Ausländische, mit Ausnahme des Tatarischen, ausgemerzt wurde.[2]

---

[1] Plewe, Einwanderung in das Wolgagebiet 1764 – 1767..., S. 18.
[2] Kufeld, S. 113 f.

Die Namenslisten

Die zusammengestellten Namenslisten verfolgten in erster Linie den Zweck, über das ausgegebene Verpflegungsgeld bzw. den verteilten Proviant Rechenschaft ablegen zu können. Solche Listen wurden bereits, sobald eine Gruppe zusammengestellt worden war, an den Sammelstellen angefertigt.

In Lübeck, von wo aus die meisten Kolonisten ihre Reise ja antraten, wurden sie dann dem zuständigen Kommissar, also Herrn Schmidt, und nach dessen Tode Ende Mai 1766 Herrn Lemke, ausgehändigt.

Diese fertigten auch ihrerseits Listen an, in welchen sie vermerkten, wie viel Geld den Auswanderern während ihres Aufenthalts in der Stadt und für die Weiterreise nach Oranienbaum ausbezahlt wurde. Jener Umstand, dass diese Listen nicht mehr aufgefunden werden konnten, hat in der Vormundschaftskanzlei zu Sankt Petersburg wiederholt zu diesbezüglichen Debatten Anlass gegeben.

Über Form und Inhalt dieser Listen geben uns aber zumindest jene indirekt Auskunft, die der russische Kommissar in Danzig, Iwan Rehbinder, aufstellte. In ihnen können wir neben dem Namen des Familienoberhauptes, der Zahl der Familienmitglieder und der Reisekosten nach Russland auch die Tätigkeit, die der Kolonist in Russland ausüben sollte, finden. Des Weiteren kann ihnen entnommen werden, dass die russische Regierung des Öfteren die Schulden, welche ihre neuen Untertanen noch in ihrer alten Heimat hatten, beglich.

Auch in Oranienbaum wurden selbstverständlich Listen verfasst, nämlich die so genannten Listen des Titularrates Iwan (bzw. Johann) Kuhlberg. Diese waren noch viel detaillierter als die anderen zwei Gruppen von Listen; sie beinhalteten – wie bereits erwähnt – auch Angaben über Konfession, Beruf, Herkunftsort, Alter der Kinder und von den Kolonisten geäußerte Wünsche bezüglich ihrer neuen Heimat. Das Alter der Kinder war deshalb wichtig, da davon die Höhe des Verpflegungsgeldes abhing.

Neben diesen drei Gruppen von Listen gab es auch noch jene, welche von den Offizieren der russischen Armee, die zur Begleitung der Siedler an ihren Bestimmungsort abkommandiert wurden, zusammengestellt wurden. Sie sind leider nicht mehr vollständig erhalten und enthalten die Namen von 7560 Kolonisten, die 1767 von der Hauptstadt aus die Reise antraten.

Diese Listen sind vor allem deshalb interessant, da sich in ihnen neben den üblichen Angaben auch solche zu Todesfällen und Geburten, zu denen es während der Reise von St. Petersburg nach Saratov kam, finden. So sind z.B. von den 874 Kolonisten, die ein Leutnant von Dittmarn nach Saratov führen sollte, 191 Menschen während der Reise gestorben, dafür aber 23 Kinder geboren worden. Weniger dramatisch sah die Sterbequote für den Transport des Leutnant Schirokow aus: Hier starben von 996 Kolonisten „lediglich" 95 (15 Kinder wurden geboren).[1] (siehe auch S. 55 f.)

Nachdem die Kolonisten in Saratov angekommen waren, wurden ihre Daten selbstverständlich nochmals aufgenommen. Diese Listen wurden wie auch viele andere wichtige Dokumente in zweifacher Ausführung erstellt, eine verblieb in Saratov, die andere kam zur Vormundschaftskanzlei für ausländische Ansiedler nach Sankt Petersburg. Da durch den Einfall von Pugatschjows Banden so gut wie alle Schriftstücke vernichtet wurden mussten die wichtigsten von ihnen, in erster Linie handelte es sich um solche, aus denen die Schulden der Kolonisten der Krone gegenüber hervorgingen, von der Hauptstadt wieder angefordert werden. Auf diese Weise kamen auch die Listen der ersten Kolonien wieder nach Saratov, wo sie bis zur Auflösung des Kontors (1871) aufbewahrt wurden. Eben zu dieser Zeit kam es aber zu einer Kategorisierung aller Dokumente hinsichtlich ihrer Bedeutung, bei welcher die Listen der Kategorie III zugeordnet – also zur Vernichtung freigegeben – wurden. Nur dem Umstand, dass ein ehemaliger Archivar des Kontors den wahren Wert der Listen erkannte und sie bei sich zuhause aufhob, ist es zu verdanken, dass ein großer Teil von ihnen der Nachwelt erhalten geblieben ist; das Schicksal von Listen für so manche Kolonien hingegen muss als ungeklärt angesehen werden. Auch die Ereignisse des Jahres 1941 haben zum unwiederbringlichen Verlust von Dokumenten bzw. dazu geführt, dass sie irgendwo anders, nur nicht dort, wo man sie später vermutet hätte, aufbewahrt wurden. Erst nachdem man im Jahre 1990 die Originallisten des Lokators Baron de Beauregard, welche über 5000 Namen beinhalteten, in einer Scheune fand, war es gelungen, 100 Listen von insgesamt 104 Kolonien dem Vergessen zu entreißen".[2] (siehe dazu S. 124.)

An dieser Stelle scheint es mir auch angebracht zu sein, auf jene Probleme, die mit Schreibweise der Familien- und Vornamen verbunden sind, aufmerksam zu machen. Denn auch das Vorhandensein der entsprechenden Listen gestattet uns nicht immer alle Namen auch zweifelsfrei zu „identifizieren". Dies hängt damit zusammen, dass die russischen Schreiber des

---

[1] Plewe, Einwanderung in das Wolgagebiet 1764 – 1767..., S. 13.
[2] Plewe, Einwanderung in das Wolgagebiet 1764 – 1767..., S. 12-16.

Kontors die Namen so festhielten, wie sie sie akustisch verstanden, waren sie doch in der Regel ebenso wenig mit dem lateinischen Alphabet wie die Deutschen mit dem kyrillischen vertraut. So scheinen z.B. in der Liste der Kolonie Balzer drei Familien mit dem Namen Keller auf, von welchen aber in Wirklichkeit zwei Köhler hießen und nur eine Keller.

Als ein weiteres Beispiel für die „Stümperhaftigkeit" oder Pflichtvergessenheit mancher Beamten möchte ich ein Beispiel aus der Kolonie Katharinenstadt anführen: Der Name des hier angesiedelten „Ubre" wurde noch zu seinen Lebzeiten zu „Obre", Ende des 18. Jhdts. wurde der Name zu „Ober" und Anfang des 19. Jhdts. sogar noch zu „Obert" umgeändert.

Unter anderem wurden auch aus mehreren Teilen bestehende Vornamen nicht vollständig oder in der verkehrten Reihenfolge wiedergegeben. Zu Veränderungen der Schreibweise kam es aber vermutlich am häufigsten dann, wenn eine Familie in eine andere Kolonie siedelte bzw. umgesiedelt wurde.[1]

In den meisten Listen werden auch das Land und der Ort genannt, aus denen die Kolonisten stammten, in denen der Kronkolonisten oft nur das Herkunftsland. Die Herkunftsorte vieler Familie lassen sich oft nur mit Mühe und manchmal überhaupt nicht mehr bestimmen. So wurde aus Ansbach ein „Anschbach", „Ganschbach" oder „Schpach", und einen Ortsnamen wie Buseker Thal kann man als „Puzekedal", „Buzenkodali", „Putzegatal" oder „Putzenedal" wiederfinden.[2]

---

[1] Plewe, Einwanderung in das Wolgagebiet 1764 – 1767..., S. 20 f.
[2] Plewe, Einwanderung in das Wolgagebiet 1764 – 1767..., S. 24.

Die Räuberbanden Pugatschjows in den Kolonien

Bereits die ersten Jahre zeigten den deutschen Kolonisten auf, mit welchen realen Gefahren sie zu rechnen hatten. Während des Russisch-Türkischen Krieges stießen Anfang 1769 tatarische Verbände des Krimkhans, eines Verbündeten des Sultans, in die südlichen Gebiete Russland, auch ins Wolgagebiet, vor. Die Kolonisten wurden vorsorglich mit Waffen ausgerüstet und im Schnellverfahren im Kampfe trainiert. Auch Züge war beim Aufgebot dabei, er berichtete:

„Ich gestehe unverhohlen, daß ich für Rußland zu fechten so wenig Lust hatte als Vorsprecher, gleichwohl affectirte ich gewaltige Bravour, und wünschte im geheimen die Tataren herbei, weil es mein fester Vorsatz war, zu ihnen über zu gehen. Ich konnte freilich nicht voraus sehen, wie ich von ihnen aufgenommen werden und ob ich mich unter ihnen besser befinden würde als zu Saratov, indessen hoffte ich dadurch doch etwas zu erlangen, was mir dort fehlte; Freiheit, dieses höchste Gut der Menschen." [1]

Erwähnenswert ist, dass sich Züge hinsichtlich der Tataren allzu optimistisch äußert, viel eher hatte man das Gegenteil zu erwarten. Dieses Mal wurden die Kolonisten aber noch verschont, da die Offensive glücklicherweise noch rechtzeitig von Feldmarschall Alexander Golizyn gestoppt werden konnte.[2]

Dafür aber kam es schon einige Jahre später zu einer Aufstandbewegung, unter der die Kolonisten viel zu leiden hatten. Bevor ich aber auf deren Verlauf eingehen werde, halte ich es noch für notwendig, sich auch mit den historischen Hintergründen dieser in den russischen Quellen meistens mit den Begriffen „Meuterei" oder „Putsch" bezeichneten Bewegung auseinanderzusetzten. Diese sind zweifelsohne im Regierungsstil Katharinas, welcher nach außen zwar Prunk und Glanz vermittelte, nach innen aber eine völlige Zerstörung der Gesellschaftsordnung zur Folge hatte, zu suchen.[3] An dieser Stelle muss daran erinnert werden, dass diesem Tiefpunkt eine stetig fortschreitende Beschränkung der Rechte der Leibeigenen vorausgegangen ist. Diese hatten im alten Russland das Recht, an einem bestimmten Tag im Jahr von ihrem Grundherrn davonzulaufen und zu einem anderen überzuwechseln. 1593 verbot Boris Godunow aber dieses Recht, und 1597 wurden sogar all diejenigen, die sich nur für eine bestimmte Zeit einem Herrn verschrieben hatten, in die ewige Knechtschaft verwiesen.[4]

---

[1] Zitiert nach: Züge, S. 153.
[2] Züge, S. 152.
[3] Dietz, S. 87.
[4] Pauli, Ingo-Rudolf: Lübeck – Kronstadt – Saratov. Schicksalsweg der „Wolgadeutschen" 1763 – 1921. Flensburg 1985, S. 165.

„Die Situation Russlands war in Wirklichkeit bei weitem nicht so eine, wie sie uns unsere Poeten und Historiker zu verstehen gelehrt haben. Sie haben lediglich nur eine helle Seite eines ruhmreichen Jahrhunderts abgebildet – Glück, Glanz und Pracht des Hofes, die Stärke der Würdenträger und den Verstand der Generäle, haben aber die dunkle Seite dieser Zeit vergessen. Neunundneunzig Hundertstel der Bewohner Russlands, mittlere und unterste Stände, der Kern der Bevölkerung aus 42 Provinzen, Soldaten, sowohl im Dienst stehende als auch entlassene, Bauern aller Bekenntnisse, „Raskolniki" [1] *aller Richtungen, Andersgläubige und „Inorodzy"* [2]*,und „wilde mit Fellen und Schuppen bedeckte Menschen" haben wohl nur in der Einbildungskraft Deržawins „die Wonne ihrer Tage" vorhergesehen, und „über die gelb-dunkelhäutigen Gesichter sind Ströme von Tränen aus den Augen geflossen." – so der Historiker Mordowzjew über das Zeitalter Katharinas II.*[3]

Die schlechte Lage des dienenden Volkes wurde damals auch von ausländischen Reisenden bemerkt. Der Arzt Wichelhausen konstatierte: „Die adeligen Herrn sollten sich besser um ihre Leibeigenen kümmern, damit diese gesünder und in geringerem Ausmaß dem asthenischen Fieber ausgesetzt wären" An einer anderen Stelle schrieb er, dass die Räumlichkeiten für die Diener mehr für Pferde als für Menschen geeignet wären.[4]

Frondienst leistende Bauern arbeiteten mit ihren Familien sehr häufig drei/vier Tage in der Woche für ihren Gutsherrn, üblicherweise 14-18 Stunden pro Tag. Darüber hinaus kam es auch nicht selten vor, dass die leibeigenen Bauern gezwungen wurden, auch an Sonntagen oder nachts zu arbeiten. Der Verkauf von Bauern nahm während der Regierungszeit der so oft als so humanitär gepriesenen Katharina II. besonders große Ausmaße an.[5] Und in Kleinrussland ging man sogar so weit, dass Leibeigene gemeinsam mit dem Vieh auf den Jahrmärkten zum Kauf angeboten wurden.[6]

Während einige zehntausende Gutsbesitzer auf Kosten der gut hundert Millionen starken Bauernschaft (so in einer Handschrift) also ein Leben in Saus und Braus führen konnten, mussten die Bauern – gerade zu dieser Zeit – übermäßige Abgaben an den Zarenhof nach Sankt Petersburg leisten, der in seinem Streben nach Prunk und Luxus den europäischen Höfen um nichts nachstehen wollte. Zu den enormen Abgaben und Naturalsteuern kam noch die Bestechlichkeit der Beamten hinzu, sodass eine Erhebung der Unterdrückten unvermeidbar und der „Erfolg" Pugatschjows bereits vorherbestimmt sein musste. Die Erhebungen

---

[1] Raskolnik = Kirchenspalter, Sektierer; Angehöriger einer der zahlreichen russischen Sekten, besonders der so genannten Altgläubigen seit dem 17. Jhdt.;
[2] Der hier für „Fremdartige" verwendete Begriff „inorodzy" bezeichnet jene Menschen, die aus den Randgegenden des Landes – vor allem aus den östlichen – kamen, und einer der nationalen Minderheiten angehörten.
[3] Zitiert nach: Dietz, S. 87.
[4] Zitiert nach: Russkye i njemzy w XVIII weke. Wstretscha kultur. (Russen und Deutsche im XVIII. Jahrhundert. Die Begegnung der Kulturen). Moskau 2000, S. 178.
[5] Žižka, M.W.: Jemel´jan Pugatschjow. Krest´janskaja wojna 1773 – 1775 gg. (Jemeljan Pugatschjow. Der Bauernkrieg der Jahre 1773-1775). Moskau 1941, S. 48.
[6] Beljajew, I. D.: Žemskij stroj na Rusi. (Der Länderaufbau in der Rus.). Sankt Petersburg 2004, S. 359.

wurden durch schonungslose Grausamkeit mit den Attributen dieser grausamen Zeit unterdrückt bzw. niedergeworfen; diese waren: Räderung, Vierteilung, Folterung, öffentliche Bestrafung durch Knute, Peitsche oder Spitzruten, Abschneiden der Ohren und der Zunge, „Herausreißen" der Nasenlöcher und Verbannung nach Sibirien zu Strafarbeiten.[1]

Unter diesen Bedingungen rannte das unterdrückte Volk, welches ständig nur die mit den Worten „Unter der Vollziehung der strengsten Bestrafung durch die Knute" beginnenden Ukasse der Zarin zu hören bekam, in großen Massen zu den Aufständischen über.[2]

Einer der bekanntesten Anführer von Aufstandsbewegungen in der russischen Geschichte war neben Stepan Rasin Emeljan Pugatschjow. Da uns die deutschsprachige Literatur über die Wolgadeutschen zu seiner Person und seinem Werdegang kaum etwas berichtet, möchte ich diese Gelegenheit nutzen, den Leser auch mit der Vorgeschichte des Aufstandes in groben Zügen vertraut zu machen. Über seine Kindheit ist nur sehr wenig bekannt. In dem Verhör vom 4. November 1774 hat er angegeben, dass sein Vater, Iwan Michajlowitsch, ein Kosak der Szimowejskaja Staniza war, und sein Großvater, den man Pugatsch gerufen hat, ebenfalls ein solcher gewesen sein soll. Nachdem sein Vater gestorben war, musste er im Alter von 14 Jahren allein „seine Kosakenparzelle Land" bearbeiten. Als junger Mann verbrachte er drei Jahre auf den Schlachtfeldern, soll dabei jedoch nie verwundet worden sein. Nachdem sein Regiment aus dem Siebenjährigen Krieg zurückgekehrt war, lebte er auf seinem Grundstück eineinhalb Jahre, bis er „zur Verjagung von ehemaligen dort entlaufenen Raskolniki" nach Polen geschickt wurde. Nach diesem Einsatz und einer vierjährigen Pause musste er zwei Jahre lang im Krieg gegen die Türken dienen. Nach seiner Rückkehr besuchte er seine Schwester, die vor dem Beginn des Krieges mit den Türken umgesiedelt worden war. Sie erzählte ihm, dass sie sehr schlecht leben und dass man hier mit Kosaken nicht mehr so umgeht wie am Don, deshalb wollten sie flüchten. Da Pugatschjow der Anstiftung zur Flucht beschuldigt wurde, sollte er arretiert werden. Deshalb flüchtete er in die Steppe, wo er in verschiedenen Kosakensiedlungen Unterschlupf fand.[3]

Diese Art zu leben war hart, später erzählte er einem Kosaken: *„Wo, ja wo ich nicht schon war, und welchen Durst ich nicht schon erlitten habe! Mir war kalt und ich war hungrig, in Gefängnissen habe ich soviel gesessen – das ist nur einem Gott bekannt."* [4]

---

[1] [Dietz, S. 87 f.] Das letztgenannte Recht wurde den Grundbesitzern 1765 verliehen. [Žižka, S. 48.]
[2] Dietz, S. 88.
[3] Žižka, S. 5-10.
[4] Zitiert nach: Žižka, S. 11.

Im Jahr 1772 erschien er bei den Jaizker Kosaken, welche am Fluss Jaik (Ural) beheimatet waren. Diese Kosaken haben zwischen 1628 und 1717 in über 20 Waffengängen für die Zaren teilgenommen, weshalb ihnen im Laufe der Zeit auch viele Sonderrechte verliehen wurden. Mit der Stärkung der zentralen Macht setzte aber im 18. Jhdt. ein langer Kampf um den Erhalt ihrer verliehenen Rechte ein, auf welchen hier aber nicht eingegangen werden kann. Pugatschjow, der während seiner Wanderjahre die Leiden des Volkes kennengelernt hatte und einen stark ausgeprägten Sinn für Gerechtigkeit besaß, wollte sie deshalb an den Kuban, wo die „Nekrasowzy" lebten, führen.[1]

Jedoch kam es nicht dazu, sondern zu einem Aufstand. Pugatschjow wurde gefasst, konnte aber flüchten. Er kehrte wieder in die Steppe zurück, wo er sich diesmal als Pjotr Fjodorowitsch ausgab, um so die Sympathie der Bevölkerung zu gewinnen. Sicherlich wusste er, dass bei den Jaizker Kosaken das Gerücht, dass Zar Peter III. noch lebe und sich wo versteckt hielte, nie ganz verklungen war. Er sprach zu den Menschen: *„Früher sind eure Großväter nach Moskau und Petersburg gefahren um die Monarchen zu sehen, und heute ist der Monarch selbst zu euch gekommen. Ich hörte, dass viele von euch in die Verbannung geschickt wurden und zu Soldaten gemacht wurden, und danach wird auch das mit euch allen geschehen."* [2]

Einer seiner ausgestellten Ukasse war folgender:

„Durch diesen persönlichen Ukas gewähren Wir in Unserer monarchischen und väterlichen Barmherzigkeit allen bisher in bäuerlicher Leibeigenschaft befindlichen Personen die Gnade, fortan treu ergebene Sklaven Unserer Krone zu sein, und Wir belohnen sie mit dem alten Kreuz und Gebet, mit Köpfen und Bärten, mit Unabhängigkeit und Freiheit als Kosaken für alle Zeit, ohne von ihnen die Stellung von Rekruten, die Entrichtung von Kopfsteuern oder sonstigen Geldopfern zu fordern, und wir übergeben ihnen zu Eigentum Länder, Wälder, Wiesen, Fischereirechte und Salzseen ohne Kauf und Leibzins. [...] Und nach Ausrottung dieser Feinde, dieser verbrecherischen Adeligen, wird jedermann die Stille und ein ruhiges Leben genießen, das dauern wird, solange die Welt steht.
Gegeben am 31. Juli 1774 Pjotr" [3]

„Von nun an verknüpft Pugatschjow sein Schicksal mit dem Schicksal der schuftenden Masse. Ab diesem Zeitpunkt eröffnet sich die neue und hervorragendste Seite in der Geschichte seines Lebens." schrieb Žižka ganz im Stil eines sowjetischen Historikers.[4]

Am Vorabend des Aufstandes trat er vor die Kosaken und sagte ihnen, dass er deshalb aufstehe, da er die Unterdrückung des Volkes weiterhin nicht mehr aushalten könne. *„In ganz*

---
[1] Hier lebte der Ataman Ignat Nekrasow, nachdem er 1708 mit einem Teil der Donkosaken vor der Unterdrückung eines Aufstandes geflüchtet war. [Žižka, S. 20-22.]
[2] Zitiert nach: Žižka, S. 36.
[3] Zitiert nach: Jessen, S. 246 f.
[4] Žižka, S. 32.

Russland erleidet der arme Pöbel riesige Kränkungen und Zerstörungen, für welchen ich eben – sagte er – nun auch erscheinen möchte." [1] Die oft auch als „Bauernkrieg" bezeichnete Aufstandsbewegung der Jahre 1773-75 hat begonnen. Im Folgenden wird uns der Weg, den Pugatschjow mit seinen Räuberbanden zurückgelegt hat, nur soweit interessieren, als er auch durch die deutschen Kolonien führte.

Mit seinen ersten Wellen stießen die Kolonisten im Sommer des folgenden Jahres zusammen. Damals fielen immer wieder einzelne Abteilungen der Rebellen in die Kolonien des rechten Wolgaufers ein. Die Bergseite soll unter ihnen – wie auch schon früher durch das Bandenwesen – besonders stark gelitten haben, da dort die große Landstraße nach Astrachan verlief und sie, vor allem aufgrund der vielen Schluchten, den Räubern für ihr Treiben wie geschaffen schien. Hier wiederum haben vermutlich die Siedlungen am Karamysch, insbesondere der Ort Balzer, die größten Schäden davongetragen.[2] Vor allem der Diebstahl von Pferden war damals in den Kolonien ein großes Problem, in der Regel waren dafür die Kalmücken verantwortlich.[3]

Selbstverständlich haben sich die Siedler sofort nach dem Ausbruch der Unruhen und sogar mehrmalig mit der Bitte um militärische Hilfe nach Petersburg gewandt, jedoch – es verwundert kaum – vergebens. Die wenigen und kleinen aus Kosaken und Füsilieren gebildeten Einheiten des Kontors, welche auch nur in einigen Siedlungen stationiert wurden, konnten selbstverständlich keinen ausreichenden Schutz bieten. Nachdem die Armee Pugatschjows bei Kasan eine empfindliche Niederlage erlitten hatte (ungefähr 7000 Aufständische von der 20.000 Mann großen Armee fielen), musste er von seinem Plan nach Moskau zu ziehen Abstand nehmen und den Rückzug entlang dem rechten Wolgaufer antreten. Nun musste das Treuhandkontor erste vorbereitende Maßnahmen für die Verteidigung von Saratov in die Wege leiten, da die Leitung der Stadt in dieser Angelegenheit keinerlei Anstrengungen unternahm: Alle Füsiliereinheiten wurden in Saratov zusammengezogen und die vier Kanonen des Kontors in Gefechtsbereitschaft gebracht.[4]

Am Abend des 5. Augusts war es dann so weit: Pugatschjow erschien mit den Hauptkräften seiner Armee vor den Toren Saratovs, wo er drei Kilometer von der Stadt entfernt in der Erdhütte eines deutschen Kolonisten sein Hauptquartier einrichten ließ. Bereits am selben Tag hatte man sich in Saratov an die Evakuierung der Stadt gemacht. Mit großer Hast wurden nun

---
[1] Zitiert nach: Žižka, S. 32.
[2] Pauli, S. 168.
[3] Züge, S. 97.
[4] Schippan, S. 78 und: Plewe, S. 154.

Keller, eiligst ausgehobene Gruben oder auch Brunnen mit allen möglichen Halbseligkeiten und Gegenständen angefüllt und mit Erde verschüttet. Das Vieh trieb man in eine Schlucht, einen Hain oder band es im Schilf und Rohr der Flüsse an.

Die Wertgegenstände des Kontors wollte man auf dem Wasserweg in Sicherheit bringen. Auch hierbei konnte man sich nur auf die eigenen Kräfte verlassen, da der militärische Kommandant der Stadt die Bitte, ein Schiff und Lohnfuhrmänner zur Verfügung zu stellen, unbeantwortet ließ. In dieser schwierigen Situation übernahm ein gewisser Rittmeister Ogarjow das Kommando über die Evakuierung: Es wurden zwei Schiffe mit Wertgegenständen und Dokumenten beladen (auf dem ersten befanden sich ungefähr 15.000 Rubel in Silber und Gold) und in Richtung Zarizyn abgeschickt. Diese Aktion war jedoch leider ergebnislos, da das erste Schiff ca. 70 km flussabwärts von Bauern eines Dorfes abgefangen und ausgeraubt wurde. Die Wachen wurden getötet und alle Dokumente mit dem Schiff versenkt. Dem zweiten Schiff und seiner Equipage blühte wenig später das gleiche Schicksal.

Bereits am 6. August zog Pugatschjows Soldateska ohne irgendwelchen größeren Widerstand in die Stadt ein. Die Vorbereitungsmaßnahmen zur Verteidigung der Stadt waren deshalb nicht von Erfolg gekrönt, da ihnen ein Streit um die Rangordnung zwischen den beiden Verteidigern Saratovs (Major Boschnjik und dem Brigadier Ladyžensky) vorausgegangen war. Die Soldaten haben hier das Verwaltungsgebäude des Kontors niedergebrannt, die Getreidespeicher ausgeräumt und die deutsche Sloboda verwüstet. Dadurch lässt sich im Übrigen auch der Umstand erklären, dass nur relativ wenig Informationen über die Lage der Kolonien im ersten Jahrzehnt erhalten geblieben sind. Vom Personal des Kontors kamen fünf Menschen ums Leben.[1]

Am darauf folgenden Tag fasste Pugatschjow trotz der bereits näher kommenden Regierungstruppen eine auf den ersten Blick unvernünftige Entscheidung: Er schickte eine seiner Abteilungen an das linke Wolgaufer, in Richtung Katharinenstadt. Diese Entscheidung wurde von vielen Historikern, hauptsächlich von solchen der sowjetischen Periode, schlicht und einfach durch den Umstand erklärt, dass er noch Ausländer für seine Armee anwerben wollte. Jedoch dürfte der Grund hierfür wo anders gelegen sein: Durch seine Erkundungstruppen musste er darüber informiert gewesen sein, dass ca. 700 „Kleinrussen" (Ukrainer) und auch einige Kolonisten, die in dem Dorf Pokrowskaja beheimatet waren, mit Freude seine Ankunft erwarteten und sich ihm auch anzuschließen gewillt waren. Um eine solche Menge neuer

---

[1] Plewe, S. 155. Dietz, S. 93 f.

Kampfgefährten auch rechtzeitig mit Pferden und Proviant versorgen zu können, musste eben erst dafür vorgesorgt werden.[1]

Am 8. August in Katharinenstadt angekommen, wurde mit Hilfe des örtlichen Kolonisten Anton Blankenstein, welcher für die Durchziehenden ein Manifest in deutscher Sprache verbreitete, versucht, neue Verbündete anzuwerben. Da dieser Versuch hier aber vergeblich war, mussten einige Kolonisten für den Transport des Gestohlenen für eine gewisse Zeit in Anspruch genommen werden.

Im Folgenden durchquerte diese Abteilung alle südlich gelegenen Kolonien des linken Wolgaufers bis zur Kolonie Rownaja, hierbei waren alle Kolonien Plünderungen ausgesetzt. Pugatschjow zog inzwischen mit seiner Hauptarmee entlang dem rechten Wolgaufer in Richtung Zarizyn weiter. Eine einheitliche Beschreibung der genauen Marschroute lässt sich schon deshalb nicht geben, da einzelne Abteilungen immer wieder abseits der Hauptroute gelegene Kolonien durchstreiften.[2]

Den größten Verlust hatte die südlichste und reichste deutsche Kolonie des Wolgagebiets, Sarepta, zu verzeichnen. Die ersten Nachrichten darüber, dass sich Pugatschjow entlang dem rechten Wolgaufer der Stadt nähert, bekamen die Sareptaner bereits am 23. Juli. Und seit dem 8. August wanderten, von Saratov kommend, die ersten Flüchtlingsgruppen über die Stadt in Richtung Astrachan. Es ist kein Wunder, dass die Einwohnerschaft der Stadt jeden Tag von den oft zum Teil völlig entkräfteten Leuten die schauerlichsten Gruselgeschichten zu hören bekamen, die vermutlich oft nichts mit der Realität gemein hatten. So bereitete man sich auch in Sarepta auf die Evakuierung der Stadt vor.

Mit Mühe konnte man für den Transport von 110 Frauen und Kinder zehn Fischerboote ausfindig machen und ankaufen, die restlichen machten sich zu Fuß oder auf eiligst zusammengebauten Ochsenkarren auf den Weg. In der Stadt blieben nur 65 Menschen, die allerhand zu tun hatten: Einerseits mussten sämtliche Möbel, Werkzeuge usw. vergraben werden, und andererseits musste die Kolonie verteidigt werden. Dies aber viel weniger vor der Armee Pugatschjows als vor den Feinden, die bereits vor der „Haustür" lauerten und nur mehr auf den Auszug der gesamten Einwohnerschaft warteten. Zum einen waren dies „freie russische Leute", die in vier Schiffen vor der Stadt ankerten, und zum anderen und in erster Linie einige hundert Kalmücken, die bereits einige Angriffe auf die Stadt unternommen hatten, aber durch

---

[1] Plewe, S. 155 f.
[2] Plewe, S. 157, S. 159.

die Hilfe der in einer nicht weit entfernten Staniza stationierten Kosaken oder mit Kanonenschüssen immer wieder verjagt werden konnten.

Schlussendlich musste man die Stadt aber aufgeben und aus ihr flüchten. Dem am nächsten Morgen in die Stadt einziehenden Pugatschjow bot sich die ehemalige Perle des Wolgagebiets in einem völlig ausgeplünderten und zerstörten Zustand dar, was ihn in solchen Zorn versetzte, dass er befahl, die flüchtenden Kolonisten einzuholen und dafür zu bestrafen. Natürlich konnte er nicht ahnen, dass nicht die Kolonisten selbst ihre Stadt verwüstet hatten, sondern die Kalmücken. Wären die Flüchtlinge in der Nacht nicht vom Weg abgekommen, dann wären sie von den Verfolgern noch beinahe aufgespürt worden. Noch auf dem Weg erreichte sie dann die freudige Nachricht, dass Pugatschjows Armee eine vernichtende Niederlage erlitten hatte. Nachdem die Kolonisten in Astrachan angekommen waren und sich dort ein bisschen „ausgerastet" hatten, machten sie sich wieder auf den Rückweg in ihre Kolonie, in der sie am 14. September ankamen.[1] Aber was mussten die Brüder und Schwestern zu Gesicht bekommen! Ob es sich bei ihr nun um eine Brandstätte gehandelt hat, wie Plewe schreibt, oder ob sie „nur" verwüstet worden war – so Hafa – spielt im Prinzip lediglich eine Nebenrolle. Der Schaden war jedenfalls erheblich! Es gab kaum etwas, was in der sinnlosen Zerstörungswut nicht zerschlagen oder beschädigt worden war. Nur jene Gegenstände, die besonders gut versteckt worden waren, konnte man wieder verwenden. Zum Glück hatten die Plünderer aber einen großen Getreidevorrat nicht gefunden, sodass zumindest die Nahrung für den Winter gesichert war. Auch der größte Teil des Viehs konnte gerettet werden. Jedoch kam es im Winter dennoch zu einem Mangel an Heu, weswegen noch manches Tier zugrunde ging. Nach der Schadensaufnahme stellte sich heraus, dass sich der Gesamtschaden auf 67.545 Rubel belief! ...Welch eindeutiges Zeugnis dafür, wie reich die Kolonie gewesen sein muss. Da man der Regierung aber auch noch ein Darlehen von 49.192 Rubel schuldig war, bat man sie aufgrund dieser Katastrophe um den Erlass der Rückzahlung in der Höhe von 35.000. Jedoch sah sich die Regierung zu diesem Schritt nicht in der Lage und kam den (ehemals?) so geschätzten Sareptanern nur insofern entgegen, als sie die Rückzahlungsfrist dieser Vorschüsse um 19 Jahre bis 1806 verlängerte.[2]

Bei der oben angesprochenen entscheidenden Niederlage handelte es sich um ein Treffen zwischen 8000 Soldaten aus Pugatschjows Heer und Regierungstruppen, die jedoch nur ein Drittel der Kräfte aufbieten konnten, aber viel besser bewaffnet waren. Kurz nach der

---

[1] Plewe, S. 159-161.
[2] Hafa, S. 73-76.

Schlacht wurde Pugatschjow, der mit der Zeit immer mehr zu einer Marionette der Kosaken geworden war, ausgeliefert.[1] Der Bürgerkrieg wurde aber noch einige Zeit fortgesetzt. Wie groß die Erleichterung der Zarin über die Niederschlagung des Aufstandes gewesen sein muss, zeigen folgende an Voltaire gerichtete Zeilen:

„Der Marquis Pugatschjow hat über sechs Wochen meine ununterbrochene Aufmerksamkeit gefordert,..." [2]

Und in einem anderen Brief an ihn schrieb sie:

„Ich glaube, daß nach Tamerlan keiner mit solcher Zerstörungswut die Menschheit bedrängt hat. Unbarmherzig und ohne Umstände ließ er alle Adeligen, Frauen und Kinder, Offiziere und Soldaten, deren er habhaft werden konnte, aufhängen; keine Ortschaft, in die er kam, wurde von ihm verschont;" [3]

Die Ereignisse führten aber auch zu einem Ausbleiben der Getreidelieferungen aus dem Wolgagebiet nach Sankt Petersburg. Deshalb wandte sie sich an den Generalgouverneur von Livland mit der Bitte, Brot zu senden.

Ihrem Schreiben fügte sie hinzu:

„Pugatschjow ist, wie ich annehme, als Gefangener schon unterwegs nach Moskau. Er belastet sich selbst in jeder Hinsicht und erklärte, jeder Strafe würdig zu sein. Er ist tatsächlich ein Donkosak aus Simowejskaja Staniz [=große Kosakensiedlung], und viele Donkosaken kennen ihn, und sie selbst waren nie seine Anhänger; an seinen Umtrieben nahmen Jaikkosaken teil und Baschkiren und Tataren und Wolgaschlepper und Flüchtlinge, deren es an der Wolga viele gibt. Alle übrigen haben sie aus den Dörfern genommen und mit Gewalt und Drohung [zur Teilnahme] getrieben; da und dort gesellten sich auch Bauern zu ihnen, die auf Freiheit und Aufhebung der Steuerpflicht hofften. Ausländer hat es im Lager Pugatschjows nie gegeben." [4]

Dietz behauptete, dass es dort, wo sich Pugatschjow selbst aufhielt, zu keinen Verwüstungen und Plünderungen gekommen wäre.[5] Dem war aber natürlich nicht so. Vielleicht haben sie in seiner Anwesenheit einen kleineren Umfang angenommen, aber stattgefunden haben sie laut Plewe (fast) überall. In der Kolonie Tarlyk wurden z.B. 300 Pferde gestohlen.[6] Und Dietz selbst berichtet über das Schicksal, das nach dem Willen des „Heerführers" der Kolonie Gololobowkwa zuteil hätte werden sollen. Nachdem Pugatschjow erfahren hatte, dass der Dorfvorsteher ein Adeliger sei, schickte er jemanden von seinen Leuten dorthin um ihm

---

[1] Schippan, S. 79.
[2] Zitiert nach: Jessen, S. 256.
[3] Zitiert nach: Jessen, S. 260.
[4] [Zitiert nach: Jessen, S. 259.] Anm.: Es wäre interessant zu wissen, ob die Zarin unter „Ausländer" auch die Kolonisten verstand oder nicht.
[5] Dietz, S. 92.
[6] Plewe, S. 158.

mitzuteilen, dass man ihn hängen werde. Dieser wollte die Kolonie aber nicht verlassen und zog es vor sich zu verstrecken. Am 11. August in der Kolonie angekommen, begab sich Pugatschjow in das Haus des Dorfvorstehers, wo dessen Frau krank im Bett lag. Da sie den Aufenthaltsort ihres Mannes nicht verriet, wickelte er ihr zwei Monate altes Kind aus den Windeln aus und schleuderte es in eine Ecke.

Danach verließ er die Kolonie und befahl sie niederzubrennen. Die Zurückgebliebenen ließen sich jedoch von der Einwohnerschaft erkaufen, und auf diese Weise wurde auch diese dem Tod geweihte Kolonie gerettet.[1]

Erwähnenswert ist aber, dass nach der Niederwerfung des Aufstands eine vom Kontor eingesetzte Kommission im Zuge einer Besichtigung der Kolonien zu dem Ergebnis kam, dass dort, wo die Forderungen der Aufständischen erfüllt worden waren (in erster Linie die Zurverfügungstellung von Fuhrwerken und von Begleitpersonal), keine Plünderungen und Verwüstungen stattgefunden haben.[2]

Interessant sind auch die Erinnerungen des damals 14/15 Jahre alten Kolonisten Dewald Schneider aus der Kolonie Potschinnaja. Vor der Ankunft Pugatschjows verließen alle Einwohner die Kolonie, nur Alte und Kinder (!) blieben zurück. Dewald, der sich mit einigen Alten am Dachboden des Schulgebäudes versteckt hatte, beobachtete von dort ein schauriges Exempel. Sehr schnell baute man einen Galgen auf und führte vier Pferde heran, auf welchen jeweils ein Mann mit zusammengebundenen Händen saß. Über den Querbalken wurden zwei Seile geworfen und deren Schlingen den Männern um den Hals gelegt, danach die Pferde unter ihnen weggetrieben.[3]

Ein weiteres gutes Beispiel für Pugatschjows Unbarmherzigkeit ist uns aus der Kolonie Nischnaja Dobrinka überliefert: Zu dieser Zeit hielt sich in ihr gerade ein Petersburger Astronom mit dem Namen Lowitz verborgen, dessen Aufgabe es gewesen war, für einige Plätze (bzw. Punkte) des Saratover Guberniums die Längen- und Breitengrade festzustellen. Als Pugatschjow beim Durchmarsch durch sie von der Anwesenheit des kaiserlichen Beamten erfuhr, befahl er, ihn auf einen Pfahl zu setzen, *„so dass er besser und bequemer den Himmel beobachten könne."*[4]

---

[1] Dietz, S. 97.
[2] Plewe, S. 158.
[3] Dietz, S. 97 f.
[4] Dietz, S. 98.

Aber alle Schreckenstaten der Aufständischen erblassen vor den schonungslosen Straf- und Vergeltungsmaßnahmen der Regierung, was folgende Stelle eines Briefes zeigt, den der Saratover Geistliche Markjelow an den Bischof von Astrachan geschrieben hat:

„Am 24. Oktober dieses 1774er Jahres wurde allen im Kerker arretierten Menschen verschiedenen Standes wegen der meuchlerischen [verbrecherischen] Pugatschjow-Sache auf dem russischen Basar [zu Saratov] die Exekution [1] durch Knute und Peitschen zuteil, und vielen die Ohren abgeschnitten. Und sie dauerte sogar von der Früh bis zum selben Abend. [...] Und auf dem Falkenberg wurden viele aufgehängt und gerädert. Und zur Besichtigung [Beschau] wurden die hiesigen Bewohner zu Hunderten und Tausenden abkommandiert; weshalb alle, zudem sie eine solche Bestrafung noch nicht gesehen haben, in große Furchtsamkeit und Angst und Mitleid gerieten...“ [2]

Und Graf Panin befahl im Namen der Zarin, dass sowohl die Mörder als auch die Verräter und Anstifter nach vorausgegangener christlicher Vorbereitung hinzurichten seien, wobei man ihnen zuerst die Hände und Füße, danach den Kopf abschlagen soll, und deren Leichname mussten dann an den Straßen auf Räder gelegt werden. Weiters ordnete er an:

„Wenn man die Urheber nicht mehr durch wirkliche Beweise überführen kann, so soll man in solchen Siedlungen, in denen Vorgesetzte, Geistliche und treue Untertanen anderen Standes ermordet wurden, die Einwohner zur Auslieferung des Täters zwingen, indem man das Los ziehen läßt und jeden Dritten zu hängen droht; und wenn sie dann nicht ausliefern, so soll man jeden Hundertsten nach dem Los auch wirklich hängen und alle anderen Erwachsenen grausam auspeitschen.“ [3]

Eine genaue Zahl der im Zuge des Aufstandes umgekommenen Kolonisten oder Umgekommenen überhaupt zu nennen ist praktisch unmöglich, da die vorhandenen Zahlen sehr widersprüchlich sind.[4] Führt man sich die (russischsprachigen) Arbeiten vom Ende des 19. und Anfang des 20. Jahrhunderts zu Gemüte, so gewinnt man den Eindruck, dass Pugatschjows Horden unter den Kolonisten Massenmorde begangen haben mussten. Igor Plewe und seinen Koautoren zufolge bestätigen die Archivmaterialien diesen Sachverhalt jedoch nicht im Geringsten: Nach ihren Berechungen seien durch die Hände der Aufständischen lediglich ca. zehn Kolonisten ums Leben gekommen. Jedoch muss eigens unterstrichen werden, dass die Verluste an Menschenleben des Kontors in Saratov erheblich waren: Während der militärischen Scharmützel mussten 8 Angestellte des Kontors, 9 Offiziere (unter welchen sich auch der Kollegienassessor Boris Pajkul befand, jener Mensch, welcher von Sankt Petersburg aus die ersten Kolonistentracks an die Wolga begleitete) und 28 Unteroffiziere und Füsiliere ihr Leben lassen.[5]

---

[1] hier: Vollziehung einer Strafe (veraltet)
[2] Zitiert nach: Dietz, S. 89.
[3] Zitiert nach: Jessen, S. 258.
[4] Plewe, S. 157.
[5] Plewe, S. 163 f.

Jakob Dietz ging sogar so weit zu behaupten, dass die deutschen Kolonien an der Wolga durch Pugatschjow lediglich materiell litten. Falls im Zuge des Durchmarsches der Aufständischen durch die Kolonien jedoch deutsche Kolonisten ums Leben gekommen seien, dann seien die Morde von Pugatschjows Soldateska ohne sein Wissen oder einfach von anderen Räubern, deren Zahl zu dieser Zeit stark zunahm, begangen worden. Ob das wirklich so war oder nicht, lässt sich natürlich kaum mehr feststellen. Jedenfalls kann man aber festhalten, dass Pugatschjow das Leben jener Ausländer, die nicht in russischen Diensten gestanden sind, geschont hat, und diese Tatsache steht auch mit seinem Programm, welches durch die Schlagwörter „Freiheit" und „Ungebundenheit" geprägt war, in vollem Einklang.[1]

Ob er jedoch, wie einige Geschichtsschreiber meinten, den „Ausländern" kein Leid antun wollte, um nicht ausländische Regierungen gegen sich aufzuwiegeln, möchte ich doch in Frage stellen. Es wurden ja nichtsdestotrotz fast ausnahmslos alle Kolonien verwüstet, und in der Regel blieben keine Lebensmittel- oder Viehfutterspeicher von den Plünderungen verschont.

Denn nach der Niederwerfung des Aufstands kam eine vom Kontor eingesetzte Kommission im Zuge einer Besichtigung der Kolonien zu dem Ergebnis, dass dort, wo die Forderungen der Aufständischen erfüllt worden waren (in erster Linie die Zurverfügungstellung von Fuhrwerken und von Begleitpersonal), keine Plünderungen stattgefunden haben.[2]

Besonders interessant scheint mir die Frage über die Beteiligung der Kolonisten an der Aufstandsbewegung zu sein, nicht zuletzt deshalb, da besonders in diesem Punkt die Meinungen der Autoren sehr weit auseinander gehen. A. S. Puschkin war in seiner „Geschichte des Pugatschjowschen Aufstandes" davon überzeugt, dass die „Ausländer, die am Lauf der Wolga angesiedelt wurden, sich ihm alle anschlossen, und Pugatschow aus ihnen ein Husarenregiment bildete". Leider ist es nicht bekannt, auf Grundlage welcher Dokumente oder Quellen der geschätzte große russische Poet zu seinen Schlussfolgerungen kam, jedoch müssen sie aus heutiger Sicht als reine Unwahrheit bezeichnet werden.

Die überwiegende Mehrzahl der Autoren kam genau zu dem entgegengesetzten Ergebnis: So berichtete der wolgadeutsche Pastor Beratz z.B. von 102 Kolonisten, von denen sich aber nicht alle freiwillig den Aufständischen angeschlossen hätten.

---

[1] Dietz, S. 89 f.
[2] Plewe, S. 158.

Wie dem auch sei, ein gewisser Teil der am Aufstand beteiligten Kolonisten wird sicherlich freiwillig bzw. aus eigener Antriebskraft daran teilgenommen haben, gab es doch wegen der großen Armut auch hier sehr viele Unzufriedene.

Wie der Kolonist Johann Michael Parnickel, der bei dem jungen Offizier (und späteren berühmten Dichter) Deržawin als Beobachter eingesetzt war, berichtete, wurde den Kolonisten der Siedlung Pokrowskaja Sloboda (heute Engels) für den freiwilligen Anschluss ein monatlicher Lohn von 12 Rubel versprochen.[1]

Sogar die sowjetische „Geschichtsschreibung" kam der vermeintlichen Realität viel näher als Puschkin. Viele Arbeiten zu diesem Thema zeichnen sich dadurch aus, dass sie entgegen den historischen Fakten in ihrem Bestreben eine einheitliche Klassengemeinschaft der Aufständischen und Kolonisten aufzuzeigen, danach streben, die gemeinsamen Interessen der sich erhobenen Kosaken, Bauern und Kolonisten zu betonen, wobei die aktive Rolle der ausländischen Kolonisten an der Aufstandsbewegung unterstrichen wird.[2]

So übernahmen D. Schmidt, M. Babinzew und W. Mawrodin (der größte Fachmann auf dem Gebiet der russischen Bauernkriege überhaupt) vermutlich gerne ohne größere Bedenken jene aus den Akten des Kontors stammende und ebenfalls bereits von ihrem Kollegen Jakob Grot im Zusammenhang mit aufständischen Kolonisten angeführte Stelle, derzufolge bei der Zerschlagung der Bande(n) 432 Kolonisten männlichen und weiblichen Geschlechts ergriffen wurden, welche dann umgehend in die Saratover Kolonien zurückgeschickt worden seien. Das würde bedeuten, dass unter den Rebellen auch viele Frauen gewesen wären, was natürlich nur sehr schwer vorstellbar ist. Verblüffenderweise gibt Grot indirekt selbst die Lösung dieses Sachverhalts: Die ständigen Überfälle der Kirgisen führten dazu, dass viele Kolonisten danach strebten, in den Kaukasus zu ziehen. Folglich können wir an dieser Stelle festhalten, dass ein Teil der Kolonisten den Durchmarsch der Räuberhorden zur „Flucht" von der Wolga „nützte".

Nach (den offiziellen) Angaben der Vormundschaftskanzlei schlossen sich „der meuchlerischen Menge" 14 Kolonisten aus Saratov und 593 Menschen aus 41 Kolonien der Berg- und 33 der Wiesenseite an. Jedoch konnten von diesen nicht alle am Aufstand „aktiv" teilgenommen haben, da nach ihrer Gefangennahme 466 (!) ohne irgendwelchen Strafen unterzogen worden zu sein an ihre bisherigen Wohnorte zurückkehren durften.

---

[1] Schippan, S. 78.
[2] Plewe, S. 153.

Von den 141 verbliebenen Kolonisten wurden einem gewissen Major Semanž zufolge nur 40 für schuldig befunden und zu verschiedenen Strafen verurteilt – die restlichen starben „auf dem Weg" oder fanden sich in der Rubrik „spurlos verschwunden" wieder. Dies bedeutet vermutlich, dass die überwiegende Mehrheit der aktiv am Aufstand teilgenommenen Kolonisten in Verliesen starb, jedoch gab es auch Fälle, in denen man nach Klärung aller Umstände Gnade vor Recht ergehen ließ und von einer Bestrafung absah.

Bringt man diese Ziffern mit den damals im Wolgagebiet lebenden 25.000 deutschen Kolonisten in Verbindung, so kann man nur zu jener Aussage kommen, dass der Anteil der sich am Aufstand beteiligt habenden ausländischen Kolonisten äußerst gering war.[1]

---

[1] Plewe, S. 161 f.

Die Kirgisen in den Kolonien

Die meisten Kolonien konnten noch kaum auf eigenen Füßen stehen, da brach schon das nächste Unheil über sie herein. Dieses Mal waren es die völlig unerwartet aus den Orenburger und Uralsteppen auftauchenden Kirgisen. Diese sahen sich durch die Ansiedlung der Kolonisten auf großen Flächen ihrer ehemaligen Weidegebiete in ihrer Existenz stark gefährdet und versuchten nun die Gunst der Stunde zu nutzen, um sich an den Kolonisten zu bereichern oder ihnen Schaden zuzufügen. Da man von den regulären Truppen keine Hilfe erwarten konnte, wurden in den Kolonien Beauregards Feuerwaffen ausgeteilt. Die genaue Anzahl der von ihnen verübten Überfälle feststellen zu

können scheint unmöglich zu sein, jedoch gilt als sicher, dass die drei größten Beutezüge in den Jahren 1774, 1775 und 1776 stattgefunden haben.

Als mit der Annäherung Pugatschjows auf Saratov sämtliche militärischen Kräfte aus den Kolonien nach Saratov abkommandiert worden sind, haben diesen Umstand die Nomaden für sich genutzt. Zwischen dem 27. und 31. August 1774 haben sie Überfälle auf neun Kolonien, welche an den Flüssen Großer und Kleiner Karaman lagen, verübt. Den Angaben des Kontors zufolge wurden während dieser Überfälle von den Kirgisen 16 Männer, eine Frau und zwei Kinder getötet. Außerdem galten 32 Männer, 34 Frauen und 78 Kinder als spurlos verschwunden.[1]

Bei einem dieser Verschleppten handelte es sich um den französischen Pater Johann de Ducla, der vor seiner Bestellung ins Wolgagebiet als Mönch in Polen gelebt haben soll. Er wurde gemeinsam mit zwei zwölfjährigen Jungen an einen Herrn verkauft, bei dem er die Schafe hirten musste. Aber schon nach einigen Tagen wurden die Jungen an einen anderen Herrn verkauft, und so hatte er auch niemanden mehr, der mit ihm sein trauriges Schicksal und seine Einsamkeit geteilt hätte. Dass er sich an Kumys und Pferdefleisch gewöhnen musste, war noch das Wenigste. Viel schwerer wog das Unvermögen die kirgisische Sprache zu verstehen und die dadurch bedingte Begriffsstutzigkeit, welche ihm viele Schläge eingebracht hat. Eines Tages hörte er während des Hirtens eine Stimme, die in lateinischer Sprache den 102ten Psalm des Buches David sang. Als er sich ihr näherte, traf er auf einen anderen Gefangenen, welcher ein Jahr nach ihm verschleppt worden war. Die beiden Männer haben sich öfters getroffen und sich gegenseitig ihren Kummer und ihre Hoffnungen anvertraut. Jedoch sollte

---

[1] Dietz, S. 103 und: Plewe, S. 166.

es das Schicksal mit Johann nach dreijähriger Knechtschaft gut meinen und ihm Befreier in Form von Orenburger Kaufleuten schicken. Diese waren gekommen, um den Kirgisen eine große Partie von Schafen abzukaufen. Als sie den unglücklichen Gefangenen erblickten, entschieden sie diesem die Freiheit zu schenken und lösten ihn seinem Herrn um 150 Rubel ab. Der überglückliche Pater reiste dann mit den Kaufleuten eine Weile mit, ehe er unter dem Versprechen ewig für seine Befreier zu beten in sein ehemaliges Kirchenspiel zurückkehrte. Dort hielt er noch einmal einen letzten Gottesdienst, denn ein Nachfolger war schon bestellt. In der Predigt berichtete er tausenden Leuten über seine Gefangenschaft, wonach er für immer nach Polen zurückkehrte, wo er in einem Kloster starb.[1]

Im Oktober kam es dann nochmals zu Überfällen auf die Kolonien, dieses Mal auf die südlichsten. Am 25. Oktober fielen 150 Kirgisen in drei Kolonien ein, trieben das ganze Vieh weg, töteten zwei Menschen und führten 273 Kolonisten in die Gefangenschaft. Als Ergebnis dieser beiden Überfälle mussten 438 Kolonisten als getötet, verschleppt bzw. spurlos verschwunden gerechnet werden. Auch am folgenden Tag hätten die Kolonien von den Räubern heimgesucht werden sollen, 300 Kirgisen haben sich bereits am Ufer des Jeruslans versammelt. Aber die *„zur Vernichtung der Kirgisen und Befreiung der Gefangenen"* abkommandierten 120 Kosaken konnten dies verhindern. Die Nomaden konnten übrigens entkommen.

Auch im nächsten Jahr wurden die Kolonisten von den Kirgisen heimgesucht, und dieses Mal traf es fünf südlich gelegene Kolonien des Kreises Tarlyzk, wobei es am schlimmsten vermutlich die Ortschaft Rownaja getroffen haben wird. Als die Angreifer in die Stadt einfielen, versuchten die meisten der Bewohner noch ihr Heil in der Flucht zu suchen, nur die Minderheit entschied sich, sich zu verteidigen. Besonders mutig hat sich unter den Verteidigern ein gewisser Johann Klotz hervorgetan. Er hat nicht nur mit lauter Stimme zur Verteidigung aufgerufen, sondern mit seiner doppelläufigen Flinte auch viele Kirgisen erschossen. Als er einen Kirgisen, der eine Frau wegschleppen wollte, mit einem Kopfschuss tötete, wurde er fast durch ein heranfliegendes Lasso gefangen. Durch ein geschicktes Ausweichmanöver entkam er zwar der Schlinge, hierbei wurde ihm jedoch durch das Seil ein Stück des Ohres weggerissen. Selbstverständlich setzte er seinen Widerstand fort und schellte noch andere Männer für ihre Feigheit, indem er behauptete, dass zwanzig entschlossene Männer die ganze „Horde" verjagen hätten können. Als er sich bereits mit einigen anderen, vor allem Frauen und Kindern, auf der Flucht befand, musste er nochmals zur Waffe greifen und konnte noch zwei der Angreifer niederstrecken. Daraufhin stürzten sich zwölf Kirgisen auf ihn,

---

[1] Dietz, S. 103-105.

dennoch gelang es ihm noch einen Lauf zu laden und dessen Ladung auf einen der Angreifer abzufeuern. Johanns Kampfgeist war aber noch nicht erschöpft: Mit dem Gewehrkolben schlug er einem Pferd noch so heftig auf das Knie, dass es zusammenbrach, worauf noch zwei andere Pferde samt Reitern darüberstolperten. Seinen heldenhaften Einsatz musste Klotz aber mit einem schrecklichen Martyrium bezahlen. Am nächsten Tag, noch vor Sonnenaufgang, wurden die Gefangenen, von denen man nur Gesunde mit sich führte, in einem Kreis aufgestellt. Nachdem man in dessen Mitte Klotz gebracht hatte, wurde er von einigen Männern auf den Boden gedrückt. Danach machten sich zwei daran, ihm die Finger abzuschneiden und Knochen zu brechen. Auch wurde ihm ein solcher Schlag mit der „Nagajka" (Riemenpeitsche) versetzt, dass durch das zerfetzte Fleisch die Backenknochen hervorschauten.[1]

Nachdem die Marter beendet worden war, setzte sich der Zug in Bewegung. Zuvor aber wurden die Gefangenen noch an die Pferde gebunden, Säuglinge und Kleinkinder von den Müttern getrennt und mit Lanzen durchbohrt oder den Pferden „unter die Hufe" gelegt. Das Geschrei der Unglücklichen und Trauernden war von den Zurückgelassenen noch lange zu vernehmen. Als man das erste Nachtlager aufschlug, wurde auch ein Pfahl errichtet, um den man Reisigzweige legte. Die Hoffnung der Kolonisten, sich am Nachtfeuer erwärmen zu können, erfüllte sich vorerst noch nicht. An ihn wurde der Bruder von Johann Klotz gebunden und angezündet. Als Johann das bemerkte, gelang es ihm noch vom Pferd, an welches er gebunden war, herunterzuspringen und zum Feuer zu laufen. Daraufhin bekam er von einem Kirgisen mit der „Nagajka" so einen Schlag versetzt, dass auch er im Feuer landete.

Nach 18 Tagen erreichten sie den Fluss Jaik (Ural), welchen sie überqueren mussten. Als die Kolonisten in der Ferne die Lichter der Stadt Jaizk (Uralsk) erblickten, fingen sie um Hilfe zu schreien an. Aber der Wind blies in die andere Richtung und die Peitschenhiebe zeigten alsbald ihre gewünschte Wirkung. Nur ein Mann und eine hysterische Frau stellten ihr verzweifeltes Rufen nicht ein. Mit ihnen wurde kurzer Prozess gemacht: Beide wurden durch ein Loch unter die Eisdecke des Flusses befördert, unter der sie auch ihr kaltes Grab fanden.

Nach fünf Tagen weiteren Marsches kamen sie mit dem Vieh und ihren Gefangenen im Lager der Kirgisen an, wo sie von ihren Stammesgenossen mit Jubel empfangen wurden. Nun machte man sich an die Aufteilung der lebenden Beute. Falls es stimmen sollte, dass wirklich jedem der 600 Kirgisen, die am Streifzug teilgenommen haben sollen, drei Sklaven zugespro-

---

[1] Dietz, S. 105-107.

chen wurden, so müssten 1800 Menschen verschleppt worden sein, wobei die während des Weges Gestorbenen noch hinzuzurechnen wären.[1]

Unter den Verschleppten befand sich auch ein gewisser Andreas Dahlfuß. Bei ihm handelte es sich um jenen Mann, dem der uns schon bekannte Pater Johannes eines Tages beim Hirten der Schafe begegnete. Da auch die Erinnerung an sein berührendes Schicksal im Gedächtnis des Volkes noch lange Zeit bewahrt geblieben ist, möchte ich auch dieses dem Leser in kurzen Zügen umreißen. Andreas, ein gelernter Apotheker, ist im Alter von dreißig Jahren im Jahr 1767 aus der Stadt Znaim nach Russland gekommen, wo er mit seiner Familie in der Kolonie Rownaja seine neue Heimat fand und den Beruf des Schulmeisters ausübte. Während des Kirgiseneinfalls wurde er mit seinen zwei Töchtern, die noch Kinder waren, verschleppt, alsbald aber von ihnen getrennt. Nachdem er als Hirte ausgedient hatte, wurde er an einen anderen Herrn verkauft, der es mit ihm bedeutend besser meinte. Da Dahlfuß inzwischen auch die kirgisische Sprache verstehen und sprechen konnte, gelang es ihm dank seiner Intelligenz, die Zuneigung seines neuen Herrn zu gewinnen. Dieser vertraute ihm beinahe grenzenlos und schickte ihn als seinen Bevollmächtigten in verschiedene Städte, um dort für ihn Geschäfte abzuschließen. So kam er eines Tages nach dem Abschluss eines Geschäftes noch bei einem Sklavenmarkt vorbei, auf welchem er plötzlich die verzweifelten Rufe „Papa, Papa!" vernahm. Als er sich dem Geschrei eiligst zubewegte, erblickte er unter den Unglücklichen seine beiden Töchter. Jedoch wagte er es nicht sie ohne die Erlaubnis seines Herrn freizukaufen, und deshalb jagte er, nachdem er dem bucharischen Sklavenhändler eine große Summe Geld versprochen hatte, zu seinem Herrn nach Samarkand. Dieser befahl ihm aber nicht nur seine Kinder unverzüglich freizukaufen, sondern schellte ihn auch für seine törichte Annahme, hierfür extra um Erlaubnis fragen zu müssen. Auf dem schnellsten Pferd „flog" er wieder zurück, ohne irgendwelche Pausen einzulegen – es war aber schon zu spät. Der Händler hatte sein Versprechen gebrochen und die Kinder einem anderen verkauft. Der völlig verzweifelte Vater suchte daraufhin seine Kinder monatelang an allen möglichen Orten, stieß aber hierbei nicht einmal auf eine Spur von ihnen. Seinem gutmütigen Herrn tat sein getreuer Sklave so Leid, dass er ihm die völlige Freiheit schenkte und ihn in seine Kolonie zurückschickte. Aber auch dort konnte er keinen Schlaf und keine Ruhe mehr finden, und den Worten der Kolonisten nach lief er nur mehr wie eine lebendige Leiche durch das Dorf.[2]

---

[1] Dietz, S. 107-110.
[2] Dietz, S. 110 f.

Es soll aber auch vorgekommen sein, dass so manche/r bei den Kirgisen sein/ihr Glück fand. In der Kolonie Rownaja wurde noch lange folgende Geschichte erzählt: Eines Tages – ungefähr 30 Jahren nach den Raubzügen der Kirgisen – kam ein junger Kirgise in die Kolonie und suchte dort einen Mann auf, den er seinen Bruder nannte, und bat, mit ihm zu ihrer Mutter zu fahren. Der Mann ist mit ihm mitgekommen und hat in der ihm vorgestellten Frau auch wirklich seine Mutter wieder erkannt. Diese jedoch wollte ihre neue Familie gar nicht mehr verlassen, gab ihrem Sohn aber Geschenke, Pferde und anderes Vieh mit auf den Rückweg.[1]

Wie wir wissen, haben auch viele der Gefangenen nach einer gewissen Zeit den fremden Glauben von sich aus angenommen oder annehmen müssen. Nach acht Jahren ging beim Kontor ein Brief ein, in welchem ehemals verschleppte Kolonisten um Verzeihung und die Befreiung aus der Knechtschaft baten, *„aber wird dasselbe Kontor nicht in der Lage sein uns zu helfen, dann bitten wir den zurückgebliebenen armen, unschuldigen Kindern die Hand der Hilfe zu reichen, da wir schon den Mohammedanismus angenommen haben und Jesus Christus völlig vergessen haben [...]"* [2]

Auch im Jahr 1776 kam es wieder zu Überfällen, welche für die Kirgisen aber in einem Fiasko endeten. Diesmal waren acht Kolonien entlang des Flusses „Großer Karaman" betroffen. Zur Abwehr der Feinde wurde unter der Leitung von Pastor Ludwig Baltasar Wernborner in Philippsfeld, welches im Jekatharinstädter Kreis lag, eine Truppe von Bewaffneten aufgestellt. Ursprünglich versammelten sich 150 Männer, als sie aber hörten, dass die Kirgisen schon sehr nahe seien, schrumpfte deren Anzahl fast auf die Hälfte zusammen. Das Aufgebot wurde mit Piken, Säbeln und Gewehren bewaffnet und ritt dann den Kirgisen entgegen, um sie abzufangen oder auch eventuell durch das Wort Gottes zur Vernunft zu bringen.[3] Als sie auf die Feinde stießen, glaubten sie ihren Augen nicht zu trauen: Anstatt der erwarteten 80-100 Kirgisen waren es um die Tausend. Als die Kirgisen die vielen Schusswaffen der Kolonisten erblickten waren sie schon kurz davor die Flucht zu ergreifen, in diesem Moment feuerte einer der Kolonisten aber einen Warnschuss ab, und anstatt des Schusses war nur ein dumpfes „Klopfen" zu vernehmen. Somit wussten die Kirgisen, dass das Pulver der Kolonisten durch die Nässe unbrauchbar geworden war, und sie machten sich an die Gefangennahme der Männer. Nur wenigen ist die Flucht gelungen, der heldenhafte Pater wurde

---

[1] Dietz, S. 113.
[2] Zitiert nach: Dietz, S. 120.
[3] Laut Schippan soll er mit einigen Männern seines Sprengels die Verfolgung aufgenommen haben. [Schippan, S. 39.]

gemeinsam mit anderen Deutschen aus Tonkoschurowka (Mariental), nachdem ihnen die Zungen herausgeschnitten worden waren, zu Tode gemartert. Allen bis auf einen, der sie nach Mariental bringen sollte, wurden die Augen ausgestochen, danach wurden sie mit Piken durchbohrt.[1]

Nachdem die Nomaden Mariental verwüstet hatten, setzten sie sich mit ihrer Beute in Richtung der endlos weiten, wilden Steppen des Urals in Bewegung. Vom Kontor wurden zur Befreiung der Verschleppten bereits zur Verfügung stehende Dragoner und Kosaken mit der Anweisung auf den Weg geschickt, die Räuber zumindest bis zum Fluss Ural zu verfolgen. Am Oberlauf des Flusses Užen stießen sie dann auch auf deren Spuren, kehrten jedoch, warum auch immer, bereits vorzeitig um und ließen die Gefangenen im Stich. Als die Leitung der Kreisstadt Wolsk von dem Ereignis erfuhr, schickte sie ihrerseits eine Abteilung von 25 Husaren und 200 Bauern mit zwei Feldgeschützen auf den Weg. Der Kommandant dieser Abteilung war übrigens Major Gogol, der Vater des berühmten Schriftstellers. Ihnen gelang es auch die Kirgisen einzuholen, und sie nahmen tatsächlich den Kampf, vielmehr mit einer Nachhut von ihnen, auf. Sie kämpften hierbei so heldenhaft, dass die Kirgisen eine große Panik erfasste und die Flucht ergriffen. Eine erste „Bestandsaufnahme" hat ergeben, dass nur ein zwölfjähriger Junge von den Flüchtenden mitgerissen wurde, dafür aber viele Verletzte und auch Tote zu beklagen waren. Es war gelungen, drei Kirgisen, einen älteren und zwei noch sehr junge, gefangen zu nehmen. Aus dem älteren versuchte man nun den Grund für deren Überfälle mit Hilfe eines Übersetzer herauszupressen. Aus diesem war jedoch nicht ein Wort herauszubekommen, und er hielt auch dann noch still, als er an einen Stock gebunden über ein Feuer gehängt wurde. Die anderen zwei wurden jedoch geschont und in den Kerker geworfen, um wenig später gegen russische Bauern, die von den Kirgisen verschleppt worden waren, eingetauscht zu werden.[2] Bevor sich der Major mit seinen Männern wieder zurück nach Wolsk begab, wurden noch Pastor Wernborner und die anderen Männer gesucht. Auf sechs deutschen Fuhren wurden die Leichname der Männer nach Mariental gebracht, wo sie der Erde übergeben wurden.[3]

Alle Streifzüge haben sich auf die Wiesenseite begrenzt und wurden im Spätsommer bzw. Herbst durchgeführt. Nur einmal, am 13. März 1775, haben die Kirgisen auch einige auf der Bergseite gelegene Ansiedlungen attackiert, wurden jedoch hierbei von den dort einquartieren

---

[1] Dietz, S. 113-115 und: Keil, Reinhold: Deutsche Dörfer an der Wolga. Rückblick. IN: Heimatbuch der Deutschen aus Rußland 1982-1984. Hrsg. von der Landsmannschaft der Deutschen aus Russland e.V., Stuttgart 1984; S. 145, Sp. 1.
[2] Die Kirgisen sollen für einen ihrer gefangenen Stammesgenossen drei Deutsche gegeben haben. [Dietz, S. 105.]
[3] Dietz, S. 116-119.

Husaren vernichtet bzw. in die Flucht geschlagen. Zwei Kolonien (Chaisol und Zäsarsfeld) wurden so stark in Mitleidenschaft gezogen, dass sie nicht mehr aufgebaut wurden. Aussagen darüber zu treffen, wie viele Menschen in die Gefangenschaft geführt worden waren, ist ziemlich schwierig, da die Hinweise der Zeitgenossen stark auseinandergehen und das Archiv des Kontors gemeinsam mit diesem zumindest 1774 und 1800 in Flammen aufgegangen ist.[1] Nach Dietz sollen es bis zu 2500 Menschen gewesen sein! Die Überfälle haben deshalb aufgehört, da die Regierung von nun an Einheiten der regulären Truppen in den Kolonien stationierte. Außerdem wurden nun auch Gräben ausgehoben, Wälle aufgeschüttet und einige größere Kolonien mit kleinen Bastionen versehen. Nur mehr einmal, im August des Jahres 1785, kamen die Kirgisen in die Kolonien zurück und verwüsteten zwei derselben. Im Zuge eines Gefechts wurden von den Regierungstruppen 70 Kirgisen getötet und die 130 gefangen genommenen Kolonisten befreit.

Wenn es nach den Vorstellungen der Regierung gegangen wäre, dann hätten die Truppenteile von den Kolonisten selbst unterhalten werden sollen. Jedoch konnten diese sich nicht einmal selbst ernähren, worüber sie dem Kontor regelmäßig berichtet haben. Deshalb sah sich das Kontor gezwungen, in Sankt Petersburg um 50.000 Rubel für den Unterhalt der Truppen und die allernotwendigste Unterstützung für die ausländischen Siedler anzusuchen. Bekommen hat er jedoch nur 30.000, und diese mit einer großen Verspätung.[2]

Gleichzeitig wurden diplomatische Schritte zum Loskauf der Kolonisten gesetzt. Die Regierung wandte sich an den Khan der Kirgisen und Kajsaken (Kasachen), dieser aber erklärte, dass die Überfälle ohne sein Wissen stattgefunden hätten und er deshalb dafür nicht verantwortlich sei. Im Jahr 1777 wurde dann ein Ukas erlassen, demzufolge sämtliche in der Knechtschaft sich befindenden russischen Untertanen um 150 Rubel freigekauft werden sollten. Im Ukas heißt es: *„Über diese Stiftung ist dem Publikum keine Auskunft zu geben, und alles der besonderen Obhut des Gubernators und Kommandanten über die sibirische Linie der Generalität anzuvertrauen."* [3]

Ursprünglich ging man davon aus, dass das Geld hierfür aus dem Verkauf des konfiszierten Viehs, welches man in jenen Ulusen, in welchen sich die Teilnehmer der Überfälle fanden.[4]

---

[1] Kufeld, S. 118.
[2] Dietz, S. 119, S. 121 und: Plewe, S. 169, S. 171.
[3] Zitiert nach: Dietz, S. 120.
[4] Das Wort „Ulus" (mongol.) bezeichnet hier der einen Sippenverband und sein Territorium, welcher dem Khan oder einem Fürsten untertänig ist.

Aus verschiedenen Gründen ist das aber nicht gelungen. Daher hat Katharina ihrem neuen Liebhaber Fürst Potjomkin mitgeteilt: *„Meinethalben ist zu instruieren, dass für den Freikauf der Gefangenen bis zu 20.000 Rubel aus Salz- und anderen Einkünften zu verwenden sind und der Freikauf direkt vom General-Anschef Fürst Potjomkin durchzuführen ist."* [1]

Darüber, wie viele überhaupt freigekauft oder gegen den Austausch von Gefangenen wieder in die Kolonien zurückkehren konnten, scheint nichts bekannt zu sein.

Die meisten waren mit ihrem Leben schon lange nicht mehr zufrieden und wollten nicht mehr länger an diesen traurigen Plätzen bleiben. Die ganze Misere wurde durch die hohe Sterblichkeit und die geringen Geburtenzahlen, aber auch durch die Unkenntnis der russischen Sprache und des örtlichen Klimas und der damit verbundenen Krankheiten hervorgerufen. Der Ruf „Zurück nach Deutschland!" erhob sich immer lauter, vornehmlich in den Kolonien jenseits des Flussufers. In dieser verzweifelten Situation beschloss eine Gruppe von 18 Menschen zurück nach Deutschland zu fliehen. Hierfür wandten sie sich an (angebliche) Fuhrleute aus einem nahen russischen Dorf, die sie bis zur Grenze bringen sollten. Diese aber dachten nicht daran und brachten sie nur auf eine Insel in der Wolga, wo sie sie beraubten und danach töteten. Die Gebeine der Ermordeten wurden dann auch entdeckt, und somit kam die schreckliche Tat an den Tag. Diese Insel trug noch bis 1941 unter der Bevölkerung den Namen „Räuberinsel".

Auf diesen Fluchtversuch folgten – so weit dies bekannt – noch zwei weitere, welche aber auch misslangen. Beim ersten fanden sich zehn Familien zusammen. Alsbald waren sich deren zwei Anführer aber schon nicht mehr sicher, in welcher Richtung nun die Grenze liegen würde. Dies hatte zur Folge, dass sich die Leute als Betrogene sahen, ihre Anführer verhauten und in die Kolonie zurückkehrten. Die dritte Gruppe, die die Flucht gewagt hatte, wurde nach kurzer Zeit von Kosaken eingeholt und in ihre Kolonie zurückgebracht. [2]

Einen militärischen Schutz haben die Kolonisten in den Anfangsjahren freilich keinen besonderen dargestellt, wurden sie doch auch nicht entsprechend ausgebildet. Und wenn nach dem Jahr 1776 die Einfälle von Räuberbanden im Wesentlichen aufgehört haben, so war das in erster Linie der Stationierung von kleineren militärischen Einheiten in den Kolonien zu

---

[1] [Zitiert nach: Dietz, S. 120.] Der Bezeichung „General-Anschef" (franz.: general en chef) wurde in Russland des18. Jhdts. verwendet. Nach dem Heeres-Ustaw aus dem Jahr 1716 war dieser dem Rang nach einem Feldmarschall gleichzusetzen und leitete das „Konzil" der Generäle. In der Praxis kam ihm aber nicht dieselbe Würde zu. 1796/97 wurde der Rang durch einen anderen ersetzt.
[2] Dietz, S. 122.

verdanken. Dennoch aber haben die armen Kolonisten durch ihre Opfer dem russischen Staat einen unschätzbaren Dienst erwiesen.

Im Nachhinein erwiesen sich die Warnungen so mancher deutscher Landesherrn davor, dass die Ruhe in dieser Region mit dem Blut der Kolonisten erkauft werden sollte – abgesehen davon, dass es sich bei den Plünderern und Räubern nie um die Tataren gehandelt hat – doch als richtig. Erwähnt sei nur ein Auszug aus einem Brief des bayrischen Fürsten an die Fürsten von Frankfurt und Schwaben: *„[...]; außerdem, wie es in den Ukassen der Zaren gesagt wurde, schickt man sie an solche Örtlichkeiten nahe Astrachans und an die Wolga, deren Verwüstung und Entvölkerung fast wöchentlich durch die Überfälle der Tataren erfolgt, gegen welche sich die russische Regierung angesichts der Weitläufigkeit des Staates zu erwehren nicht in der Lage ist."* [1]

Wenn auch das alltägliche Leben in den Kolonien schon bald wieder in Gang kam, so hielt sich die Angst vor den Kirgisen freilich noch lange. Sogar noch in den 70er Jahren des 19. Jhdts. soll es, um Kinder von der Straße zu vertreiben oder ihnen aus einem anderen Grund Angst einzujagen, ausgereicht haben zu rufen: *„Hört, es geht..."* oder *„Pass auf, ich werde dich den Kirgisen geben"* – und sofort war für längere Zeit Ruhe.[2]

---

[1] Zitiert nach: Dietz, S. 123.
[2] Plewe, S. 164 und: Dietz, S. 123.

Das Schulsystem und die Geistlichkeit

Wenn wir in diesem Kapitel das Bildungssystem der Wolgadeutschen behandeln werden, so scheint es mir angebracht zu sein, gleichzeitig auch auf die Geistlichkeit einzugehen. Dies deshalb, da in der Regel in allen Dorfschulen ausschließlich Geistliche als Lehrer fungiert haben. Daraus geht schon hervor, dass die Kolonisten – zumal sie ja auch keine Alternativen gekannt haben werden – das Modell der ihnen vertrauten Kirchenschule beibehalten haben. Sie war zwar nicht der einzige Schultypus in der deutschen Staatenwelt, jedoch der mit Abstand am weitesten verbreitete und erschwinglichste. Schon hier möchte ich erwähnen, dass auch Abendschulen für junge Männer, in denen sie sich im Lesen und Schreiben weiter ausbilden bzw. Russisch beibringen lassen konnten, mehr oder weniger verbreitet waren.[1]

Für viele war die Frage nach den zukünftigen Möglichkeiten zur Ausbildung ihrer Kinder schon zum Zeitpunkt der Auswanderung von Bedeutung, wenn auch zweifellos von untergeordneter. Auch diesen Umstand mitberücksichtigend, ließ sich Graf Woronzow in der Zeitung „Heimatsche Dokumente" zu der Versprechung hinreißen, *„alle Anstrengungen zu unternehmen, um für die Auswahl qualifizierter Lehrer zur Unterrichtung der Jugend in allen möglichen nützlichen Wissenschaften Sorge zu tragen."* [2]

Wann die erste Schule in den Kolonien gebaut wurde, wissen wir nicht. Die erste schriftliche diesbezügliche Erwähnung finden sich aber in einem in das Jahr 1769 zu datierenden Bericht des Grafen Orlow, in welchem es heißt, dass im vorigen Jahr zwei Kirchen mit Schulen und Speicher gebaut worden sind. Dies muss aber natürlich keinesfalls bedeuten, dass nicht auch schon in den Jahren zuvor die Kinder unterrichtet worden waren. Hierfür spricht z.B. der Umstand, dass schon während der Reise zum Bestimmungsort von so mancher Gruppe ein Unterricht für die Kinder organisiert worden ist.[3]

In den Dorfschulen wurde außer Religion auch Lesen, Schreiben und ein wenig Rechnen unterrichtet. Im Großen und Ganzen aber war der Unterricht ein reiner „Katechismusunterricht", dessen Hauptzweck in der Unterweisung der Jugend in der Religion bestand.[4] Deshalb ist es

---

[1] Kufeld, S. 224.
[2] Zitiert nach: Plewe, S. 219.
[3] Woltner, S. 15.
[4] Wesnina, S.G.: Tschastnye schkoly w sisteme obražowanija njemzew Powolž´ja.(Privatschulen im Bildungssystem der Wolgadeutschen). IN: Rossijske njemzy. Problemy istorii, jažika i sowremennowo položenija. Meždunarodnaja nautschnaja konferenzija. Anapa, 20-25 sentjabrja 1995 g. (Russlanddeutsche. Probleme der Geschichte, Sprache und gegenwärtigen Lage. Internationale Wissenschaftskonferenz. Anapa 20-25 September 1995.), S. 305.

auch verständlich, dass sich vor allem die Geistlichkeit gegen die Einführung des Russischen in den Unterricht gesträubt hat. Ja, sie war gegen die Einstellung von Lehrern, die russisch sprechen konnten! [1]

Außerdem spürte man die Notwendigkeit nach dem Erlernen der Landessprache kaum, da die deutschen Kolonisten ja von Anfang an isoliert lebten. Erste Versuche bzw. Maßnahmen am Anfang des 19. Jhdts. zur Verbreitung des Russischen brachten folglich auch keinen Durchbruch. Aber auch von Seiten der Behörden war für die Zeit unseres Betrachtungszeitraums nur sehr wenig Interesse an einem gut funktionierenden Schulsystem gegeben – man war schon froh, wenn die Schulden der Kolonisten regelmäßig zurückbezahlt wurden.

Charakteristisch für diese Lage der Dinge ist folgendes Beispiel: Als gerade zu dieser Zeit der Mangel an Schreibern akut wurde, machte ein Revisor den Vorschlag, *„von den Kolonien eines jeden Kreises einen Jüngling aus armen Waisenkindern zu erwählen und solche nach Saratov in die Volksschule zur Erlernung der russischen Sprache abzugeben auf Unterhalt der Gemeinden eines jeden Kreises und, wenn dieselben ausgelernt haben, sie beim Obervorsteher als Schreiber anzustellen, daß sie dabei andere Kolonistenkinder an dem Ort unterrichten sollen, damit mit der Zeit auf jede Kolonie wenigstens doch ein Mensch sei, wenn nicht mehrere, der volkommen die russische Sprache verstehe, welches den Kolonisten in verschiedener Hinsicht sehr merklichen Vorteil bringen wird."* [2]

Da jene Leute, die Waisen aufgenommen hatten, auf deren Mithilfe nicht verzichten wollten, wurde vom Tutelkontor im Jahr darauf (1803) angeordnet, dass ihm irgendwelche Knaben geschickt werden sollten. Tatsächlich fanden sich die ersten Kinder, deren es 17 waren, erst drei Jahre später in der Schule ein. Diese alle wurden zwar zu mehr oder weniger tüchtigen Schreibern für das Kontor oder eine andere Stelle ausgebildet, die Heranbildung von Lehrern als auch die beabsichtigte Weitergabe des Gelernten an andere Jugendliche unterblieb jedoch.[3]

Bedrückend und fast nicht zu glauben ist das Bild, das uns anlässlich eines Schulbesuches im Schuljahr 1767/68 der Direktor des Tutelkontors Schafranow zeichnete: *„Ich fand in demselben 450 Lernende vor, darunter ungefähr 100 Mädchen von 7 bis 15 Jahren; dass nur die*

---

[1] Russkich, E.W.: Zentralnye russkie utschilischtscha w njemezkich koloniach na Wolge. (Russische Zentrallehranstalten in den deutschen Kolonien an der Wolga). IN: Rossijskie njemzy. Problemy istorii, jažika i sowremennowo położenija. Meždunarodnaja nautschnaja konferencija. Anapa, 20-25 sentjabrja 1995 g. (Russlanddeutsche. Probleme der Geschichte, Sprache und gegenwärtigen Lage. Internationale Wissenschaftskonferenz. Anapa 20-25 September 1995.), S. 303.
[2] Zitiert nach: Woltner, S. 67.
[3] Woltner, S. 67-70.

Hälfte der Gesamtzahl, die sogenannte Vormittagsschule; die übrigen 450 Kinder kommen am Nachmittag zum Unterricht. Alle saßen auf sehr schmalen, dünnen und langen Brettern oder Bänken und hielten ihre Bücher in den Händen in der Schwebe, weil keine Tische an den Bänken angebracht waren. Der Lehrer hatte einen Gehilfen, der sich mit den ABC Schülern (gegen 100 Personen) mit halblauter Stimme und mit jedem einzeln beschäftigte, während der Lehrer das laute Lesen der Testamentschüler überhörte; die Antworten in den übrigen Lehrgegenständen wurden beständig in laut schallendem Chor gegeben. Die Kinder saßen sehr dicht zusammengedrängt in Oberkleidern und in vom Schnee durchnäßten Fußzeug; fast bei allen stand der Schweiß auf dem Gesicht. Ungeachtet dessen, dass die Sonne am Morgen schien, konnte man im Saal kaum lesen, dermaßen war er mit Dampf angefüllt. Ich lese, so erklärte der Lehrer-, den Schülern jede Frage 30-50 mal vor und lasse die Schüler dieses nachmachen; dann lasse ich dasselbe alle 50 bis 100 mal nach einander singend hersagen, dann gebe ich 5 bis 10 Schläge auf die Hände demjenigen, der mir diese nicht auswendig hersagen kann.." [1]

Gehauen wurde mit einer unerbittlichen Härte, und sogar das kleinste Vergehen wurde gesühnt – da half alles Schreien der kleinen Opfer nichts. Natürlich hatte dies auch zur Folge, dass so manch vernünftiger und guter Schüler trotzig wurde und in der Folge nicht mehr zu viel Gescheitem zu gebrauchen war.

Pastor Kufeld berichtete, dass er selbst noch einen Schulmeister gekannt hat, der aus Prinzip noch am ersten Tag die Neuen durchprügelte, damit sie wüssten, wie es bei ihm zugeht. Am traurigsten und bedenklichsten fand der Pastor aber, dass *„der heutige Wolga-Kolonist aus Schrot und Korn bis zur Stunde das Anormale dieser Sachlage nicht einsehen will."* Jungen und humaneren Lehrern soll oft vorgehalten worden sein: *„bei euch lernen ja die Kinder nix. Ihr gebt je nix uff un stroft jo ach nett. Do hatte mir en Schulmeister, wie mir noch in de Schol gänge (gingen), der hot am (einen) gehaue (gehauen), dass die Fetze vom Stocke gfloge sein. Do wor Forcht, un is ewer aach wos glernt worre, nett so wie alleweil (jetzt). Wann awer der Schulmastr dr Owed (Abend)uff die Gass kom, do hots Ban (Beine)gewe, od gungs üwer Zei (Zäune) un Bretterwänn, als wenn dr Doiwel hinner am wär."* [2]

Auch Pastor Kufeld musste zugeben, dass der Zustand des Schulwesens in den Wolgakolonien wirklich sehr zu wünschen übrig ließ. Von den Kolonistensöhnen haben es nur zwei bis zum Pastorenamt gebracht (einer 1831 und der andere 1852; beide waren

---

[1] Zitiert nach: Kufeld, S. 219 f.
[2] Zitiert nach: Kufeld, S. 220 f.

Absolventen der Dorpater Universität).¹ Jedoch waren seiner Meinung nach die Zustände hier noch viel besser als in den Kolonien am Schwarzmeer. Vehement verwehrt er sich gegen mit „Gift und Galle" getränkte Anschuldigungen, die unfähige Geistlichkeit hätte nichts zur Hebung des Bildungswesens beigetragen, ohne nicht aber auch gleichzeitig etwaige Fehler und Versäumnisse seines Berufsstandes einzugestehen.

Der Hauptgrund für die so traurige Lage bestand wohl darin, dass man von der Regierung nur wenig materielle Unterstützung zu erwarten hatte. Wir sehen, dass die Einwanderer gleich in den Jahren 1770-75 um Mittel für die Errichtung einer höheren Schule bitten, diese ihnen aber verwehrt blieben. Ja, wozu brauchte man anfangs schon Schulen oder gar Musterschulen, wenn es doch darum ging, das Land urbar zu machen.² Aufgrund dieser Sachlage habe ich mich in der vorliegenden Arbeit auch nicht der von nicht wenigen Historikern ins Treffen geführten These, mit der Berufung der Deutschen wollte man auch ein Stück Kultur nach Russland bringen, angeschlossen. Es muss an dieser Stelle aber auch einmal betont werden, dass Katharina auf dem Gebiet der Jugenderziehung kein leichtes Erbe antrat.³

Andererseits handelte es sich im Wesentlichen um ein von großteils verständnislosen Bauern geleitetes Schulsystem, deren Leitung der Geistlichkeit anvertraut war, die sich beabsichtigte Neuerungen oder benötigte Materialien für den Schulunterricht mühsam erbetteln musste und ein Einkommen erhielt, welches noch oft unter jenem eines Kuh- oder Pferdehirten lag.⁴

Allzu oft schallte dem engagierten Seelsorger vom großen, in der öden Steppe kulturell noch mehr verwahrlosten Haufen entgegen: *„Mir brauche des net!"* – frei nach dem Motto: „Wir haben es nicht gehabt, also brauchen es auch unsere Kinder nicht." Den Kolonisten könnte man natürlich zugute halten, dass sie in ihrer Mehrheit doch ziemlich arm waren, aber Kufeld lässt dieses Argument nicht gelten und geht hart mit ihnen ins Gericht: *„Ich selbst erinnere mich aus meiner Kindheit noch gut, dass in manchem Kolonistenhause ein Schulkind erst tagelang um einen Kopeken betteln musste, um einen Bogen Schreibpapier zu erstehen, während der selbe Vater auf einer Hochzeit oder einem Saufgelage das Geld rubelweise ohne*

---

¹ Kufeld, S. 227.
² Kufeld, S. 214.
³ Vgl. dazu: Woltner, S. 6 ff.
⁴ Die protestantischen Pastoren waren bis 1782 in administrativer Hinsicht dem Vormundschaftskontor sowie dessen Tutelkanzlei in Saratov unterworfen, und danach standen sie unter der Aufsicht des Guberniums. In religiösen Belangen (einschließlich der Durchführung von Scheidungen) unterstanden sie dem „Justizkollegium der Lief-, Esth- und Finnländischen Sachen", danach der Petersburger Konsistorialversammlung.
Für Katholiken war das „Department zur Untersuchung für Angelegenheiten der römischen Konfession" mit Sitz in der Hauptstadt zuständig. [Plewe, S. 202, S. 205 und: Woltner, S. 46.]

Bedenken hinwarf. Auch heute noch ist es in diesem Punkt vielfach nicht besser bestellt. Gegen die Dummheit, sagt man, kämpfen eben selbst die Götter umsonst." [1]

Auch das häufige Fernbleiben der Schüler vom Unterricht, vor allem während der Erntezeit, war den geistlichen Schulmeistern ein großes Ärgernis – erst 1840 erreichten sie die Durchsetzung der allgemeinen Schulpflicht für die wolgadeutschen Kolonien.[2]

Zur Ehrenrettung der viel geschmähten Schulmeister führt Kufeld an:

„Zur Ehre der alten Schulmeister muss tatsächlich gesagt werden, dass sie wirkliche „Meister" in ihrem Fach waren und trotz der unerhörten Verhältnisse Großes, ja Bewunderungswürdiges geleistet haben. Zu jeder Zeit war die Zahl derjenigen, die nicht lesen konnten, in den Wolgakolonien nur verschwindend gering, wenn auch die Kunst des Schreibens und Rechnens so manchem ein Buch mit 7 Siegeln blieb, dazu wurde außer der Kenntnis der biblischen Geschichte und dem Katechismus dem Gedächtnis des Kindes eine solche Menge von Kirchenliedern und Sprüchen einprägt, dass schon allein eine Engelsgeduld dazu gehörte, das tägliche Aufsagen dieses Memorierstoffes anzuhören, was die alten Schulmeister fleißig taten, indem sie sogar täglich jeden einzelnen vernahmen oder durch ältere Schüler vernehmen ließen. Man gehe an die Kranken- und Sterbebetten der alten Leute, höre sich ihren Gedächtnisschatz an Liedern und Sprüchen an und staune!" [3]

Was bedeutete aber nun Lesen und Schreiben zu können? Ein Nachfahre von wolgadeutschen Ahnen berichtete um 1990: *„Bis jetzt höre ich noch, wie mein Großvater las. Das war ein archikomplizierter Prozess. Zuerst nannte der Großvater laut alle Buchstaben, danach verband er sie in Silben, und erst dann las er mit einem Ruck das Wort. Doch er galt als gebildeter Mann: „er konnte lesen und schreiben". Mit dem Schreiben stand es schlechter. Aber die Hauptsache war – dass der Mensch seinen Namen schreiben konnte. Noch als Schüler las ich für den Großvater und für die Nachbarn die Briefe, die sie erhielten. Das Geschriebene zu entziffern war schrecklich schwer: es wurde mit gotischen Buchstaben im eigenen Dialekt geschrieben."* [4]

Da beide Überlieferungen etwas zu übertrieben dargestellt scheinen, wird wohl auch hier die Wahrheit irgendwo in der Mitte liegen.

Mit dem nach der Jahrhundertwende einsetzenden wirtschaftlichen Aufschwung in so manchen Kolonien ging auch die Notwendigkeit einher, die Reichssprache zumindest so einigermaßen zu beherrschen. Zwar machten sich laut Dietz die Jüngeren unter den Einwanderer auch meist an das Erlernen der russischen Sprache, gaben aber ihre erworbenen Sprach-

---

[1] Zitiert nach: Kufeld, S. 232.
[2] Woltner, S. 159.
[3] Zitiert nach: Kufeld, S. 204 f.
[4] Zitiert nach: http://wolgadeutschen.nm.ru/artikel/wolga2_1990_de.htm

kenntnisse kaum an ihre Kinder, die bereits in den Kolonien geboren wurden und nur selten Kontakt mit der russischsprachigen Umgebung hatten, weiter.[1] Über besondere Kenntnisse werden aber auch die Vorfahren nicht verfügt haben, da man sich doch erst einmal eine Existenz aufbauen musste und der notwendige Kontakt mit der russischsprachigen Umwelt über die Kanzlei zu Saratov abgewickelt wurde. Davon, wie schlecht es in der Tat um die Russischkenntnisse der Einwanderer noch nach 60, 70 oder mehr Jahren nach ihrer Einwanderung bestellt war, legen folgende Beispiele Zeugnis ab:

In einem 1833 verfassten Rechenschaftsbericht hob der Gubernator von Saratov zwar die blühende Wirtschaftsentwicklung in den Kolonien hervor, musste aber gleichzeitig doch eingestehen, dass sich nur einige der Kolonisten – und diese nur mit Mühe – auf Russisch verständigen könnten, sich alle für Deutsche hielten und die russischen Gesetze nicht kennen würden.

Wenn der Gubernator vielleicht auch ein wenig zu sehr durch die dunkle Brille geschaut hatte, so hatte er seine Wirkung aber nicht verfehlt und das Ministerkomitee in Sankt Petersburg zur Tätigkeit veranlasst. Auf dessen Anfrage, was denn zur Änderung dieser Situation zu machen sei, schlug das Vormundschaftskontor die Errichtung von fünf besonderen Schulen mit einer Gesamtzahl von 106 Schülern zur Ausbildung von Lehrern und anderen „Spezialisten" vor, um nach sechs Jahren den Unterricht in russischer Sprache in allen Dorfschulen obligatorisch einführen zu können. Jedoch wurden aufgrund der Kostenfrage nur zwei dieser Kreisschulen für je 25 Schüler ab 14 Jahren (!) errichtet, und zwar eine auf der Wiesenseite (Katharinenstadt), und eine auf der Bergseite (Lesnoj-Karamysch bzw. Grimm). Diesen beiden Anstalten, die auf Kosten der Kolonisten unterhalten werden mussten, wurde jedoch ein ziemlich jämmerlicher Lehrplan gegeben, auch hatten sie mit finanziellen Schwierigkeiten zu kämpfen. Deshalb wurden sie im Laufe der Zeit immer mehr zu gewöhnlichen Dorfschulen, und die Heranbildung von Lehrern konnte schon gar nicht erwartet werden. In der Regel brachten es die Zöglinge nicht weiter als bis zum Kolonie-, im günstigsten Fall zum Kreisschreiber.[2]

Das große Problem, das die Kolonisten mit der Landessprache hatten, wird dem Staat vielleicht im Jahr 1847 erstmals so richtig zu denken gegeben haben. In diesem Jahr mussten nämlich die ersten Kolonisten die Wehrpflicht in der russischen Armee antreten, und hierfür war natürlich die Kenntnis der Landessprache unabdingbar. Aber bereits die ersten Einberu-

---

[1] Dietz, S. 61.
[2] Russkich, S. 299 f. und: Kufeld, S. 216 f.

fungen haben gezeigt, dass die Kolonisten der russischen Sprache überhaupt nicht mächtig waren. Deshalb ordnete man an, dass sie sich noch vor ihrer Einberufung einem entsprechenden Examen in russischen Lehranstalten zu unterziehen hatten. Falls das Ergebnis unbefriedigend ausfiel, so mussten sie in diesen Schulen einen Sprachkurs besuchen. Konnte er aber auch nach diesem Jahr die Prüfung nicht bestehen, so wurde er zur strafrechtlichen Verantwortlichkeit herangezogen.[1]

Durch die 1855 erfolgte Zusammenlegung der beiden oben genannten Kreisschulen zu einer „Zentrallehranstalt", welche im Gebäude der ehemaligen Katharinenstädter Kreisschule beheimatet war, erhoffte man sich eine Verbreitung des Russischen in den Kolonien. Aber – wie schon so vieles zuvor – ist auch dieses Projekt wieder falsch angegangen worden. Der Stundenplan bestand aus folgenden Fächern: Göttliches Gesetz und Heilige Geschichte, russische und deutsche Sprache, Arithmetik, Chorgesang; Anstatt zumindest dieses Mal der russischen Sprache, derenthalben die zweijährige Schule ja eigentlich gegründet worden war, den nötigen Stellenwert zukommen zu lassen, wurde Russisch nur gemeinsam mit Deutsch unterrichtet, stellte also nicht einmal ein eigenes Fach dar. Jedoch muss auch zur „Ehrenrettung" der Lehrer erwähnt werden, dass der Ausbildungsgrad der Aufgenommenen äußerst niedrig war: Im Jahr 1859 konnten von den 12 aufgenommenen Kandidaten nur 7 lesen und schreiben, und die restlichen lasen mit Mühe.[2] Ungeachtet der spärlichen Resultate stellte die Gründung dieser drei Lehranstalten – sieht man von der Tätigkeit der Sareptaner Brüder einmal ab – den einzigen Glanzpunkt für das öffentliche Schulwesen an der Wolga dar. Traurig, aber wahr!

So blieb den wohlhabenderen und vernünftigeren Eltern, die ihre Sprösslinge u.a. in der russischen Sprache unterrichtet sehen wollten, nichts anderes übrig, als ihnen Privatunterricht zukommen zu lassen. Daher ging man vermutlich erstmals in den 30er Jahren dazu über, Russischlehrer zu sich nach Hause einzuladen. Dieser Schritt bildete auch die Vorstufe für den nächsten, die Gründung erster Privatschulen. Diese wurden erstmals in Katharinenstadt, dem zweiten Zentrum der Wolgadeutschen, zwischen den 40er und 60er Jahren ins Leben gerufen. Der bedeutendste Vorteil dieser Schulen lag natürlich darin, dass in ihnen anstatt vielleicht 450 Schülern nur 10-50 in den Klassenzimmern saßen, welche laut Augenzeugenberichten auch mit dem Notwendigen ausgestattet gewesen sein sollen. Im Gegensatz zu den Kirchenschulen wurde in ihnen besonderes Gewicht auf Arithmetik und die Erlernung des

---

[1] Russkich, S. 303.
[2] Russkich, S. 300 f.

Schreibens gelegt, in der Schule von Wilhelm Seidel konnte man sogar Französisch lernen! Die beste Schule war wohl die des Pastor Schomburg. Dieser gründete 1876 ein deutsches Lyzeum mit acht Klassen für Buben und sechs für Mädchen, welches leider jedoch bereits 1884 wieder geschlossen wurde. Ob es auch in anderen Kolonien solche Privatschulen gegeben hat, wissen wir leider nicht. Erwähnt sein muss aber, dass viele dieser Schulen illegal bestanden haben, weshalb es in den 1880er Jahren auch zu einer Welle von Schließungen dieser Schulen kommt.[1]

In der Zwischenzeit haben Russifizierungsbestrebungen „endlich" nun doch eingesetzt. In den 60er Jahren ist die Schulzeit auf drei Jahre erweitert und Russisch auch als eigenes Fach eingeführt worden. Zur Kontrolle der Kenntnisse in der russischen Sprache mussten die Schüler seit 1863 ein spezielles Examen absolvieren. Diejenigen, die dies nicht bestanden haben, hatten die Klasse noch einmal zu wiederholen. Seit 1871 musste der amtliche Schriftverkehr auf Russische geführt werden.[2] Auch das unter Paul I. erlassene Einfuhrverbot für ausländische Literatur war ein Schritt zur Beschleunigung der eingeschlagenen Kulturpolitik.[3]

Werfen wir nun einen kurzen Blick auf die katholischen Kolonien, welche im Laufe der Zeit zu 9 Kirchenspielen zusammengefasst wurden. Während sich in den protestantischen die Kirchen- und Schulverhältnisse mit der Zeit doch leicht gebessert haben, so zeigt sich in ihnen leider sogar eine rückläufige Entwicklung. Bei den ersten Seelsorgern wird es sich wohl um italienische Dominikaner gehandelt haben, da zu jener Zeit eben diese die Seelsorge der wenigen Katholiken Russlands über hatten. 1766 ersuchte die Petersburger Gemeinde die Zarin um die Berufung deutscher Geistlicher, und auf Bitten der Kolonisten richtete drei Jahre später auch die Tutelkanzlei ein derartiges Ansuchen an die Zarin. Von nun an betreuten Franziskaner, aber auch einige Kapuziner die Landsleute in Russland. Die 1772 erfolgte erste Teilung Polens und die anschließende Errichtung der Erzdiözese Mohylev (1783) hatte interessanterweise auch für die katholischen Kolonisten in Russland eine bedeutende Verschlechterung zur Folge. Denn die Erzdiözese war von nun an für die Katholiken in Russland zuständig und schickte in das Wolgagebiet Dominikaner und Trinitarier, welche sich zumeist schon im Greisenalter befanden und der deutschen Sprache nicht mächtig waren. Dass es unter solchen Verhältnissen zu vielen Kirchenaustritten und Übertritten zum Protestantismus gekommen sein muss, kann man sich leicht vorstellen.[4]

---

[1] Wesnina, S. 305-308.
[2] Russkich, S. 301-303.
[3] Woltner, S. 75.
[4] Woltner, S. 48-50.

"Das religiös-sittliche Leben sank nach und nach so tief, dass man für dessen Zukunft Besorgnis hegen mußte." – so der wolgadeutsche Lehrer Anton Schneider.[1] Was das Schulwesen aber betrifft, so trug dieses infolge eines so gut wie nicht vorhanden Bestandes an geeigneten Lehrern den größten Schaden davon und hörte fast auf zu existieren. So berichtete 1788 ein Geistlicher, der ein verwahrlostes Kirchenspiel übernommen hatte, dass er in diesem Jugendliche antraf, die mit 16-17 Jahren noch in keiner Schule und Kirche gewesen waren.[2]

Erst viele Jahre später, als auf Initiative Zar Alexanders I. 1803 neun Jesuitenpatres aus Sankt Petersburg in Saratov eintrafen, wird sich die Lage vermutlich wieder etwas verbessert haben. Zwar waren von ihnen nur fünf Deutsche, jedoch verfügten auch die anderen über gute Sprachkenntnisse. Aus einem Bericht eines päpstlichen Nuntius erfahren wir, mit welchem Jubel die Jesuiten empfangen wurden: *"Die Patres waren kaum vom Wagen abgestiegen, da verlangten schon die Kolonisten ihren geistlichen Beistand. [...] Mit den Gesunden geht es langsamer, da ihre Bildung sehr vernachlässigt worden ist und zuerst religiöse Unterweisung und Christenlehre ihnen gegeben werden muß."*[3] Leider dauerte die Tätigkeit des Jesuitenordens in Russland nicht lange: 1815 wurden sie aus den größeren Städten ausgewiesen, und 1820 mussten sie das Wolgagebiet verlassen. Dies war ein harter Schlag für die katholischen Kolonien an der Wolga. In der Folgezeit kam wieder der polnische Klerus ans Ruder, von dem man vor allem in Hinblick auf die Jugenderziehung keine großen Taten erwarten konnte.[4]

Zum Abschluss dieses Kapitels kann ich nicht umhin, in gebührender Kürze das Schulwesen der Herrnhuter Brüdergemeinde zu Sarepta zu streifen – auch wenn diese nicht unmittelbar zum wolgadeutschen Kolonistenbezirk zu zählen sind. Wie der aufmerksame Leser wohl nicht anderes erwarten wird, war ihr Schulsystem außerordentlich hoch entwickelt: Bereits 1781 wurde in ihren Schulen neben Mathematik, Weltgeschichte, Erdkunde und Naturkunde auch Latein und Russisch unterrichtet. Auch hier hat sich der Umstand, dass man nicht vom Saratover Kontor abhängig war und darüber hinaus in den ehemals durchgeführten Spezialverhandlungen bereits das Recht auf ein eigenes unabhängiges Schulsystem gesichert werden konnte, äußerst erfreulich ausgewirkt. Welches Ansehen die Sareptaner Jugenderziehung besaß, zeigte sich erstmals schon im Jahr 1773, als von russischen Adeligen die Aufforderung einging, für ihre Sprösslinge eine Erziehungsanstalt zu eröffnen. Jedoch nahm man mit

---

[1] Zitiert nach: Hafa, S. 49 f.
[2] Hafa, S. 146 f.
[3] Zitiert nach: Woltner, S. 73.
[4] Woltner, S. 74 f.

Hinweis darauf, dass so ein Vorhaben mit der eingegangenen Verpflichtung, keine Bekehrungsversuche zu unternehmen, unter Umständen in Konflikt geraten könnte, von diesem Projekt Abstand. Aber auch der Bischof von Astrachan, der Verwandte von ihm in Sarepta erziehen lassen wollte, hatte diesbezügliche keine größeren Bedenken und erklärte, dass die Kinder im reiferen Alter selbst entscheiden sollten, was sie glauben mochten und was nicht. Aber auch diese Bitte wurde nicht verwirklicht. Schon aus diesen beiden Beispielen geht hervor, dass die Jugenderziehung in Sarepta spätestens gegen Ende des 18. Jhdts. zweifellos die beste im gesamten Wolgagebiet und auch noch darüber hinaus war. Viele etwas wohlhabendere Kolonisten – ja sogar die lutherische Geistlichkeit – schickten nicht selten ihre Kinder zur Erziehung und Ausbildung nach Sarepta. So mancher Sareptaner gründete in einer reicheren Kolonie auch seine Privatschule, jedoch ging von den Brüdern eine groß angelegte Bildungsoffensive leider nie aus.[1]

Aber auch wenn das wolgadeutsche Schulwesen – sowohl das katholische als auch das protestantische – noch so schlecht war, zumindest hatte man eines, und das zu einer Zeit, in der auch noch in Deutschland abgedankte Unteroffiziere, Schuster oder Schneider den Schulmeisterdienst versahen. Während damals in den russischen Dörfern (des Wolgagebietes) zum größten Teil noch eine geistige „Dunkelheit" herrschte, gab es in so gut wie jeder deutschen Kolonie eine Dorfschule, die ein schwaches Licht der Hoffnung ausstrahlte.[2]

---

[1] Woltner, S. 50 f
[2] Plewe, S. 225.

Die wirtschaftliche Lage der Kolonien

a) Die Landwirtschaft

Der Haupterwerbszweig war für die weitaus meisten Kolonisten natürlich die Landwirtschaft. Schon bald mussten die Kolonisten erkennen, dass sich das hier herrschende Klima extrem von dem unterschied, das sie aus ihrer Heimat kannten. Heutzutage beträgt die durchschnittliche Jahrestemperatur im Gebiet von Saratov 6,6°, wobei sie im Winter bis auf -44° fallen und im Sommer 41° erreichen kann.[1] Im Winter toben Schneestürme, die immer wieder die Schneedecke auf den Feldern aufreißen konnten. Deshalb war es besonders wichtig, tief genug zu pflügen. Aber auch im März und April treten hier oft starke bis stürmische Winde auf, die den Boden austrocknen lassen können. Die Kolonisten mussten in dieser Jahreszeit aber auch immer noch mit Spätfrost rechnen, der die Ernte ebenfalls gefährden konnte. Im Sommer konnten die großen Populationen von Zieselmäusen, die in manchen Jahren zur regelrechten Plage wurden, die Ernte gefährden.

Zu diesen Widrigkeiten der Natur kam dann noch hinzu, dass eben viele (alleine ca. 40% waren Handwerker) der Einwanderer keine Bauern waren. Auch der Umstand, dass sich die Dorfbevölkerung zumeist aus Vertretern der verschiedensten deutschen Gebiete zusammensetzte, war für die Bildung eines Kollektivs und folglich für die Entstehung eines gut funktionierenden Dorfwirtschaftswesens sehr von Nachteil. Alle diese Gründe haben in ihrer Gesamtheit ein schwer zu lösendes „Knäuel" an Problemen ergeben.[2]

Typisch für die Schwierigkeiten, mit denen man besonders in den ersten Jahren zu kämpfen hatte, ist folgender Bericht eines Sareptaner Bruders aus dem Jahr 1767: *„Wir sehen immer mehr, daß das hiesige Klima von dem europäischen sehr unterschieden ist und schwerlich zulassen wird, die europäischen Feld- und Gartenfrüchte mit dem gehörigen Nutzen zu bauen... Im April, Mai und Anfang Juni ist die Witterung mehrenteils auch in Ansehung des Regens der europäischen ähnlich, und was man in den Monaten sät und pflanzt, gedeiht ziemlich; allein die darauf folgende große Dürre im Juli und August, da man selten eine Wolke am Himmel sieht, und da die Hitze nur durch manchmal entstehende trockene Winde gelindert wird, destruirt meist alles wieder. Die meisten Gartengewächse schießen in Samen oder reifen in kurzer Zeit (als Bohnen und Erbsen, [...]), so daß hier ein Garten im Juni*

---

[1] http://www.saratov.ru/saratov/geography/
[2] Plewe, S. 145.

schon ein solches Herbstkleid hat als in Deutschland in den Monaten September und Oktober. Was dann durch die große Dürre nicht gar ausgeht, das erholt sich wohl im September und Oktober noch etwas, wenn es einen nassen Herbst gibt; und Wurzelwerk gedeiht noch am besten unter allen anderen Gewächsen, allein das kann auch oft fehlschlagen, weil die häufigen durch die Steppe streifenden Winde allen Regen verjagen... Die gewöhnlichsten Landesfrüchte sind daher Arbusen [russ.; Wassermelonen], Melonen, Gurken, Zwiebeln und etwas Winterkorn,..." [1]

Deshalb fasste man bei den Brüdern aufgrund der gemachten Erfahrungen und Beobachtungen schon bald die Entscheidung, das Hauptaugenmerk der Industrie und dem Gewerbe zuzuwenden, wie dies auch schon 1766 in der Instruktion des Direktoriums empfohlen worden ist.[2]

Aber nachdem der jungfräuliche Boden erst einmal bearbeitet worden war, zeigte sich bald, dass man auf ihm doch ganz gute Ernteerfolge erzielen konnte. Dies traf trotz der widrigen äußeren Bedingungen vor allem auf die „endlosen" Steppengebiete des Samarer Guberniums zu, aber auch auf jene des Saratovers. Um das Jahr 1767 waren die guten bzw. reicheren Landwirte bereits in der Lage, sich im Laufe von ein bis zwei Jahren drei bis vier Pferde und einige Kühe anzuschaffen und vier bis zehn Hektar Ackerland zu bewirtschaften. Die meisten Familien bekamen eine Kuh und zwei Pferde, da es mit nur einem kaum möglich war das Neuland zu bearbeiten.[3]

Die Bodenqualität im Siedlungsgebiet ließ neben dem Anbau von Weizen den von Gerste, Wassermelonen, Kartoffeln, Lein und Sonnenblumen zu. Aber auch die Färberpflanze Waid gedieh hier. Aus dem Jahr 1769 stammt die Feststellung eines Russen, dass in den Gärten der ausländischen Ansiedler seltenes Gemüse zu finden war, welches man im Wolgagebiet und auch in anderen Teilen des Reiches nur selten zu Gesicht bekam.[4]

Der Ernteertrag von Getreide war bei den Kolonisten ein wenig höher als bei den benachbarten russischen Bauern, wofür vielleicht der Umstand, dass die meisten Kolonisten den sächsischen Pflug, einige auch zwei, verwendeten, geltend gemacht werden kann. Von den Kolonisten wurde die bekannte Dreifelderwirtschaft betrieben, nur einige Bauern haben das System der „Vierfelderwirtschaft" angewendet. Der Getreideanbau war schon zu Beginn des 19. Jahrhunderts vollständig auf den Absatz ausgerichtet. So wurden nach einer guten Ernte

---

[1] Zitiert nach: Hafa, S. 56 f.
[2] Hafa, S. 63.
[3] Plewe, Einwanderung in das Wolgagebiet 1764 – 1767..., S. 28.
[4] Plewe, S. 147.

im Jahr 1803 aus den Kolonien Paninskaja und Jekaterinenstadt, welche auch noch in viel späterer Zeit als Sammelplätze für Getreidelieferungen dienten, 500.000 Pud Weizen die Wolga aufwärts transportiert.[1]

Einige Kolonien haben es inzwischen schon zu einem bescheidenen Wohlstand gebracht. So berichtete 1807 ein Zeitgenosse über die Kolonie Katharinenstadt, welche übrigens eine der reichsten Kolonien war, Folgendes: *„Die Deutschen leben hier im Wohlstand. Anfangs ging es ihnen hart, jetzt haben sie es gewonnen; sie essen und trinken besser, als jeder deutsche Landsmann. Reich ist keiner, aber auch nicht arm. Wer arbeiten kann und mag, hat zu leben wie überall."* [2]

Was die Zeit zwischen 1822 und 1861 betrifft, so soll es in den Kolonien des Saratover Guberniums im Mittel 7 ertragreiche, 22 einigermaßen ertragreiche und 10 verlustreiche Jahre gegeben haben.[3] Diese Zahlen belegen eindeutig, dass die Ergebnisse in der Landwirtschaft nun nicht mehr mit denen früherer Jahre mithalten konnten. Der Grund hierfür ist vor allem in dem um das Jahr 1783 durch den Ökonomiedirektor Ogarjew eingeführten russischen Seelen- bzw. Mir-System, welches Kufeld neben dem mangelhaften Schulsystem als Grundübel in den Kolonien anprangerte, zu sehen.[4]

Das neue System wurde übrigens ohne die Kenntnis der Petersburger Behörden eingeführt – diese wurden erst 1816 darauf aufmerksam. Das Land war Gemeindeland, Obereigentümer des Bodens blieb die Krone (dies erinnert an das Wirtschafssystem des Kommunismus). Es durfte nicht auf ein Familienmitglied vererbt werden, sondern musste auf die lebenden männlichen Personen periodisch immer wieder neu verteilt werden (z.B. gab es einmal einen 12 Jahres-Modus). Laut Kufeld kamen auch bereits Verstorbene mit in Betracht, falls sie zum

---

[1] Bulytschew, W. B.: Äkonomika njemezkich kolonij Saratovskowo Kraja w perwoj polowine XIX weka (Die Wirtschaft der deutschen Kolonien des Saratover Gebietes).IN: Rossijskie njemzy. Problemy istorii, jažika i sowremennowo položenija. Meždunarodnaja nautschnaja konferenzija. Anapa, 20-25 sentjabrja 1995 g. (Russlanddeutsche. Probleme der Geschichte, Sprache und gegenwärtigen Lage. Internationale Wissenschaftskonferenz. Anapa 20-25 September 1995.), S. 166-168.
[2] Zitiert nach: Woltner, S. 77.
[3] Bulytschew, S. 167.
[4] Die später gegründeten Schwarzmeerkolonien, in welchen die Kolonisten im Unterschied zu den Siedlern in den Wolgakolonien 60 Desjatinen Land, Mennoniten sogar 65 Desjatinen erhielten, übernahmen das Mir-System nicht. Die nichterbberechtigten Söhne mussten den väterlichen Hof verlassen und ein Handwerk erlernen, konnten aber auch als „Anwohner" bei ihrem erbberechtigten Bruder bleiben, mussten in diesem Fall ihren Lebensunterhalt aber als Tagelöhner bestreiten. Dies führte in den Schwarzmeerkolonien dazu, dass im 19. Jahrhundert die meisten Landarbeiter selbst Russlanddeutsche waren.
[Malinowskij, Lev: Die Eigentumsformen bei russlanddeutschen Bauern im 18. und 19. Jahrhundert. IN: Dittmar Dahlmann, Ralph Tuchtenhagen: Zwischen Reform und Revolution. Die Deutschen an der Wolga 1860–1917. Essen 1994. (Veröffentlichungen des Instituts für Kultur und Geschichte der Deutschen im östlichen Europa. Band 4.), S. 51 f.]

Zeitpunkt der letzten Volkszählung noch gelebt haben (daher die Bezeichnung „Seelensystem").[1]

Langfristig musste dies natürlich negative Folgen haben. Dieses System förderte nämlich verständlicherweise das Interesse an großen Familien – je mehr männliche Familienmitglieder vorhanden waren, um so mehr Land stand einer Familie zu. Deshalb ist es auch nicht verwunderlich, dass selbst die verheirateten Söhne im Haus blieben. *„Es gibt Baurnwohnungen, wo in 2-3 Zimmern bis 7 Himmelbetten dicht neben einander stehen, in denen je ein Ehepaar schläft. Die zahlreichen Kinder werden in der Nacht auf Kisten und Kasten oder auch in s. g. „Schiebbetten", die am Tage unter dem Himmelbett stehen, untergebracht. Natürlich ist die Atmosphäre in solchen Wohnungen oft zum Ersticken, zumal der hiesige Bauer eine große Scheu vor dem Lüften hat."* [2]

Als Folge dieses Systems und des natürlichen Bevölkerungswachstums verkleinerte sich der Landanteil der einzelnen Bauern ständig. 1850 lag er bereits bei nur noch 3,8 Desjatinen Ackerland, was zum Leben bei weitem nicht ausreichend war. Der ursprüngliche Landbesitz, der jeder Kolonistenfamilie bei ihrer Ansiedlung zur Verfügung gestellt werden sollte, waren 30 Desjatinen.[3] Von diesen sollten 15 Desjatinen auf Ackerland, 5 für die Heumahd, 5 (!) auf ein Waldstückchen (vgl. S. 70) und die restlichen 5 auf „zum Bauernhof, zur Tenne und zum Gemüsegarten gehörendens Land" entfallen. In Wirklichkeit hat aber jede Familie mehr Land bekommen, nämlich ungefähr 36,2–36,3 Desjatinen. Zu Anfang des Jahres 1768 waren 223.561 Desjatinen Land an die Kolonisten vergeben. Außerdem sind in den ersten Jahren der Ansiedlung noch zusätzlich Ländereien vermessen und im Rahmen eines Reservefonds abgegrenzt worden (144.523 Desjatinen). Deshalb konnte den Kolonisten zu einem späteren Zeitpunkt noch zusätzliche Gründe zugewiesen werden. Wieviel einer Kolonie zugewiesen wurde, hing von ihrer Lage und davon ab, wie groß die für den Ackerbau nutzbare Fläche war, über die sie bereits verfügte. So kam es vor, dass einige Kolonien nur zwischen 2,7 und 5,7 Desjatinen zugewiesen bekamen, während andere hingegen zwischen 140 und 170 Desjatinen erhielten. Im Schnitt erhielten jene, die auf der Bergseite beheimatet waren, nochmals je 39,2 Desjatinen und jene der Wiesenseite je 10 Desjatinen. Von den Letzteren haben die entlang der Wolga (zwischen den Orten Kaizkaja und Rownaja) gelegenen Kolonien am meisten erhalten, zwischen 10 und 40 Desjatinen, jene die am Kleinen Karaman lagen, nur zwischen 5 und 10 Desjatinen. Am wenigsten bekamen die Kolonisten

---

[1] Kufeld, S. 40
[2] Zitiert nach: Kufeld, S. 28.
[3] Malinowskij, S. 51, S. 54.

Beauregards, nämlich lediglich 1-5 Desjatinen (mit Ausnahme der Kolonien Cäsarsfeld und Philippsfeld, welche 47,6 und 21,4 Desjatinen erhielten), und 7 seiner Kolonien bekamen überhaupt nichts.

Um das Jahr 1791 ergab sich folgendes Bild: Nur 7 von 45 Kolonien besaßen einen Landanteil von weniger als 30 Desjatinen pro Familie, in den meisten dieser 45 Kolonien betrug er aber zwischen 30 und 50 Desjatinen, und in 4 Kolonien belief er sich sogar auf 100 Desjatinen oder mehr.[1]

Aber noch aus zwei anderen Gründen kann dieses System als ein Feind der Kolonisten bezeichnet werden. Zum einen konnte der Kolonist oft nicht einsehen, warum er sein Feld nach bestem Können bearbeiten sollte, wenn es – oder einen Teil von ihm – in einer absehbaren Zeit ja doch wieder ein anderer bekommen wird. Sogar auf das Düngen wurde nicht selten verzichtet (der Dünger wurde dann bestenfalls als Brennmaterial verwendet).

Der andere Grund war jener, dass es sich meist nicht um eine einzelne Parzelle handelte, die dem Einzelnen zufiel, sondern um mehrere, oft bis zu 50 Werst auseinander liegende Ackerböden. Dann hieß es bei den Kolonisten nicht selten „*uf die Steppe fahren*" und oft sah man „*ganze Karawanen von Kolonistenwagen mit Weib und Kind, mit „Proviantkasten" und Gerätschaften, mit Wasserflächen und mit Melkkühen im Gefolge, von einem Felde zum anderen ziehen, oft müssen sie wochenlang unter freiem Himmel auf ebenem Feld kampieren, und das alles oft, um im Herbste mit leeren Händen nach Hause zurückzukehren.*"[2]

Die moralischen Folgen dieses Systems beschrieb Kufeld so: „*Bedenken wir dazu noch, dass gerade dieses System dem Landarmen bei der günstigen Bodenbeschaffenheit in guten Jahren ohne besondere Mühe und Anstrengungen die reichsten Ernteerträge sicherte und manchen fast über Nacht reich machten, so dürfen wir uns nicht wundern, wenn in den Kolonien bald jene Trägheit im Denken und Handeln aufkam, der alles gleichgültig ist und der Mamonismus bei den Wohlhabenderen zu blühen anfing und Laster wie Fleischeslust, Trunksucht, Karten und Adlerspiel, nächtliches Umherschweifen u. drgl. Mehr pilzartig aufschossen.*"[3]

Da dem Kontor auch die Oberaufsicht über die Landwirtschaft auferlegt worden war, sah er sich dazu veranlasst, in der 1768 erlassenen „Vorübergehenden Instruktion" auch der Landwirtschaft seine Aufmerksamkeit zukommen zu lassen. Da sich schon gezeigt hatte, dass

---

[1] Plewe, S. 140-142.
[2] Zitiert nach: Zorn, J: Draußen „Uf die Steppe". IN: Kalender 1954. Heimatbuch der Ostumsiedler. Hrsg. von der Arbeitsgemeinschaft der Ostumsiedler. Stuttgart 1954; S. 81, Sp. 1 und: Kufeld, S. 41.
[3] Zitiert nach: Kufeld, S. 183 f.

unter den Kolonisten viele für den Ackerbau untauglich waren, waren die in ihr erteilten Regelungen und Empfehlungen sehr genau gehalten. So wurde z.B. festgelegt, dass man zur Vermeidung von zu viel Unkraut die Äcker *„so sanft wie möglich"* zu ackern habe, *„so dass keine zerbrochenen Schollen zurückbleiben und danach nach der Saat, falls sich wo Gras zeigen wird, so sind solche Felder immer zu Jäten"*, was von Kindern über zehn Jahren zu machen war.[1]

Streng musste darauf geachtet werden, dass die Einlagerung des gemähten Grases nicht eher erfolgte, als die Heumahd auch gänzlich beendet und das Gras in *„ordentlichen Mandeln und Feimen fortgeschafft worden war"*. Für die nicht zeitgerechte Ernte oder Einlagerung von Viehfutter mussten die Kolonisten eine Geldstrafe zahlen. Auf die Nichtbeachtung der Anweisungen der Dorfkommissare standen sogar 20 Peitschenschläge.

Was die Viehhaltung betrifft, so muss gesagt werden, dass sie laut dem Urteil der „Freien Wirtschaftsgesellschaft" jeder Kritik spottete. In einem ihrer Berichte hieß es: *„[...] Außerdem wird in ihnen wahllos allerlei Vieh gehalten, so wie: Pferde, Kühe, Schafe, Ziegen, Schweine. Wobei in diesen Ställen Mist von vielen Wintern gestapelt liegt, und im Herbst und Frühling füllt sie eine Kotlache voll, in welcher das Vieh bis zu den Knien im Wasser steht."* [2]
In der Folge kam es – hauptsächlich in den ersten Jahren – zu großen Viehsterben. Z.B. verendete in der Kolonie Krasnij Jar im Jahr 1766 die Hälfte des Viehs, und ein wenig später starben in einer anderen Kolonie 219 Stück großen Hornviehs und 35 Pferde.[3]

Da das Mir-System das Entstehen eines (einigermaßen) wohlhabenden Bauerntums, welches es z.B. im Schwarzmeergebiet oder in den deutschen Kolonien Transkaukasiens gab, verhinderte, mussten sich viele der Kolonisten noch nach anderen Einkommensmöglichkeiten umsehen.[4] Eine der wichtigsten war der Anbau von Tabak. Jedoch muss hier eine kleine Einschränkung dahingehend gemacht werden, dass er vor allem in den Kolonien des Samarer Guberniums, welche sich großteils am linken Wolgaufer befanden, betrieben wurde. Der Grund hierfür liegt nicht nur in den besseren Bodenverhältnissen (das rechte Ufer war die „Bergseite"), sondern auch in der geringeren Bevölkerungsdichte und dem ausreichenden Vorhandensein von Anbauflächen. Die größten Tabakplantagen links der Wolga befanden sich im Kreis Krasnojarsk.

---

[1] Zitiert nach: Plewe, S. 144.
[2] Zitiert nach: Plewe, S. 145.
[3] Plewe, S. 145.
[4] Malinowskij, S. 51

Der Tabakanbau im Saratover Gubernium war hingegen eher unbedeutend. Hier wurde er 1854 nur in 9 Kolonien betrieben, im Samarer Gubernium in jedoch 51 von 64 Kolonien. Dafür aber entstanden vor allem in den Saratover Kolonien Fabriken zur Verarbeitung des Tabaks. Der erste, der eine solche Fabrik in Russland, und zwar in Saratov, überhaupt eröffnete, war ein Deutscher namens Stahf. Dieser machte sich um die Verbreitung hochwertiger Tabaksorten in den Kolonien sehr verdient, weshalb er auch mit einer besonderen Medaille ausgezeichnet wurde.[1] Im Ganzen entstanden 11 Tabakfabriken.[2]

Mit dem Anbau von Tabak begannen nicht Deutsche, sondern einige holländische Familien noch in den ersten Jahren nach ihrer Einwanderung.[3] Bis in die 30er Jahre des 19. Jhdts. war der Anbau auf zwei Sorten beschränkt, nämlich auf deutschen und russischen. Einige Kolonisten ernteten damals bis zu 300 Pud (1 Pud = 16, 3805 kg) Tabakblätter jährlich, womit sie Einnahmen in Höhe von 1500 Rubel erzielen konnten. In den folgenden Jahren nahm der Tabakanbau einen enormen Aufschwung: Während in drei Kreisen des Samarer Guberniums, aus welchen 96% des im Guberniums produzierten Tabaks kamen, zu Beginn des Jahrhunderts fast 75.000 Pud Tabak geerntet wurden, so waren es in den 50er Jahren bis zu 600.000! In der Mitte des 19. Jhdts. waren in 60 Kolonien beider Gubernien fast 5700 Familien im Tabakanbau tätig. Der Tabak, vor allem der russische, wurde in die Gubernien Orenburg, Wjatsk und Astrachan, in etwas geringerem Ausmaß auch in Simbirsk, Tambowsk, Penža und Woronjež verkauft (bis zu 400.000 Pud). Teurere Sorten (z.B. der virginische) wurden vor allem in Petersburg und Moskau verkauft und sogar ins Ausland, nach Finnland, Schweden und Deutschland exportiert. Z.B. gingen im Jahrbuch 1856 70.000 Pud virginischen Tabaks nach Bremen, von welchem der meiste aus den deutschen Dörfern an der Wolga stammte.[4]

Auch in Sarepta wurde Tabak angebaut, vor allem entlang der Sarpa. Sarepta war die erste Kolonie, in der Tabak angebaut und auch in einer Fabrik verarbeitet wurde. Viele Kolonien sollen einen großen Teil ihrer Tabakernte zur Verarbeitung nach Sarepta geschickt haben. Hier sollen neben eigenen Pflanzen angeblich auch ukrainische für den Produktionsprozess verwendet worden sein. Als die wichtigsten Abnehmer erwiesen sich die Kalmücken, bei

---

[1] Zagnjejewa, E. G.: Tabakowodstwo w nemezikich kolonijach Powolž´ja (Tabakanbau in den deutschen Kolonien des Wolgagebietes), S. 205 f. IN: Rossijskie njemzy. Problemy istorii, jažika i sowremennowo položenija. Meždunarodnaja nautschnaja konferenzija. Anapa, 20-25 sentjabrja 1995 g. (Russlanddeutsche. Probleme der Geschichte, Sprache und gegenwärtigen Lage. Internationale Wissenschaftskonferenz. Anapa 20-25 September 1995.), S.205-209.
[2] Kufeld, S. 35.
[3] Hingegen behauptete Hafa, dass der Tabakanbau von Sarepta aus in andere Kolonien verbreitet wurde. [Hafa, S. 60.]
[4] Bulytschew, S. 169.

denen sich die Tabakerzeugnisse bald größter Beliebtheit erfreuten. Die bereits erwähnte Flucht der großen Horde (1770/71) stellte für den Tabakhandel natürlich einen großen Rückschlag dar.[1]

Es muss also betont werden, dass es gerade Deutsche waren, die die Russen mit so manchen Kulturpflanzen bekannt gemacht haben. Die Sonnenblume wurde nach Russland von Deutschen, die sie aus ihrer Heimat mitgebracht haben, eingeführt (in Europa tauchte sie erstmals 1510 am spanischen Hof auf). In größerem Stil wurden Sonnenblumenfelder aber erst seit den 50er Jahren des 18. Jhdts. angelegt, das Samarer Gubernium wurde damals in der Erzeugung von pflanzlichem Öl führend. Der Senf war zwar auch schon vor der Ankunft der Kolonisten bekannt, er wurde aber bis dahin nie industriemäßig erzeugt. Das erste Senfwerk, das in Russland errichtet wurde, wurde in den deutschen Kolonien an der Wolga gebaut. Die Kartoffel, welche nach Russland von Zar Peter „persönlich" gebracht worden ist, soll an der Wolga erst durch die Deutschen ihre Verbreitung gefunden haben. Auch noch in den 1850er Jahren hat der Kolonist mehr Kartoffeln als sein russischer Nachbar angesetzt.[2]

Auch im Weinbau wurden frühe Versuche gemacht. Jedoch konnten auf diesem Gebiet erst spätere und vergleichsmäßig bescheidene Erfolge erzielt werden, welche auf die Einführung einer neuen Rebenart zurückzuführen waren.[3] Abschließend muss festgehalten werden, dass die Kolonisten trotz des eingeführten Mir-Systems und entgegen aller „Schlechtmacherei", nachdem sie erst einmal zu Bauern geworden waren und die Region endgültig befriedet worden war, beinahe Bedeutendes geleistet haben. Und mehr war unter den gegebenen Umständen auch kaum zu erreichen.

b) Das Handwerk

Lag die Haupttätigkeit der Kolonisten in der Landwirtschaft, so musste es selbstverständlich auch Handwerker geben. Für die überwiegende Mehrheit war aber die Ausübung eines Handwerks nicht mehr als ein Zuverdienst zur Landwirtschaft. In den Kolonien konnte man auf alle möglichen Berufe stoßen, bereits unter den Neuankömmlingen waren Vertreter von ca. 150 verschiedenen Berufen vertreten. Etwas mehr als die Hälfte der Einwanderer waren (Acker)Bauern, „mužiki" (Männer; volksspr.), wie sie in den Listen Beauregards genannt wurden. Wie schon mehrmals erwähnt wurde, mussten aber viele der eingewanderten Hand-

---

[1] Hafa, S. 58, S. 60, S. 61.
[2] Bulytschew, S. 170.
[3] Kufeld, S. 35.

werker ihren Beruf gegen den eines Bauern eintauschen. Für viele Bewohner von 28 Kolonien lässt sich der Beruf nicht mehr feststellen, da in den entsprechenden Listen entweder „Bauer" oder lapidar „Handwerker" eingetragen worden war. Außerdem treten auch mehrere Fälle auf, in denen ein Kolonist, welcher in den Schiffslisten noch unter seinem erlernten Beruf geführt wurde, in den Listen des Kontors plötzlich als Bauer auftaucht. Anhand der Listen kann auch davon ausgegangen werden, dass einige Kolonien – so z.B. Katharinenstadt, wo von über 200 Familien nur sechs Bauernfamilien waren, oder Warenburg, wo ca. 60% keinem landwirtschaftlichen Beruf nachgingen – von vornherein als kleine Inseln des Handwerks oder Handels konzipiert waren.[1]

In den Saratover Kolonien wurden im Jahr 1837 in Handwerk und Gewerbe 633 Meister und 1888 Arbeiter gezählt. Von ihnen verdienten nur 324 Menschen ihren Lebensunterhalt ausschließlich durch ihre handwerkliche Tätigkeit. Fast alle „Fabrik- und Werksarbeiter", mit Ausnahme von 175, arbeiteten in den Kolonien.[2]

Mit dem Tabakanbau war auch das Aufkommen eines neuen Gewerbes verbunden – der Herstellung von Pfeifen. Dieses hat sich vor allem damals gut zu entwickeln begonnen, als das Zigarettenrauchen an öffentlichen Plätzen aus Überlegungen zur Feuerverhütung verboten wurde. Das Zentrum der Pfeifenproduktion war Grimm (Lesnoj Karamysch). Bis zu den 80er Jahren wurden nur in dieser einen Kolonie jährlich bis zu 500.000 Pfeifen und Pfeifenrohre hergestellt. Im Jahr 1886 wurde dieses Heimarbeitergewerbe hier von 35 Menschen betrieben, und gegen Ende des Jahrhunderts arbeiteten in den Kolonien Lesnoj Karamysch und Popowka sogar 250 Meister! Jedoch muss gesagt werden, dass diesem Gewerbe in der Regel an regnerischen Tagen oder im Winter nachgegangen wurde. Nach der Jahrhundertwende ging die Produktion aus verschiedenen Gründen aber fast um die Hälfte zurück.[3] Der Hauptgrund war natürlich jener, dass ein einsetzendes Überangebot an Tabak die Preise immer mehr drückte und der Tabakanbau deshalb auch immer weniger betrieben wurde.[4]

Unter den Fabrikarbeitern bzw. Arbeitern der Heimindustrie sollen sowohl hinsichtlich ihrer Zahl als auch der erzielten Einnahmen die (Sarpinka-)Weber den ersten Platz eingenommen haben. Pastor Kufeld war der Meinung, dass, falls sich die Weberei weiter so entwickeln werde wie bisher, man „bald an vierter Stelle in Russland" stehen werde.[5] Vor allem Sarepta

---

[1] Plewe, Einwanderung in das Wolgagebiet 1764 – 1767..., S. 24.
[2] Bulytschew, S. 170.
[3] Zagnjejewa, 207 f.
[4] Hafa, S. 111.
[5] Kufeld, S. 37.

verdankte seinen Ruf der Einführung des baumwollenen bzw. halbseidenen „Sarpinka-Tuches", welches sich schon bald in den feineren Kreisen Petersburgs und Moskaus unter dem Namen „Sareptisches Tuch" großer Beliebtheit erfreute. In Sarepta wurde etwas später auch eine „Schönfärberei" eingerichtet, weil die Russen dieses Handwerk angeblich nicht verstanden, da sie auch Garn, Zwirn und Leinwand nach Holland zum Bleichen schickten.[1]

Interessant ist, wie das Arbeitsleben in der Kolonie der Brüder organisiert wurde. Auch hier gab es die verschiedensten Berufe und Betriebe, die meisten von ihnen waren aber Einmannbetriebe, in manchen arbeiteten auch zwei Brüder. Gewisse Tätigkeiten konnten im Rahmen der „Diakonie der ledigen Brüder" nur von Männern ausgeübt werden, dasselbe galt auch für die „Diakonie der ledigen Schwestern". Der Grund für die wirtschaftlichen Erfolge in den ersten Jahrzehnte bestand darin, dass es sich in diesem Fall um eine Gemeinschaft handelte und nicht um einen bunt zusammengewürfelten Haufen wie bei den übrigen Kolonistenansiedlungen. Der Umsatz der Gemeindebetriebe hat sich zwischen 1768 und 1774 verdreifacht, die Schulden waren aber infolge nötiger Investitionen stets höher. So setzte bereits um die Jahrhundertwende der wirtschaftliche Niedergang ein. Die Gründe hierfür waren, dass man zu viele Betriebe aufrechterhalten wollte, wofür man auch noch wegen des ständigen Personalmangels nicht wenige Auswärtige anstellen musste. Dies musste natürlich zu immer größeren Verschuldungen führen. Außerdem wurde durch den Bau von Spinnereien und Webereien bei Saratov eine Konkurrenz geschaffen.[2]

c) Die Finanzierung

Beschäftigt man sich mit der wirtschaftlichen Lage der Kolonien, so ist es auch unerlässlich, auf die Finanzierung des Saratovschen Kontors einzugehen. Durch den Ukas vom 22. Juli 1763 wurde das Jahresbudget der Kolonien auf 200.000 Rubel festgesetzt, welche über die „Kammer der kollegialen Einnahmen" eingehen sollten. In den Jahren von 1763-1771 flossen aber nur 64% der vorhergesehenen Summe in die Kassen des Kontors. In den folgenden drei Jahren bekam das Kontor von der Kammer jährlich überhaupt nur eine Summe von 50.000 Rubel zugeteilt, die restlichen 150.000 Rubel hatten die Städte des Astrachaner Guberniums und der „ untere Salzkontor" aufzubringen. Jedoch führte diese Änderung für das Kontor zu keiner Verbesserung: Von der Kammer gingen lediglich 80% der festgesetzten Summe ein,

---

[1] Hafa, S. 64 f.
[2] Hafa, S. 63 f., S. 109.

und aus den Städten des Astrachaner Guberniums bekam man noch weniger – lediglich ein Drittel.

Seit dem Jahr 1765, in dem der Zustrom von Kolonisten verstärkt zunahm, flossen in das Budget des Kontors zusätzliche 100.000 Rubel, welche aus den Jekaterinburger Kupferminen stammten. Dieses Geld traf regelmäßig und in vollem Umfang ein. Um das Jahr 1775 waren es 900.000 Rubel.

In den drei Jahren der Masseneinwanderung (1765-1768) flossen in das Budget des Kontors neben der festgelegten jährlichen Summe *„aus den Einkünften verschiedener Ämter"* zusätzlich 3.328.000 Rubel. Auf diese Weise sollen sich die Gesamtausgaben des Kontors zwischen 1763 und 1775 5.607.677 Rubel und 93 ¼ Kopeken belaufen haben.[1]

Die größten Ausgaben hatte das Kontor für die von den Entrepreneuren angeworbenen Kolonisten zu machen. Dass die Kronkolonisten in der ersten Zeit viel bessere Ergebnisse als sie erwirtschaften konnten, scheint nicht weiter verwunderlich zu sein, bedenkt man, wie die Herrn Direktoren mit ihren Untergebenen umgesprungen sind (erinnert sei nur an die Leistung des „Zehnten" der Ernte oder an die Veruntreuung riesiger Vorschüsse). Eine besondere Gemeinheit hat sich wieder einmal Beauregard geleistet. Er hat von Europa aus seinen Ortsvorstehern die Anweisung gegeben, von den dreißig jeder Familie zustehenden Desjatinen fünf der besten Erde abzusondern und in sein Eigentum zu überführen. Auf diese Weise wurden seine Kolonisten gleich bei der Ansiedlung um 16.000 Desjatinen Land gebracht. Erst nach der Aufhebung des Vertrages mit Beauregard gingen diese bis dahin größtenteils vermutlich brachliegenden Landflächen in das Eigentum der Siedler über. Bedenkt man, dass seine Kolonisten ungefähr ein Viertel aller Einwanderer ausmachten, dann kann man sich die Höhe des angerichteten Schadens leicht ausmalen.

Wie sehr die Direktionskolonisten in der Anfangszeit hilfsbedürftig waren, spiegelt sich in der Höhe der erteilten Unterstützungen wider. Während zwischen 1768 und 1773 an die Kolonisten der Krone 20.445 Viertel Roggen ausgegeben wurden, so musste man jene der Privatwerber mit 66.146 Viertel versorgen, obwohl beide Gruppen ungefähr gleich groß waren.[2] Ein noch größerer Unterschied zeigte sich in der Notwendigkeit der Herausgabe von Saatkorn: Während sich die Kronkolonisten, mit Ausnahme einiger Kolonien, selber mit Saatkorn

---

[1] Plewe, S. 134 f.
[2] „Viertel" ist ein altes russ. Hohl- und Längenmaß. Im Fall von Getreide wurde als Maßeinheit ein Kübel zugrundegelegt.

versorgen konnten, musste man den anderen mehr als das Zehnfache der an die Kronkolonisten ausgehändigten Menge zukommen lassen.[1]

Erst im Jahr 1840 wurde die Finanzierung des Kontors den Kolonisten auferlegt. Anfangs sollen hierfür von jedem Kolonisten 18 Kopeken zu zahlen gewesen sein.[2]

---

[1] Plewe, S. 148-151.
[2] Kufeld, S. 129.

Das sittliche Leben und die Willkür der Beamten

In diesem Kapitel wollen wir zunächst auf das Treiben der Beamten einen Blick werfen, um danach noch kurz einzelne Aspekte des Alltagslebens der Kolonisten herauszugreifen.

Wie aus der Literatur einstimmig hervorgeht, haben die Kolonisten viel mitzumachen gehabt. Am deutlichsten griff Pastor Kufeld die Beamtenschaft an, auch die deutsche des Kontors. Er berichtet sogar, dass die Kolonisten gleich nach ihrer Ankunft an der Wolga durch Gefängnis und Prügelstrafe zum Ackerbau gezwungen worden seien.[1] Für ihn war so mancher Kontorbeamte *„jener und auch späterer Zeit ein herzloser und brutaler Mensch, der mit sinnlosen und unüberlegten Drohungen die Kolonisten einschüchterte und mit der eisernen Rute das Regiment führen wollte."*[2] Hiervon legt z.B. die Anordnung des von den Kolonisten sehr gefürchteten Oberrichters Roggenbucke Zeugnis ab:

„Da ich bei meiner (zeitweiligen) Wohnung in der Kolonie Talowka nicht allein, sondern mehrenteils in allen Kolonien die Unsittlichkeit (!) der jungen Burschen wahrgenommen, dass sie mit der Pfeife im Munde, dem Hut und Mütze auf dem Kopfe mit ihren Kolonie-Vorgesetzten sprechen, als Fremde so gar keine Achtung haben, welches den Kolonien überhaupt einen schlechten Namen, so finde ich, wie nötig einzurichten, dass in jeder Kolonie wenigstens zwei Fußketten sein müssen und in der Kreisstube ein Klotz mit einer Kette, damit dergleichen ungesittete Menschen bewogen werden, sich in acht nehmen, nicht in diese Strafe zu verfallen."[3]

Für die kleinsten Vergehen konnte man bis zu 40 Schläge mit der Peitsche, der Knute, dem „Dreischwanz" oder mit Stöcken bekommen.[4] Mit welcher Brutalität hierbei oft vorgegangen worden ist, lässt sich erahnen, wenn man bedenkt, dass im Dezember 1767 die auch in der Armee üblichen Stockschläge als einfache Leibesstrafe eingeführt wurden; für die „Bestrafung am Körper" wurde der „Dreischwanz", drei zu einem Bündel zusammengebundene Gerten, verwendet.[5]

Natürlich zählte auch die Flucht als Vergehen, und nicht gerade als ein leichtes.

Schon allein das eigenmächtige Verlassen der Kolonie konnte als Fluchtversuch gedeutet werden. Beabsichtigte man die Kolonie für eine gewisse Zeit zu verlassen, so musste man das beim Kontor melden. Daraufhin gingen zumeist zwei Kanzleibeamte durch die Straßen und verkündeten unter den Lauten eines Tambours, dass N.N. die Kolonie verlassen möchte und

---

[1] Kufeld, S. 124.
[2] Zitiert nach: Kufeld, S. 122.
[3] Zitiert nach: Kufeld, S. 123.
[4] Dietz, S. 127.
[5] Dietz, S. 149.

wer an ihn Forderungen habe, sich beim Kontor melden könne. Meistens konnte man dann erst ein paar Tage später die Kolonie verlassen.[1]

Als ein charakteristisches Schicksal von jemandem, der die Flucht gewagt hatte, soll uns jenes des aus Frankreich gebürtigen Kolonisten Gerome Bertrande dienen. Dieser kam nach Russland in dem Glauben, dass er in einer Stadt angesiedelt werden würde und dort auch seinem Hutmacherhandwerk nachgehen könne. Dies wurde ihm jedoch nicht erlaubt – auch er sollte zu einem Bauern gemacht werden. Ackerbau hat er aber nie betrieben. Er ließ sein Feld von einem anderen Kolonisten pflügen, daher war er auch nicht in der Lage, seine Familie zu ernähren. So kam es, dass er nach Moskau flüchtete, wo er sich in der deutschen Sloboda niedergelassen hat.

Dort wurde er im Jänner des folgenden Jahres gefangen genommen, in Ketten gelegt und in seine Kolonie bei Saratov zurückgeschickt. Als Strafe für seine Flucht wurde er „ausgepeitscht", außerdem wurden auch all jene bestraft, die von seiner Flucht gewusst hatten, da sie ihn nicht vorher denunziert hatten.[2]

Auch Züge, der auch selbst die Flucht ergriffen hat und es bis in sein Heimatland geschafft hat, erzählt uns davon, dass Gedanken an die Flucht keine Seltenheit waren:

„Da Mangel und Unzufriedenheit mit ihrem Zustande viele Colonisten zur Flucht reizte, wurden von Zeit zu Zeit welche eingebracht, welche versucht hatten, nach Pohlen zu entwischen, und nun, nachdem sie eine scharfe Züchtigung mit der Pletky [kurze Reitpeitsche] erhalten hatten, den übrigen beigesellt wurden. Glücklicher entkamen verschiedene Colonisten, welche Verzweiflung und Furcht vor dem Schicksale der eben erwähnten antrieb, zu den Kalmückenhorden zu flüchten, um nach China und von da nach Europa zu gelangen; ich zweifle aber, dass einer von ihnen seinen Zweck erreicht haben wird, sondern finde es wahrscheinlicher daß sie einem noch traurigeren Loose der Knechtschaft unter den Kalmücken, zugeeilt sind."[3]

Aber dem nicht genug! Ja sogar zur Willfährigmachung setzte man auf das bewährte Mittel der Züchtigung. Als es im Jahr 1812 zwischen zwei Gemeinden zu einem Streit um einen „Talgraben" gekommen ist und die eine Seite die Entscheidung des Kontors nicht akzeptieren wollte und die Leistung der Unterschrift verweigerte, ließ man die 23 widerspenstigen Männer mit der Rute durchprügeln. Die Hiebe taten ihre Wirkung![4] Hierbei verfolgte man nicht selten *„die Taktik, dass man denjenigen der Partei als Sieger hervorgehen ließ, der am meisten zahlte und nahm keinen Anstand die Siegerpalme abwechselnd bald der einen bald

---

[1] Züge, S. 177.
[2] Plewe, S. 146.
[3] Zitiert nach: Züge, S. 159.
[4] Kufeld, S. 125.

der anderen Partei zu schicken, je nachdem wie diese oder jene sich zu einem größeren Opfer für seine Sache verstanden hatte..“ [1]

Die oft vertretene Meinung, dass die zentrale Beschaffung der Beamtenwillkür Haus und Hof geöffnet und sicherlich auch zur Bereicherung so mancher Beamten geführt hat, kann sicherlich nicht so einfach vom Tisch gewischt werden. Andererseits aber gab es auch keine großartige Alternative dazu, da in und um Saratov die Nachfrage schon bald nicht mehr befriedigt werden konnte bzw. die Preise folgerichtig steil nach oben schossen. So mussten z.B. Verträge über die Lieferung von 3000 Rindern aus dem Gebiet der Don-Kosaken abgeschlossen werden. Der Preis pro Rind betrug im Schnitt nur 6 Rubel 37 Kopeken, wohingegen eine Kuh in der Gegend von Saratov bereits auf elf bis zwölf Rubel kam.[2]

Als ein Paradebeispiel dafür, in welchem Außmaß unter der Beamtenschaft Korruption und Betrügereien gängig waren, kann wohl der Prozess der Zurückzahlung der Kronschulden angeführt werden. Diese sollen sich auf insgesamt 9.199.813 Rubel und 23 Kopeken belaufen haben, wobei jedoch durch einen „Allerhöchsten Befehl" die Summe von 1.210.197 Rubel und 69½ Kopeken erlassen wurde. Inwiefern diese Angaben aber der Wahrheit entsprechen, scheint unklar zu sein, da ja seit dem Pugatschjow-Aufstand diese Angelegenheit nie mehr ins Reine gebracht werden konnte. Diesen Umstand haben die Beamten zu Saratov auch auszunutzen verstanden und die Ziffern in die Höhe geschraubt, so weit es nur ging. Natürlich kam in der Hauptstadt aber nur sehr wenig dieses Geldes an, laut den Berechungen Pastor Kufelds sollen es für den Zeitraum zwischen 1782 und 1809 nicht einmal 1000 Rubel (!) und zwischen 1809 und 1833 pro Jahr durchschnittlich 22.334 Rubel und 76 16/23 Kopeken gewesen sein. Gleichzeitig gingen natürlich auch lange Berichte darüber ein, in denen die schlechte Zahlungsmoral der Kolonisten als Folge ihrer Liederlichkeit, Faulheit und Verschwendungssucht dargestellt wurde. „Russland ist groß, der Zar ist weit" – dieses russische Sprichwort passt auch hier wieder einmal wie die Faust aufs Auge.

Auf die Dauer aber konnte dies nicht unaufgedeckt bleiben, und so wurde 1833 nun endlich ein außerordentlicher Revisor, der die Abzahlung der Kronschulden überwachen und die Missstände aufdecken sollte, in die Kolonien geschickt. Dieser Maßnahme zeigte auch bald ihre Wirkung. Laut den Berechnungen Kufelds sollen sich die Beamten des Kontors jährlich die schöne Summe von 250.000 bis 370.000 Rubel in die Tasche gesteckt haben. Allein für das Jahr 1833 wies das Schuldentilgungsbuch eine Summe von 399.922 Rubel aus, um

---

[1] Zitiert nach: Kufeld, S. 138.
[2] Plewe, Einwanderung in das Wolgagebiet 1764 – 1767..., S. 28.

377.587 Rubel zu viel! Auf diese Weise wurden die Schulden von Generation zu Generation weitervererbt, aber auch als unangenehme Mitgift an den Bräutigam weitergegeben. Hierbei wurde der auf die Braut entfallende Anteil in Form von so genanten „Losscheinen" herausgerechnet und vom Schuldenberg der Eltern abgezogen.[1]

Die Aufzählung der Ungerechtigkeiten und Bevormundungen, die von den Kontorbeamten ausgegangen sind, ließe sich noch lange fortsetzen. Kommen wir aber nun zu den sittlichen Verhältnisse in den Kolonien. Gerade in dieser Beziehung hält Pastor Kufeld seinen Mitmenschen einen Spiegel vor: Für ihn war der Kolonist ein Mensch der Steppe, dessen Haltung recht monoton sei und der *„schwerfällig, wortkarg, geradeaus und knüppelderb, dabei aber immer pfiffig schlau und gegen alles Fremde immun"* sei.[2] Vor allem seine Indolenz gegenüber jeglichen Neuerungen („*Das brauch' man net!*") wäre ein eindeutiges Charaktermerkmal des Wolgadeutschen gewesen.

Bei aller Kritik vergaß er aber auch nicht schonungslos offen zu legen, was in der Vergangenheit falsch gemacht wurde, und zeigte dabei auch Wege auf, wie man auf allen Gebieten Verbesserungen hätte erreichen können. Die Gründe hierfür stellte Pastor Kufeld auf unnachahmliche Weise heraus und schonte dabei auch seinen eigenen Berufsstand nicht.

Auch wenn es sich bei den Kolonisten nicht um die edelsten Vertreter des Deutschtums gehandelt hat, so war er doch davon überzeugt, *„dass der böse Geist des Kontors auch in manchem Kolonisten und ganz besonders in den örtlichen Gerichtsanstalten seine Behausung hatte, viel Samen streute und reichlich erntete."*[3]

Als einen weiteren Grund führte er den zunehmenden Wohlstand an, da mit ihm immer auch ein sittlicher Verfall verbunden sei. Kennzeichnend ist in dieser Hinsicht ein Amtsbericht vom 4. Febr. 1820 über die Schwarzmeerkolonie Kleinliebenthal – ähnlich ist es auch in den Wolgakolonien zugegangen:

„Das Gebietsamt hat in Erfahrung gebracht, daß die Kleinliebenthaler sich ganze Nächte hindurch in der Schenke mit Saufen beschäftigen und die Polizeistunde (10 Uhr nachts) nicht einhalten. Es wird befohlen, alle Abende die gehörige Polizeistunde zu beobachten, den Schenkern anzubefehlen, daß sie nach 10 Uhr keine Getränke mehr verkaufen, und ein schriftlichen Verbindniß dem Schenker mit dessen Unterschrift abnehmen und dem Gebietsamt einsenden."[4]

Der Pastor der Kolonie Wolskaja vermerkte 1871 in seiner Kirchenchronik:

---

[1] Kufeld, S. 133-136.
[2] Kufeld, S. 19.
[3] Zitiert nach: Kufeld, S. 150.
[4] Zitiert nach: http://www.russlanddeutschegeschichte.de/Kulturarchiv/Quellen/alltagsleben.htm

„Ich kann leider, sagt er, den Hochzeiten der Kolonisten nicht viel Rühmliches nachsagen. Ich gönne von Herzen dem Volke seine Freude, wenn es nur rechte volkstümliche Freudenfeste hätte! Hochzeiten sind Trinkgelage, die Tage lang dauern und bei denen oft unter den ärmern Leuten die letzten Vorräte drauf gehen. Sind dann in einigen Tagen die Vorräte, die für Wochen ausgereicht hätten, übermütig verzehrt, dann wird geborgt, die Vorratsmagazine müssen aushelfen und wohltätige Mitmenschen werden unbilligerweise in Anspruch genommen." [1]

Und in der Chronik des wolgadeutschen Pastors Dsirne findet sich für das Jahr 1862 folgender Eintrag: *„In kirchlicher Hinsicht muss der Ortspastor leider bekennen, dass mehr Rückschritte als Fortschritte gemacht wurden. Die Unkirchlichkeit der weltlichen Behörden bleibt nicht ohne Einfluss namentlich in Betreff der Moralität. Musik und Tanz wurde als erlaubt bekannt gemacht, also geradezu dazu aufgefordert, daher die alten Kerbfeste schnell wieder aufleben. Prediger und Schulmeister wurden verdächtigt zur Schwächung ihrer Autorität, ihre Einkünfte wo irgendmöglich geschmälert und ihre Untersuchung über Unzucht und uneheliche Geburten geradezu verboten und drgl. mehr. So sinkt die Moralität der Deutschen."* [2]

Der Sittenverfall setzte nach Pastor Kufelds Meinung zwischen 1850 und 1870 „in vollem Ausmaß" ein, und wenn der Trunksucht hier auch eine besonders traurige Rolle zukam, soll es aber nur wenige richtige Alkoholiker gegeben haben. Nur die schrecklichen Hungerjahre 1848, 1850, 1859, 1860, 1864-1866 und 1869 sollen dann dem übermäßigen Alkoholgenuss einen Riegel vorgeschoben haben.[3] Vereine gab es freilich noch keine, musste man doch erst mit dem unwirtlichen Leben in der Steppe fertig werden. Erst das Jahr 1838 brachte einen schwachen Lichtschimmer, als die Geistlichkeit versuchte, Vereine gegen die Trunksucht und solche zur Mäßigung der Fleischeslust ins Leben zu rufen. Jedoch, so scheint es, scheiterten all diese Versuche am Widerstand der Branntweinerzeuger und/bzw. der Polizei, weil letztere dadurch angeblich ein Umsichgreifen des Sektenwesens befürchtete.[4]

Ein Bruder aus Sarepta äußerte sich hinsichtlich des sittlichen Verfalls folgendermaßen: *„Viele wissen nichts mehr von der Religion, so wie sie die deutsche Sprache auch vergessen. Der stärkste Hang geht aufs Reichwerden, und der erstaunliche Luxus verleitet fast alle zu einem liederlichen Leben."* [5]

In der Tat war es um die Religiosität der Kolonisten nicht mehr zum Besten bestellt, wovon schon der Umstand zeugt, dass es insbesondere gegen Ende der 50er Jahre zur Entstehung und Verbreitung von Sekten kam. Jedoch muss auch darauf hingewiesen werden, dass diese

---

[1] Zitiert nach: Kufeld, S. 190.
[2] Zitiert nach: Kufeld, S. 186.
[3] Kufeld, S. 152, S. 184.
[4] Kufeld, S. 192-194.
[5] Zitiert nach: Hafa, S. 124.

Entwicklung nicht für sich isoliert dasteht und nicht zufällig mit dem Streben nach einer Verwirklichung einer sozialen Utopie von Gleichheit und Brüderlichkeit, eines göttlichen Zarentums auf Erden, zusammenfällt. Die im Wolgagebiet am weitesten verbreiteten unorthodoxen Religionsgemeinschaften waren neben den Adventisten und Stundisten[1] (oder „Betbrüdern") jene, welche aus dem Mennonitentum hervorgegangen sind: die „Hüpfer", die „tanzenden Brüder", die „Seperatisten", die „Fußwäscher" und die „Wjustisy" (nach deren Gründer Eduard Wüst). Während von diesen die ersten sich nur eines verhältnismäßig geringen Zulaufs erfreuen konnten (z.B. bestanden die „Wjustisy" oder „Wüsterer" 1858 aus nur 50 Mitgliedern), kam den „tanzenden Brüdern" oder den „Brüdern und Schwestern", wie sie sich selber nannten, die größte Bedeutung zu: Wenn diese Sekte im Jahr 1861 erst 300 Mitglieder umfasste, so waren es zehn Jahre später laut den Angaben der Saratover Gubernienleitung im Kamyschinsker

Verwaltungsbezirk allein schon 2320 Sektierer! Erst von der Geistlichkeit geforderte repressive Maßnahmen haben dem Zulauf Einhalt geboten.[2]

Neben dem Alkoholgenuss und Feiern soll aber auch das Entspannen nicht zu kurz gekommen sein: *„Im Übrigen zieht es der Wolgakolonist immer nur vor, die „müßige" Zeit mit dem seligen Nichtstun totzuschlagen und darin kann er Großes leisten. Als eine Art Schlaraffenland müssen jedenfalls die deutschen Wolga-Dörfer dem Durchreisenden vorkommen, wenn er die Scharen von feiernden Frauen und Männer – letztere niemals ohne Pfeife im Mund – auf ihren langen Bänken an der Straße sitzen sieht, der süßen beschaulichen Ruhe pflegend und mit einander gemütlich „discourierend"."* [3]

Der sittliche Niedergang spiegelt sich auch in den Ausschlüssen wegen schwerer Vergehen bzw. Kriminalverbrechen aus dem Kolonistenstand wider: Im Jahr 1830 soll auf 55.416 Seelen der Saratovschen und Samarischen Kolonien eine Ausschließung gefallen sein, 1835 auf 31.077 und 1859 auf nur mehr 15.017 Menschen. Außerdem soll es, seitdem man von der

---

[1] Stundisten (russ. „Stundisty", vom deutschen "Stunde" abgeleitet – in Bezug auf die „Erbauungsstunden") ist die russische Bezeichnung für die Nachfahren der deutschen Pietisten, die im 18. und 19. Jahrhundert nach Russland auswanderten und im praktisch durchgehend orthodoxen Russland ihre angestammte Konfession beibehielten. Von daher wird die Bezeichnung auch allgemein für (freikirchliche) Protestanten in Russland gebraucht. [Zitiert nach: http://de.wikipedia.org/wiki/Stundismus]
[2] Lizenberger, O. A.: Sekty „Tanzujuschich brat'jew" i „Gjupferow" w njemezkich kolonijach Powolž'ja (Die Sekten „Tanzende Brüder" und „Hüpfer" in den deutschen Kolonien des Wolgagebietes) IN: Rossijskie njemzy. Problemy istorii, jažika i sowremennowo položenija. Meždunarodnaja nautschnaja konferenzija. Anapa, 20-25 sentjabrja 1995 g. (Russlanddeutsche. Probleme der Geschichte, Sprache und gegenwärtigen Lage. Internationale Wissenschaftskonferenz. Anapa 20-25 September 1995.), S. 347, S. 349, S. 350, S. 352.
[3] Zitiert nach: Kufeld, S. 32.

Verbannung nach Sibirien Abstand genommen hat, vermehrt zu Diebstählen gekommen sein, wobei die Pferdediebstähle Berühmtheit erlangten.[1]

Kufelds Ausführungen in dem Kapitel "Die Stellung der Frau in den Wolgakolonien" sind für uns heutige Menschen unvorstellbar:

„Ärmere Leute beuten sogar ihre Töchter vor deren Verheiratung gründlich aus, indem sie dieselben gegen einen guten Lohn als Mägde vermieten und ihnen auch das Letzte wegnehmen: so dass manches arme Mädchen trotz des guten Verdienstes gar nichts besitze. In diesem Stücke können unsere Kolonisten herzlos sein, und es scheint geradeso, als ob manche Eltern sich Kinder anlegen, um sich von denselben ernähren zu lassen. Jedenfalls erwartet jeder Vater den Augenblick mit Sehnsucht, wo die Kinder einmal anfangen zu verdienen und hält es für sein gutes Recht, sich bereits in den besten Lebensjahren auf ein Ruhekissen zu legen. Darum sieht man in unseren Kolonisten so viele Väter, die kaum 45 Jahre alt geworden entschieden nichts mehr tun. Der Kolonist gebraucht hier das Sprichwort: „hab´ ichn Sessel, setzt ich mr aach druf." [2] *Deshalb behauptete Kufeld nach eigener Aussage auch immer, dass ein Kolonist sich viel schwerer zum Kauf einer Kuh entscheiden hätte können als eine Frau zu nehmen; der Kuhkauf wäre jedenfalls viel mehr und reiflicher überlegt worden als die Verlobung oder Verheiratung. Und so ist es auch nicht verwunderlich, dass er nicht selten zu hören bekommen musste: „Herr Pastor, wenn man Weibsleute nicht mehr mit Prügeln regieren darf, dann ist alles verloren."* [3]

Aber selbst Söhne mit bereits ergrautem Haar durften ihrem Vater gegenüber keinen eigenen Willen haben, manchmal ja nicht einmal in dessen Anwesenheit rauchen![4] Es liegt natürlich auf der Hand, dass durch diese Tyrannei einer sinnvollen Initiative seitens der Jugend Grenzen gesetzt waren und das meiste beim Alten bleiben musste.

Abschließend möchte ich noch darauf hinweisen, wie es der Kolonist mit der Körperpflege gehalten hat, da auch dies eine Folge der Abstumpfung und Verrohung des Lebens in der Steppe gewesen sein wird: *„Unsauberkeit in den Wohnungen gilt bei den Kolonisten als große Schande. Schade nur, dass sie dieselbe Dummlichkeit nicht auch am eigenen Körper beobachten. Der Kolonist ist wohl auf sehr reine Leibwäsche bedacht, hat aber eine merkwürdige Furcht vor dem Wasser, wenn's an den Körper gehen soll. Darum haben auch die in Russland so beliebten Badstuben bei den deutschen Kolonisten noch keinen Einzug gefunden. Gebadet wird wohl nur im Sommer im Fluss und da sind es wohl nur die jüngeren Elemente, die ihren Körper ins Wasser tauchen, die älteren Leute halten dies für einen unnützen Luxus und meinen, es sei dem Fleische genug gefrönt, wenn der sündhafte Leib wenigstens einmal im Jahr zu Hause abgewaschen wird."* [5]

---

[1] Kufeld, S. 146, S. 185.
[2] Zitiert nach: Kufeld, S. 173.
[3] Zitiert nach: Kufeld, S. 174.
[4] Kufeld, S. 182.
[5] Zitiert nach: Kufeld, S. 26.

Das Verwaltungssystem und die zu bewältigenden Aufgaben

Da die Vormundschaftskanzlei in Sankt Petersburg auch für die Leitung der Kolonisten in den Gubernien Woronež, Petersburg, Tschernigowsk und Poltawa zuständig war und es aufgrund der großen Distanz zwischen der Hauptstadt und der unteren Wolga nur in sehr eingeschränktem Umfang zur Ausübung der Verwaltungstätigkeit kommen konnte, wurde auf Anordnung Graf Orlows am 30. April 1766 in Saratov eine besondere Kanzlei gegründet. Dieser kamen die gleichen Rechte wie jener in Sankt Petersburg zu, sie war ihr gegenüber aber weisungsgebunden. Bald schon aber entwickelte sich das Kontor zu einer mehr oder weniger eigenständigen Behörde, da die Vormundschaftskanzlei das, was ihre Unterbehörde vorschlug oder gemacht hat, in der Regel auch sanktionierte.[1] Dem Kontor wurde für die Anfangszeit eine kleine militärische Einheit zum Schutz der Kolonien an die Seite gestellt.[2] Als erster Vorsitzender bzw. Oberrichter wurde ein Russe, Brigadegeneral Iwan Gawrilowitsch Resanow, eingesetzt.

Das Kontor führte neben den Aufgaben einer Verwaltungsbehörde auch jene einer Gerichtsbehörde aus. Als solche war sie inappelabel, und erst nach der Wiedereröffnung des Kontors gab es die Möglichkeit, bei dem zuständigen staatlichen Gericht gegen seine Entscheidung Berufung einzulegen.

Das Kontor stellte für die Kolonisten die einzige und letzte Instanz dar, mit Ausnahme jener Fälle, bei denen es sich um schwerwiegende Verbrechen oder Streitigkeiten zwischen Kolonisten und Russen handelte. Als Amtssprache wurde Russisch verwendet, Aktenstücke wurden aber gewöhnlich ins Deutsche übersetzt.[3]

Wie sich der aufmerksame Leser erinnern wird, ist den Kolonisten durch Punkt 6.5 des Manifests das Recht auf Jurisdiktion im eigenen Wirkungsbereich zugesichert worden. Da nun aber das Kontor mit der Aufgabe betraut worden war, verschiedene Verwaltungssysteme auszuarbeiten, wurden die Kolonisten auch um dieses Recht gebracht. Jedoch wurde den Dorfbewohnern gestattet, eine der vorgelegten Möglichkeiten selbst auszuwählen.[4] An dieser Stelle sei auch darauf hingewiesen, dass die Kolonisten ihre Vorsteher nicht selbst wählen durften, zumindest legen das die aus den Jahren 1774-1781 stammenden gesichteten Doku-

---

[1] Dietz, S. 146 f.
[2] Terjochin, S. 17, Sp. 1.
[3] Kufeld, S. 117 f.
[4] Plewe, S. 231.

mente nahe. Daher ist es auch nicht selten zu Protesten seitens der Einwohnerschaft gekommen, im Jahr 1777 waren gleich mehrere Kolonien von Unruhen betroffen.[1]

Nach einer zweijährigen Tätigkeit musste man im Kontor erkennen, dass man mit dem vorhandenen Personaletat nicht in der Lage war, die anfallenden Tätigkeiten und Probleme aus eigener Kraft zu meistern. Hierin stimmten Vormundschaftskanzlei und Kontor miteinander überein, weshalb es 1769 in den Kolonien auch zur Schaffung des Amts von Kreiskommissaren kam. Diese waren neben der Beschaffung von allerlei Inventar bzw. Materialien und der Verteilung von Geldern, Saat oder Getreide in erster Linie für die Überwachung der Bevölkerung zuständig, stellten also gewissermaßen die Polizeibehörde der Kolonien dar. Sie sollten laut Instruktion ordentliche, fleißige Leute sein, die sich gut in der Landwirtschaft auskennen und auch ausländische Sprachen beherrschen. Dass es von diesen nicht allzu viele gegeben haben wird, braucht wohl nicht eigens gesagt zu werden. Die große Hoffnung, die die Regierung in sie gesetzt haben wird, ist bei weitem nicht erfüllt worden, ganz im Gegenteil![2]

Betrachten wir nun zwei Probleme, die bereits in der Anfangszeit der Kolonien zu Tage traten und eine enorme Bremswirkung auf deren Entwicklung ausübten.

Anscheinend war es nicht genug des Unglücks, das Pugatschjows Banden und die Kirgisen über die Kolonien gebracht hatten. Schon das Jahr 1775 brachte die nächste große Heimsuchung, dieses Mal den Hunger. Wodurch diese Hungerkatastrophe im Konkreten ausgelöst wurde – sei es nun durch die Folgen des Kampfgeschehens oder wieder einmal durch die zu späte Herausgabe des Saatkorns durch die despotischen Beamten – scheint nicht bekannt zu sein, ist aber auch nebensächlich.[3] Allein in Saratov verhungerten mehr als 1000 Menschen. Wie verhielt sich in dieser Situation nun aber die Regierung bzw. die Zarin, die ihren „lieben Kindern" einst doch so viel Zuneigung zukommen lassen hatte! In einem von ihr an das Tutelkontor gerichteten Ukas vom 18. April 1775 heißt es:

„Viele von den Kolonisten haben es wegen Faulheit, Saumseligkeit und ausschweifenden Lebens nicht geschafft, einen ordentlichen Haushalt zu gründen und haben hinter sich riesige Summen von Schulden angehäuft. Daher gebieten wir, allen diesen Kolonisten anzubieten, nachdem sie die Schulden der Staatskasse zurückbezahlt haben, zurück nach Deutschland zu fahren. (!) Andernfalls solche zur Arbeit in Städten dazu zu verwenden, daß sie aus dem Lohn für diese die Schuld der Staatskasse begleichen, oder ihnen anzubieten, in unseren Heerdienst einzutreten..." [4]

---

[1] Plewe, S. 271, S. 273.
[2] Plewe, S. 235, Kufeld, S. 116.
[3] Vgl.: Kufeld, S. 116.
[4] Zitiert nach: Dietz, S. 124.

Der Erlass dieses Ukasses wird vielen Kolonisten aber wohl gar nicht bekannt geworden sein, da sich viele Männer damals zur Lohnarbeit in Städten und Dörfern außerhalb der Kolonien befanden, um nicht am Hunger sterben zu müssen oder die Familie durchbringen zu können (vgl. Fußnote 1 auf S. 64). Bedenkt man darüber hinaus, dass die Verbindlichkeiten der meisten Familien gegenüber dem Staat 500 Rubel und mehr betrugen, so erscheint das Angebot der Zarin fast wie ein Hohn.[1] Somit waren nämlich eine schnelle Rückzahlung der Schulden und eine eventuelle Rückkehr in die Heimat schon von vornherein ausgeschlossen.

Schauen wir uns nun an, aus welchen Bestandteilen sich dieser Schuldenberg zusammensetzte. Da laut Manifest der Staat ja „nur" alle Ausgaben von der russischen Grenze bis zum Ort der Ansiedlung übernahm und alle übrigen Auslagen dem Kolonisten als Schuldenlast zugeschrieben wurden, fingen die Schulden bereits während der Reise an, sich anzusammeln.

Die Reise von den Sammelstellen bis zum Lübecker Hafen machte für eine Familie 15-25 Rubel aus, den privaten Lokatoren entstanden hierfür angeblich Kosten zwischen 35 und 40 Rubeln, die ihnen auch ersetzt wurden. Hinzu kamen die Kosten für Unterkunft und Verpflegung. Die Kosten für die Überfahrt ab Lübeck lagen im Schnitt bei 7,5 Rubeln für eine dreiköpfige Familie (eine ab Danzig kostete 4 Rubel 72 Kopeken), jene für die Verpflegung zur See betrugen 18,5 Kopeken für eine erwachsene Person pro Tag.

Die Schulden jedes Kolonisten hatten also schon bei der Ankunft eine stattliche Höhe erreicht. Neben dem Verpflegungsgeld, welches aber natürlich nicht zurückzubezahlen war, bekam man in Oranienbaum auch ein Darlehen für sonstige Bedürfnisse, welches für eine Familie 12 bis 18 Rubel und für Ledige 4 bis 8 Rubel betrug.[2] In Saratov angekommen, erhielten die Kolonisten nochmals ein sehr stattliches Darlehen in der Höhe von 200 Rubel ausbezahlt. Diese Summe entsprach etwa dem Wert eines Hauses, jener eines Pferdes betrug übrigens 7-9 Rubel und der einer Kuh 5-7. Ab 1765 betrug die Höhe des Darlehens jedoch nur mehr 150 Rubel. Dieses Geld war u.a. für den Kauf von landwirtschaftlichem Gerät und Hausrat bestimmt. Für die Besorgung war Iwan Reis zuständig, er beschaffte das Inventar zum Preis von 50 bis 70 Rubeln zunächst zentral in Sankt Petersburg oder auch in Moskau. Aber schon 1766 schaffte er es nicht mehr, die immer zahlreicher ankommenden Kolonisten zu versorgen, und so wurde nun das Geld ausbezahlt. In der ersten Hälfte des Jahres 1767

---

[1] Plewe, Einwanderung in das Wolgagebiet 1764 – 1767..., S. 28.
[2] Plewe, Einwanderung in das Wolgagebiet 1764 – 1767..., S. 26.

kam es zu einer Kürzung des Darlehens auf 100 Rubel bzw. auf 15-25 für diejenigen, die in der zweiten Jahreshälfte eintrafen.[1]

Ein weiteres Problem, welches auch in die Zeit des (ersten) Kontors fiel und dringend gelöst werden sollte, war der unterschiedliche rechtliche Status der Kolonisten und das Vorhandensein der Direktoren, der ehemaligen Entrepreneure. Wie wir schon gehört haben, war es nämlich so, dass die von den privaten Werbern mitgebrachten Kolonisten noch in Deutschland zur Unterzeichung spezieller Verträge genötigt wurden, insbesondere haben sie sich durch ihre Unterschrift zur Zahlung gewisser Abgaben bzw. des „Zehnten" verpflichtet. Die „Kronschen", die ausschließlich von der Regierung angeworbenen, waren aber von solchen Abgaben befreit. Natürlich konnte es aufgrund der geographischen Nähe der Kolonien nicht lange dauern, bis sich Neid und Missgunst unter den „Direktionskolonisten" breit machten, zumal doch alle aus fast ein- und denselben Gründen ausgewandert sind. Die völlige Abhängigkeit der Kolonisten von ihren Direktoren machte sie zu einer Art Leibeigene, unter dem Kontor – trotz aller berechtigten Bedenken – ging es den Kolonisten doch noch viel besser, da dieser nicht ständig eine Kotrolle über sie ausüben konnte.

Schon am 4. Juni 1765 richtete sich in Oranienbaum unter lautem Murren eine Gruppe von Auswanderern an die Kommissare der Regierung mit der Bitte, sie doch als Kronkolonisten zu rechnen. Die Sache wurde untersucht, brachte für sie aber ein negatives Ergebnis. Im Jahr 1767 unterzeichneten die Vorsteher der le Boffe und de Rua unterstellten Dörfer ein Bittgesuch an die Regierung, in welchem sie um die Befreiung von der Direktionsgewalt baten. Im folgenden Jahr richtete die Kolonie Grasnowatka ein weiteres Ansuchen:

„An ein allerhöchst verordnetes Kaiserliches Contor der Tutell-Canzley. Gelanget unsere untertänigste Vorstellung und Erinnerung wegen von dem abgewichenen 1776 Jahre am 22. Dezember eingegebenen Bittschrift von gesamten Vorstehern von genannter de-Boffschen Direction um mit derselben nichts zu schaffen zu haben, indem wir gar nicht einsehen können, ob obgemeinte Direction vorstehen soll, sondern unterwerfen uns gänzlich der hohen Cron Directissements, [...], denn es wäre uns und unseren Nachkömmlingen eine große Schande sollen aus Frankreich hergekommenen jemalen untertänig sein sollen, oder ihnen die geringsten Abgifte von uns aus gerichtet werden, dieweilen wir einmahlen und niemandem mit keiner Leibeigenschaft vekauft gewesen, [...]; und wenn er sich auf die Kolonien kommet welches nun schon zweimal geschehen, so kann Herrn de Boffe, kein anderer Lob beigelegt werden, als dass er die Leute errichtet, verachtet und sogar mit Prügeln an sich ziehen will, [...]. Nun bitten wir ein Hochverordnetes Kaiserl. Contor der Tutel-Canzlei so wohl auch die den 22. Dezember 1767 wie auch auf die jetzige Bittschrift um eine gnädige Resolution, [...].
Gräsnowatka d. 27. August 1768." [1]

---

[1] Plewe, Einwanderung in das Wolgagebiet 1764 – 1767..., S. 27.

Die Regierung wusste natürlich, dass sie an der entstandenen Misere selbst schuld war, was schließlich auch zu ihrem Einlenken führte. Andererseits wäre man aber auch im Kontor darüber froh gewesen, wenn die Direktoren endlich verschwinden würden und eine einheitliche Lenkung der Kolonisten möglich gewesen wäre. Seit der Einführung des Kontors in Saratov hatte das Amt der Direktoren seine Berechtigung ja ohnehin verloren.

So wurde 1777 endlich eine Untersuchungskommission eingesetzt, die zu dem Ergebnis kam, dass man den Direktoren nicht weiter die Verwaltung von Kolonien überlassen könne. In der Folge gelang es dann selbstverständlich auch, sich mit den Direktoren auf eine Ausgleichszahlung für ihre „Mühen" und ihre (angeblichen) Privatinvestitionen zu einigen. Für le Roy wurde eine Summe von 27.056 Rubeln und für Precour wurden 7233 Rubel berechnet. Die Angelegenheit fand erst am 31. Jänner 1779 ihren endgültigen Abschluss, damals verpflichteten sich le Roy und d´Hautervive, dass sie keine Forderungen mehr stellen werden. Wem diese Summe auferlegt worden war, braucht vermutlich nicht mehr eigens erwähnt zu werden.

Was aber die Umwandlung der Kolonien des Caneu de Beauregard anbelangt, so scheint diese reibungslos über die Bühne gegangen zu sein, zumal er ja wegen der Vorladung zur Abrechnung auch vermutlich nie mehr in Russland erschienen ist. Seine Kolonien wurden von seinen Offizieren, an dessen erster Stelle sein Kompagnon und Vertreter Major de Monjou stand, verwaltet. Über ihn und dessen Führungsstil scheinen im Übrigen auch keine Klagen eingegangen zu sein, obwohl sich auch diese Kolonisten laut Plewe in einer schwierigen Situation befanden.[2]

Sowohl die Vormundschaftskanzlei in Sankt Petersburg als auch das Kontor zu Saratov sollten gemäß ihrer Gründungsstatuten nur als Übergangsbehörden eingerichtet werden und nur so lange bestehen, bis die Kolonisten auf „eigenen Füßen" stehen konnten und den Lokatoren ihre Machtbefugnisse entzogen worden waren. Als das Jahr 1782 für das Reich die Einteilung in Gouvernements brachte, dachte man, dass nun auch für die Kolonien die Zeit der Selbstverwaltung ein Ende haben sollte, da sich die Deutschen mittlerweile schon nicht mehr als Deutsche fühlen würden und die russischen Sitten und Gepflogenheiten ausreichend kennen würden oder angenommen hätten. Wie täuschte man sich aber! Dietz sah übrigens den Hauptgrund für die Liquidierung der Kanzlei und dessen Kontor aber darin, dass sie die Regierung eine nicht unbedeutende Summe Geldes gekostet haben, und das in einer Zeit, in welcher man in Europa mit Kriegführen beschäftigt war.[3]

---

[1] Zitiert nach: Kufeld, S. 109 f.
[2] Kufeld, S. 108-112 und: Plewe, S. 236-242.
[3] Dietz, S. 130.

Am 20. April des Jahres wurden auf höchsten Befehl hin beide Amtsstellen aufgelassen, die einst verliehenen Sonderrechte entzogen und die Verwaltung den russischen Behörden, dem Saratovschen Kameralhof und Niederlandgericht übertragen. Durch diesen Schritt sollen laut Dietz und Züge die Kolonisten unter den russischen Beamten infolge der Bestechlichkeit und Misswirtschaft nochmals „großes Elend" – wie es einstimmig in den Memoiren der Kolonisten dieser Zeit heißen soll – erlitten haben. Interessant ist, dass Plewe mit diesem kategorischen Urteil nicht übereinstimmt. Hierzu führt er an:

„In der Mehrzahl der Untersuchungen zur Geschichte der Wolgadeutschen wurden die Änderungen im Verwaltungssystem der Kolonien in den 80-90er Jahren nicht detailliert analysiert, sondern nur konstatiert. Der Grund dafür war das Fehlen von Dokumenten für diese Periode. Die Dokumente der Saratover Steuerkammer haben sich für diese Periode nicht erhalten, sowohl im örtlichen, als auch in den Zentralarchiven. Als Ausnahme kann der so genannte „Atlas von I. Ogarewa" mit statistischen Daten der Wirtschaftslage der Kolonien an der Grenze für die Jahre 1780-1790 dienen, ..." [1]

Zu dem Schluss, dass wohl diese Periode noch die beste für die Wolgadeutschen im 18. Jhdt. gewesen sein wird, kommt er aufgrund von wirtschaftlichen Kennzahlen. Als Indikator kann z.B. der Bestand von Vieh herausgegriffen werden: Innerhalb von 17 Jahren ist dieser von Kühen um vier Mal, jener von Schafen um sieben Mal angewachsen. Und wenn die Kolonien in den 70er Jahren noch ständig staatlicher Hilfe in Form von Brot oder Getreide bedurften, so konnten sie sich gegen Ende des Jahrhunderts nicht nur selber versorgen, sondern den erzeugten Überschuss auch verkaufen (natürlich könnte hier berechtigterweise auch eingewendet werden, dass die Ereignisse der 70er Jahre für die Wirtschaftsentwicklung nicht gerade förderlich waren).

Andererseits aber schreibt er auch, dass nun unter einem Dach oft gleich mehrere Familien leben mussten. Dies begründet er damit, dass es die finanziellen Möglichkeiten noch nicht erlaubten, selbst Land zu pachten oder zu kaufen und aufgrund der verbleibenden Schuldenlast noch keine Pässe zur freien Fortbewegung in der Region ausgestellt wurden. Des Weiteren erwähnt er auch, dass die Zarin dem Senat empfohlen hat, die Lage der Bittsteller zu erleichtern.[2]

Meiner Auffassung nach wird es wohl tatsächlich so gewesen sein, dass mehrere Beschwerden bis nach Sankt Petersburg gelangten, was aber nicht zwangsläufig bedeuten muss, dass die allgemeine Lage schlechter als früher war. Wenn es mit dem heranrückenden Jahr 1794, in welchem die 30 Freijahre ausliefen und noch dazu mit dem Abbau der Schuldenlast

---

[1] Zitiert nach: Plewe, S.277.
[2] Plewe, S.279-282.

begonnen werden sollte, es zu einem vermehrten „Jammern" kam, dann wird das nicht verwunderlich sein.

In dieser Situation wurden von den verzweifelten Kolonisten 1794 zwei Bevollmächtigte zur Zarin geschickt, um dieser ihre aussichtslose Situation, ihre Zahlungsunfähigkeit und deren Ursachen darzulegen.[1] In der Folge wurde eine ganze Reihe von Untersuchungen durchgeführt, als deren Resultat es nach 15 Jahren, am 31. Juli 1797, unter Paul I. zur Wiedereröffnung des Kontors in Saratov, dessen Kompetenzen dieselben wie die des ersten blieben, kam. Während seines Bestehens waren in ihm nie mehr als 11 Bedienstete beschäftigt, dasselbe gilt auch für das erste Kontor. Die Veränderung zu früher bestand darin, dass es als Behörde dem „Department für Reichsökonomie und öffentliche Bauten" unterstellt und den übrigen Verwaltungsbehörden gleichgestellt wurde.[2]

Die nächste Neueinführung brachte dann das Jahr 1812. Damals wurden die Kolonisten in Bezug auf die Entrichtung von Abgaben bzw. Steuern den russischen Bauern gleichgestellt.[3] Auch das bereits erwähnte Jahr 1840, in welchem den Kolonisten die Finanzierung des Kontors auferlegt wurde, brachte für sie nichts Gutes.[4]

Wenn die folgenden Jahrzehnte für die Kolonisten auch keine (nennenswerten) Neuerungen brachten, so hatten sie aber sowohl für die Kolonisten als auch das Kontor viele Probleme zur Folge, welche in ihrer überwiegenden Mehrheit mit der immer stärker spürbaren „Landarmut" zusammenhingen. Nachdem 1802 die letzten zwei Kolonien gegründet worden waren (siehe S. 64), wurden Neugründungen oder Massenumzüge in andere Kolonien nicht mehr toleriert.

Im Jahr 1827 soll der Zar sogar die Anstellung besonderer Aufseher, welche die Auswanderungslustigen von der Auswanderung abhalten sollten und über diese dem Kontor Bericht zu erstatten hatten, angeordnet haben.[5] Aber auch diese standen der Unzufriedenheit vieler Kolonisten oft machtlos gegenüber, und so verließen zu Beginn der 1830er Jahre dann die ersten Menschen die Kolonien und siedelten sich im Stawropoler kraj im Kaukasus an. Hier gründeten sie die Kolonien Johannesfeld und Karras, letztere gemeinsam mit schottischen Missionaren.

Im Jahr 1850 verließen viele Menschen die Kolonien in Richtung Kaukasus. In Anbetracht dessen teilte das Kontor dem „Ministerium für Staatliche Eigentümer" mit, dass 593 Kolonis-

---

[1] Dietz, S. 131 f.
[2] Kufeld, S. 120 f., S. 128 f. und: Plewe, S.246.
[3] Tomfaluschin, S. 140.
[4] Kufeld, S. 129.
[5] Kufeld, S. 129.

ten der Bergseite ihren Wunsch bekundet hätten, sich an der nordöstlichen Küste des Schwarzen Meeres niederzulassen, was das Kontor auch gestatten wollte. Jedoch musste den Kolonisten eine Absage erteilt werden, da die Gegend, in der sie sich anzusiedeln gedachten, schon beinahe überbevölkert war. Nichtsdestotrotz gründeten Kolonisten 1859 bei der Stadt Naltschik eine neue Kolonie (Alexandrowska).

Schon bald traf ein neues Ansuchen, diesmal von Vertretern einiger Kolonien, ein. Diese Männer waren nach Tiblisi gefahren und haben dort erklärt, dass sich 3000 Menschen „an dieser Seite" des Kubans, in der Nähe der Stadt Jejsk, anzusiedeln geneigt seien. Der dortige Statthalter hat ihnen aber eine Abfuhr erteilt. Nun war es für das Ministerium höchste Zeit zu handeln. Das Kontor musste verkünden, dass auf eigenmächtige Auswanderungsversuche die Einbuße des Kolonistenstatus stehen würde, wonach man mit ihnen wie mit Landstreichern umgehen werde. Dennoch aber reichten Kolonisten bereits vier Jahre später (1865) ein Auswanderungsgesuch ein, welches von allerhöchster Stelle tatsächlich auch positiv beantwortet wurde. Jedoch konnten sie in der Folge auch auf keinerlei Hilfeleistung des Staates zählen. Auch sie gründeten im Stawropolskij Kraj eine Kolonie. Insgesamt sind zwischen 1838 und 1871 736 Männer und 567 Frauen in den Kaukasus übersiedelt.[1]

Da diese Auswanderungsbestrebungen vom Kontor in der Regel alles andere als gerne gesehen wurden, haben die Kolonisten auch damit angefangen, das Gleiche bei sich „zuhause", innerhalb der Grenzen der Kolonien zu praktizieren. So haben sich z.B. schon im Jahr 1833 19 Familien aus verschiedenen Kolonien zu einem Neuanfang zusammengefunden.

Diese eigenmächtigen Neugründungen innerhalb des Verwaltungsgebietes des Kontors fielen aber gegenüber den (mehr oder weniger) systematischen Umsiedlungsprojekten des Kontors sehr bescheiden aus. Durch sie wurden tausende Familien umgesiedelt und fast 100 neue Kolonien oder Tochterkolonien gegründet.

Alles nahm seinen Anfang vermutlich damit, dass seit der 5. Revision noch 41.102 Desjatinen Land übriggeblieben waren, welches sich in einer solchen Entfernung von den Kolonien, welche darüber die Besitzrechte innehatten, befand, dass – auch aufgrund seiner Gemengelage – an eine gewinnbringende Nutzung desselben nicht zu denken gewesen war. Deshalb verpachteten seit den 1830er Jahren die betroffenen Kolonien diese Landflächen, wobei die Einnahmen aus der Pacht proportional zur Einwohnerzahl aufgeteilt wurden. Dem Kontor war aber diese Praxis ein Dorn im Auge, lieber wäre ihm die Neugründung von Ansiedlungen

---

[1] Dietz, S. 228-230.

gewesen. Denn dadurch erhoffte es sich in der Folge eine Steigerung der Einnahmen, nicht zuletzt deshalb, da die in Frage kommenden Landstriche auf diese Weise besser und intensiver bearbeitet werden konnten. Daher wurde am Ende der 40er Jahre dazu übergegangen, die zur gemeinschaftlichen Nutzung bestimmten Gebiete zwischen den einzelnen Kolonien aufzuteilen. Und als Resultat dieses Schrittes fingen die Kolonisten auch tatsächlich mit der Gründung von Tochterkolonien an. In den Jahren 1847, 1851, 1852 und 1863 wurden im Kamyschinsker Bezirk 11 neue Kolonien gegründet, von denen 8 zu einem neuen Kreis zusammengefasst wurden (Ilawlinksij okrug). Auch auf der Wiesenseite erfolgten auf diese Weise zwischen 1848 und 1864 19 Neugründungen, drei von ihnen wurden aber schon bald wieder aufgelassen. Laut Dietz sollen die Neugründungen auch kaum die Beziehungen und Verbindungen zu ihren Mutterkolonien verloren haben. Außerdem half in der Regel auch die Dorfgemeinschaft der Mutterkolonien den Umsiedlern beim Bau ihrer Häuser und in anderen Angelegenheiten, weshalb sich auch immer genügend gefunden haben sollen, die zu einem Neuanfang bereit gewesen waren.[1]

Anders soll es im Kreis Nowouzjensk ausgesehen haben. Der hier zur Neuansiedlung vorgesehene Boden war etwas salzig, außerdem gab es nur wenig Wasser. Verständlicherweise baten die Menschen um die Zuweisung eines anderen Stück Landes, die Regierung aber war dazu nicht bereit und zu keinem Einlenken zu bewegen. Die Beamten des Kontors mussten ständig in die Kolonien hinausfahren und die Leute zu überreden versuchen, unter anderem mit der Begründung, dass andernfalls das unbesiedelte Land vollständig vom Kontor eingezogen würde. Auch die betroffenen Dorfgemeinschaften selbst versuchten ihrerseits bald Bewohner zur Umsiedlung zu bewegen. So wurde Willigen ein nicht unbedeutendes Startkapital (bis zu 100 Rubel) mitgegeben. Auch kam es vor, dass Leuten, die sich etwas zu Schulden kommen haben lassen, vom Dorfgericht ein Ultimatum gestellt worden war: Entweder Peitschenhiebe oder Umsiedlung. Für die Kolonisten bildete sich ein Teufelskreis: Auf der einen Seite trieb man sie zur Umsiedlung, und auf der anderen Seite bekamen sie hierfür vom Ministerium aber keinerlei Mittel zur Verfügung gestellt.

Deshalb ging der Umsiedlungsprozess auch nur sehr langsam voran, und die

neuen Ansiedlungen wurden nicht auf einmal „komplettiert", sondern füllten sich von Jahr zu Jahr durch Zuwanderer aus verschiedenen Kolonien auf. Es gab nicht eine Neugründung, in

---

[1] Dietz, S. 230 f.

welcher ausschließlich Abwanderer aus einer einzigen Kolonie zu finden waren. Aber auch hier wurden viele Neugründungen durchgeführt, die ersten 7 im Jahr 1855, 1860 sogar 11.[1]

Die letzten Kolonien sollen übrigens 1902 (Neu-Warenburg) und 1909 (Station Urbach) gegründet worden sein. Im Wesentlichen hörten die Umsiedlungsaktionen aber zu Ende der 60er Jahre, vornehmlich 1867, auf. Die meisten dieser neuen Kolonien entstanden auf der Wiesenseite, da auf der Bergseite nur mehr sehr wenig Land zur Verfügung stand.[2] Am Ende des zweiten Drittels des 19. Jhdts. lebten in 194 Kolonien 251.145 Menschen, und am Anfang des 20. Jhdts. soll deren Zahl bereits auf 407.500 gewachsen sein! Um 1920 gab es im Wolgagebiet laut Terjochin über 260 deutsche Kolonien.[3]

Am 1. Januar 1864 kam es in den Landkreisen und Gubernien des Reichs zur Einführung der so genannten „Žemstwoverwaltung", wodurch die bisherige Verwaltungsstruktur, welche auf dem lokalen Adel und auf von Moskau eingesetzten Bürokraten ruhte, aufgehoben wurde. Erst die drei Jahre zuvor erfolgte Aufhebung der Leibeigenschaft hatte diese Verwaltungsreform ermöglicht. Der Sammelbegriff „Žemstwo" bezeichnete Selbstverwaltungsorgane, deren Personal durch einen Drei-Kurien-Wahlmodus (Gutsbesitzer, Städter, Bauern) auf 3 Jahre gewählt wurden. Die von den Bauern gebildete Kurie wurde hierbei quotenmäßig benachteiligt.

Die deutschen Kolonisten waren aber von dieser Neueinführung vorerst nicht betroffen. Erst mit dem Gesetz vom 17. Dezember 1866 wurde die Verwaltung der deutschen Kolonien an der Wolga den russischen staatlichen Organen für bäuerliche Angelegenheiten unterstellt und in der Folge durch die Žemstwoverwaltung ersetzt. Der bäuerlichen Bevölkerung wurde im Gegensatz zu den russischen Bauern ein Sonderstatus zuteil, welcher darin bestand, dass jedem Besitzer eines Landanteiles das Stimmrecht zugesprochen wurde und die übrigen Gemeindemitglieder für je zehn Einwohner einen Vertreter in die Dorfversammlung entsenden konnten.[4] Pastor Dsirne äußerte sich über das neue Verwaltungssystem in der Kirchenchronik folgendermaßen:

„Pro 1868: Die neue Einrichtung mit unserer Semstwo, die nun schon seit Jahren bestand, missfiel allgemein. Nichts war besser geworden als früher, dennoch hatten die Landbesitzer statt der früheren 1 ½ Kopeken Silber jetzt 8 bis 10 Kopeken Silber pro Dessjatine zu zahlen. Die meisten ungebildeten Mitglieder des Landamts verstanden von ihrem Amte eben nicht mehr, als unaufhörlich neue Steuern zu kreieren." [5]

---

[1] Dietz, S. 232, S. 235-237.
[2] Dahlmann, S. 9.
[3] Terjochin, S. 18, Sp. 1.
[4] http://www.russlanddeutschegeschichte.de/deutsch2/semstwogesetz.htm
[5] Zitiert nach: Kufeld, S. 351.

Im Jahr 1871 schlug dann auch für das bei so vielen Kolonisten als „Spitzbubennest" verschriene Saratovsche Kontor die letzte Stunde. Mit seiner Auflösung wurden die Kolonisten ihrer noch verbliebenen Privilegien (mit Ausnahme der Befreiung vom Militärdienst) beraubt und endgültig als „Siedler-Eigentümer" („poseljanje-sobstwenniki") den russischen Bauern gleichgestellt.

Auf diesen Schritt reagierten viele mit Auswanderung. Das Kontor blieb noch ein Jahr als Oberkirchenvorsteheramt bestehen. Als die größte Schwierigkeit, welche die Verwaltungsreform mit sich brachte, erwies sich natürlich die nur sehr schlechte oder nicht vorhandene Kenntnis der russischen Sprache. So wurden buchstäblich vom ersten Tag an, im September 1871, die bevorstehenden Reformen in den Kreisämtern der Kolonien in Russisch verlesen, und nach Pastor Kufeld soll von den anwesenden Deutschen fast niemand auch nur ein Wort verstanden haben.[1]

Wie Kufeld sah auch ein anderer Geistlicher, der Propst Hölz aus der Kolonie Warenburg, die Abschaffung des Kontors nicht nur positiv. In seiner Kirchenchronik heißt es: *„Noch lässt sich über den Segen und Unsegen der neuen Reformen nichts aus Erfahrung sagen, dass aber die plötzliche Einführung der russischen Sprache bei einem Volk, das sie gar nicht kennt, die schönste Gelegenheit zu Betrug und allerlei Ungerechtigkeit geben wird, liegt auf der Hand und offenbart sich schon."* [2]

Als drei Jahre später am 1. Jänner 1874 die allgemeine Wehrpflicht eingeführt wurde (die Mennoniten hatten als Ersatz andere Dienste zu versehen[3]), sahen sich die Kolonisten endgültig um ihre Rechte gebracht und setzten nun in vermehrtem Ausmaß die Auswanderung nach Kanada, aber auch in die USA, Brasilien und Argentinien fort. Über das Ausmaß der Auswanderung liegen keine gesicherten Angaben vor.[4] Es wird aber geschätzt, dass etwa 250.000 Russlanddeutsche nach Argentinien und Brasilien auswanderten und rund 750.000 Menschen in die USA oder nach Kanada zogen.[5]

---

[1] Kufeld, S. 352 f.
[2] Zitiert nach: Kufeld, S. 353.
[3] Sie erreichten, dass für sie folgender Passus in das Gesetz über die allgemeine Militärdienstpflicht aufgenommen wurde: *"Die Mennoniten können nur zu Diensten außer der Front für Hospitäler oder in den Werkstätten der Landtruppen oder des Marinewesens und in ähnlichen Anstalten verwandt werden, wobei sie vom Tragen des Gewehrs befreit sind. Doch diese Regel wird auf die Mennoniten nicht ausgedehnt, die sich einer Sekte anschließen oder die nach Erlass dieses Gesetzes aus dem Ausland in das Reich übersiedeln."* [Zitiert nach: http://www.russlanddeutschegeschichte.de/deutsch2/gesetz_14_mai_1875.htm] Außerdem konnten sie auch Dienste im Forstwesen oder bei der Feuerwehr verrichten.
[4] Siehe dazu: http://www.kuwi.euv-frankfurt-o.de/~sw1www/publikation/lateinam.htm
[5] http://www.russlanddeutschegeschichte.de/deutsch2/auswanderung.htm

Auch in einigen anderen südamerikanischen Ländern haben Deutsche ihre neue Heimat gefunden, die Auswanderungsbewegung dorthin blieb aber unbedeutend. Von diesen Ländern scheint mir aber vor allem Paraguay einer Erwähnung wert zu sein, da hier 1995 166.000 Menschen Deutsch, darunter 19.000 Plattdeutsch gesprochen haben sollen. Nach Paraguay zogen auch die von Russland nach Kanada ausgewanderten Mennoniten (1995: ca. 10.000), nachdem in Kanada 1919 das Einsprachen- und Schulzwanggesetz eingeführt worden war.[1]

---

[1] http://www.genealogienetz.de/reg/WELT/paraguay-d.html#gener und: Finke Theodor: Auf den Spuren der Mennoniten in Paraguay. IN: Heimatbuch der Deutschen aus Rußland 1982-1984. Hrsg. von der Landsmannschaft der Deutschen aus Russland e.V., Stuttgart 1984; S. 204, Sp. 1.

Schluss und Ausblick

Wie schon vor allem aus dem Kapitel über das Schulsystem hervorgegangen ist, fühlte sich der Kolonist während all der Zeit stets als Deutscher, obwohl es so etwas wie ein deutsches Nationalbewusstsein damals noch nicht gegeben hat. Als „Deutsche" und nicht als ehemalige Untertanen eines beliebigen deutschen Kleinstaates bezeichneten sie sich vor allem deshalb, da sich in der anderssprachigen Umgebung ein durch Sprache und Kultur bedingtes Zusammengehörigkeitsgefühl herausgebildet hatte.

Was die Sprache betrifft, so ist diese laut Pater Kufeld von späteren Reisenden oft genug als ein *„merkwürdiges Kauderweltsch, als ein korrumpiertes Deutsch"* bezeichnet worden. Jedoch scheinen solche Aussagen vor allem auf die Unkenntnis der verschiedenen deutschen Dialekte zurückzuführen zu sein. Ein Reisender berichtete: *„Eigentümlich berührt es den Deutschen, wenn ihm, nachdem er hunderte von Meilen durch Russland gefahren ist, plötzlich in den Kolonien heimatliche Laute so ungeschminkt reinen Dialekts entgegentreten, dass man glauben möchte, im Fuldaischen, Kissingischen, Stuttgartischen oder sonst wo im lieben Deutschen Vaterlande zu sein."* [1]

Andererseits wird an den Aussagen der Reisenden doch auch etwas Wahres daran sein, da sich der Wortschatz einer Sprache ständig verändert. Aufgrund der Trennung vom Mutterland konnte die deutsche Sprache in den Kolonien naturgemäß keine natürliche Entwicklung mitmachen und blieb folglich auch sich selbst überlassen. Deshalb kann wohl mit Fug und Recht davon ausgegangen werden, dass die Nachkommen der Einwanderer, sofern sie heute noch in Russland leben und untereinander Deutsch sprechen, auch heute noch in der Sprache ihrer Vorfahren zur Zeit Katharinas sprechen (z.B. „Grundbirn" für Kartoffel). Die Sprache wird sich vor allem nach 1914 kaum noch verändert haben, da von nun an auch die Einfuhr deutschsprachiger Literatur verboten war. Das letzte deutschsprachige Blatt an der Wolga, die „Volkszeitung", musste 1916 seine Ausgabe einstellen. [2]

Natürlich konnte es auch nicht ausbleiben, dass sich in die Alltagssprache der Kolonisten auch einige russische Wörter „eingeschlichen" haben.

Neben den Begriffen für die landeseigenen Speisen, Geräte, Kleidungsstücke usw. handelte es sich hierbei vor allem um einschlägige wissenschaftliche, technische oder politische Begriffe

---

[1] Zitiert nach: Kufeld, S. 30.
[2] Dahlmann, S. 14.

(z.B. maschina – Auto, telewižor – Fernseher, älektritschestwo, kolchož, udarnik – Stoß-/Bestarbeiter,...), die erst viel später, hauptsächlich im 20. Jhdt., aufgekommen sind.

Eine Gefahr für den Gebrauch der deutschen Sprache unter den Kolonisten hat für unseren Untersuchungszeitraum jedoch nie bestanden. Lediglich der, der „gebildet" erscheinen wollte, sollte angefangen haben, eine Konversation auf Russisch zu führen, doch war das mehr Prahlerei als Gewohnheit.[1] Interessant ist jedoch, dass sich in der Volksdichtung nicht selten – wie mir scheint –russische Wörter finden (Beispiele befinden sich im Anhang auf S. 161) Von den russischen Nationalspeisen sollen die Kolonisten laut Kufeld so gut wie nichts angenommen haben. Auch in Russland durfte das Sauerkraut und Schweinefleisch nicht fehlen, vom Gemüse, außer vom Kohl, hielt der Kolonist laut Pastor Kufeld aber nicht viel. Die Leibkost der Wolgabauern soll „Kartoffel un´ Klump´" (Klöß´) gewesen sein. Als Getränk erfreute sich der süßbittere „Steppentee", der aus „Süßholz" (den getrockneten Wurzeln des Lakritzenbaums) und verschiedenen Steppenkräutern zusammengebraut wurde, großen Zuspruchs.[2] Dass die Kolonisten von den russischen Speisen so gut wie nichts angenommen hätten, scheint mir jedoch sehr unwahrscheinlich zu sein. Es wäre nur allzu natürlich, falls auch diese sich mit der Zeit in den Kolonien verbreiteten haben. So fanden laut Bacharjewa z.B. Borsch, Pelmeny (ähnlich Ravioli), Bliny (wie Palatschinken), Plow (ein mittelasiatisches Gericht aus Reis, Fleisch und Gewürzen), Wareniki (mit Konfitüre oder Quark gefüllte Teigtaschen), Kwass (ein alkoholarmes Getränk) und vor allem Wodka in die Küche der Kolonistenfrau Einzug.[3]

Auch die Tracht und Bekleidung, mit Ausnahme der Wintergarderobe (Pelzstiefel usw.), verriet den Kolonisten noch lange Zeit als Deutschen. Pastor Kufeld schreibt: *„Bis vor kurzem hielten auf der Bergseite noch viele Dörfer an der deutschen Nationaltracht fest. Gegenwärtig findet sich diese nur noch in 3 evangelischen Kirchenspielen."* [4]

Vor allem aber die Sitten und Bräuche sind zum großen Teil noch echt deutsch geblieben und haben sozusagen ein unsichtbares und unzerreißbares Band zwischen den Kolonisten und der fernen Urheimat gebildet. Das Festhalten an den alten Werten und Festen war sicherlich eine

---

[1] Kufeld, S. 30.
[2] Kufeld, S. 33 f und: Kalender 1954. Heimatbuch der Ostumsiedler. Hrsg. von der Arbeitsgemeinschaft der Ostumsiedler. Stuttgart 1954.
[3] Bacharjewa, O. J.: Wlijanie slawjanskowo i tjurkskowo naselenija na njemzew-pereselenzew (byt, jažk, obrjady) (Einfluss der slawischen und Turk-Bevölkerung auf die deutschen Umsiedler (Lebensweise, Sprache, Ritus) IN: Rossijskije njemzy. Problemy istorii, jažika i sowremennowo položenija. Meždunarodnaja nautschnaja konferenzija. Anapa, 20-25 sentjabrja 1995 g. (Russlanddeutsche. Probleme der Geschichte, Sprache und gegenwärtigen Lage. Internationale Wissenschaftskonferenz. Anapa 20-25 September 1995.), S. 375.
[4] Zitiert nach: Kufeld, S. 31.

nicht zu unterschätzende Stütze im beinahe täglichen „Kampf", den man in der Steppe auszutragen hatte. Eine etwas eigentümliche Rolle nimmt in dieser Beziehung Weihnachten ein, welches ja wie kein anderes Fest in der Seele so vieler Völker tief verankert ist. Christbäume, welche später dann im Land der Vorfahren aufkamen, gab es freilich bei den Kolonisten keine. Aber man suchte und fand Ersatz. Es wurden Zweige, Kirschbaumzweige waren besonders beliebt, rechtzeitig in der Stube über die Adventszeit zum Blühen gebracht und am Heiligen Abend mit buntem Papier oder Äpfeln behängt.[1]

Erst nach der Revolution sind die deutschen Volksbräuche und Sitten allmählich verloren gegangen. Vor allem die religiösen Bräuche waren von diesem Trend besonders betroffen. Nach der Schließung der Kirchen verloren z.B. Konfirmation und Firmung schon bald ihre Bedeutung und wurden durch die Verleihung des Passes an den 16-jährigen ersetzt.[2]

Mit der Zeit haben die Kolonisten auch die russischen Fest- und Feiertage angenommen, weshalb sie auch um die 60 Festtage im Jahr gehabt haben sollen.

Wie oft mussten sich die Kolonisten anhören – vielleicht gerade aufgrund ihres hartnäckigen Festhaltens an der Muttersprache und an allem anderen Althergebrachten – dass sie schlechte Untertanen seien, und wie oft waren sie den Hetzkampagnen der chauvinistischen Presse ausgesetzt! Dass ihnen in dieser Beziehung aber ausnahmslos Unrecht getan wurde, zeigen alleine schon ihre Taten während des Großen Vaterländischen Krieges des Jahres 1812 gegen Napoleon, welche ihre wahre Haltung dem neuen Vaterland gegenüber bezeugten.

Ab Mitte Juli des Jahres 1812 wurde den Geistlichen aufgetragen, *„durch ihre pastoralen Belehrungen allen ihre Pflichten gegenüber der Heimat zu erläutern, welche heute die Hilfe ihrer wahren Söhne fordert."* [3] Einen ähnlichen Appell gab es bereits im Zusammenhang mit dem Unternehmen von 1806-1807, da zu dieser Zeit das gesamte Saratover Gubernium, also auch die russische Bevölkerung, von der Stellung von Soldaten befreit worden war. Nach Angaben von 1807 brachten lediglich fünf Kreise schon damals ungefähr 40.000 Rubel auf. 1812 wurde eine neue Geldsammlung durchgeführt, deren Ergebnis sich auf insgesamt 21.655 Rubel und 20 Kopeken belief (von 27.069 Kolonisten wurden je 80 Kopeken gefordert). Die von den Kolonisten für das Vaterland geforderten Verpflichtungen waren aber auch die Zurverfügungstellung von Quartieren, Verpflegung und Fuhrwerken für durchziehende Soldaten oder Gefangene. Bedenkt man, dass alleine im Jahr 1812 18 Gruppen von Soldaten

---

[1] Schleuning, Johannes: Weihnachten in den hessischen Dörfern an der Wolga. IN: Kalender 1954. Heimatbuch der Ostumsiedler. Hrsg. von der Arbeitsgemeinschaft der Ostumsiedler. Stuttgart 1954, S. 88.
[2] Bacharjewa, S. 379.
[3] Zitiert nach: Tomfaluschin, S. 139.

die Kolonien durchquerten, so kann man sich vorstellen, wie belastend dies alles für die Kolonisten gewesen sein muss. Weiters gehörten zu den Naturalleistungen sowohl die Instandhaltung der Wege und Brücken als auch die Bergung von Ladungen untergegangener Schiffe. Nachdem schon 1812 von ihnen 100.000 Rubel in Silbermünzen geborgen worden waren, haben sie ein Jahr darauf 58 gußeiserne Kanonen aus der Wolga herausgezogen und somit der Armee und dem Land einen besonderen Dienst erwiesen.

Aber nicht nur die ihnen auferlegten Verpflichtungen erfüllten die Kolonisten im vollen Ausmaß, sondern sie haben darüber hinaus auch noch freiwillige Maßnahmen in die Wege geleitet. Einen Beitrag besonderer Art leistete die Sareptaner Brüdergemeinde, welche jeden Donnerstag zusammenkam, um für den Segen der siegreichen russischen Waffengänge zu beten.

Als Antwort auf das Manifest über die Gründung eines Reserveheers haben sich die Kolonisten gegenüber dem Kontor zur Aufbringung einer gewissen Summe, welche mit 12.977 Rubel auch um einige hundert Rubel überschritten wurde und ab dem 30. Dezember 1812 zur Verfügung stand, verpflichtet. Und obwohl diese Sammlung von Anfang an eigentlich freiwillig durchgeführt hätte werden sollen, wachte das Kontor dennoch kleinlich über den Geldeingang. So wurden z.B. vom Kamensker Verwaltungsbezirk, welcher 525 Rubel 80 Kopeken zu zahlen hatte, mit Nachdruck die ausstehenden 9 Rubel 25 Kopeken nachgefordert. Im Jahr 1814 sammelten die Kolonisten auf den Aufruf des Gubernators hin *„für die Hilfe für Invaliden, welche das Vaterland verteidigt hatten"* 2549 Rubel und 45 Kopeken. Aber auch der Beitrag der Stadt Saratov soll an dieser Stelle nicht unerwähnt bleiben. Als im Dezember 1812 die Regierung dem Saratover Gubernator den Kauf von 375 Pferden für die Front mit Staatsmitteln auftrug, beschlossen die in Saratov versammelten Adeligen die Pferde aus ihren eigenen Mitteln zu erwerben. Davon hat die Stadtgemeinschaft erfahren und zum Kauf der Pferde 30.000 Rubel geopfert.

Darüberhinaus gab es unter den Kolonisten auch Freiwillige, die sich zum Eintritt in die Landwehr meldeten (erstmals bereits um den 30. Juni 1812). Insgesamt handelte es sich hierbei um 271 Menschen. Angeblich soll außer den Kolonisten des Wolgagebiets und 50 Griechen des Chersoner Guberniums niemand der übrigen Kolonisten Russlands auf den Ruf der Regierung, sich ausnahmslos an der Landesverteidigung zu beteiligen, reagiert haben. Wie aus dem Sitzungsprotokoll des „Germanischen Komitees" hervorgeht, soll sich Alexander I. ursprünglich für ihre Aufnahme in die Germanische Legion entschieden haben, etwas später aber *„in Anbetracht der großen Menge an Gefangenen, welche bereit war in der*

Germanischen Legion zu dienen" beschlossen haben, dass es *„vorzuziehen wäre, das patriotische Angebot dieser Kolonisten zurückzuweisen."* Deshalb wurde dem Kontor am 5. Dezember 1812 eine Verordnung des Innenministeriums zugestellt, gemäß welcher der Zar, *„indem er eine Schwierigkeit in Bezug auf die Aufhebung des inneren Reserveheers des Saratover Guberniums gefunden hatte.... zu befehlen geruhte, sie in ihren Behausungen zu lassen."* [1]

Nichtsdestotrotz bekundeten aber einzelne Kolonisten sogar ihr Interesse daran, in die Reihen der regulären Armee eintreten zu dürfen. Einer von ihnen war Johann Fur. Sein Wunsch war so außerordentlich groß, dass sich das Kontor zwecks Klärung des Ansuchens an die nächsthöhere Instanz wendete. Diese entschied, dass, *„falls es Freiwillige für den Kriegsdienst geben wird, wie [...], ist diesen nicht zu verbieten; zurückzuzahlende Schulden sind jenen zur Rechenschaft zu überlassen, welche die Wirtschaft annehmen werden."* [2]

Wie aus diesen Ausführungen hervorging, erwiesen die Kolonisten dem Land, das sie aufgenommen hatte, nicht nur völlige Loyalität, sondern viele von ihnen demonstrierten sogar einen wahren Patriotismus, indem sie von sich aus die Initiative ergriffen.[3]

Einhundert Jahre später wollten viele der Russen freilich nichts mehr von der Treue der deutschen Untertanen wissen. Der in Folge der Gründung des Deutschen Reiches und schließlich des Ausbruchs des Ersten Weltkriegs

immer radikaler werdende Panslawismus bzw. Chauvinismus stellte schließlich die Existenzgrundlage der deutschen Bevölkerung Russlands jäh in Frage. Der Ausbruch des Ersten Weltkriegs brachte den Deutschen viel Leid und auch Hass der russischen Nachbarn ein, obwohl 1916 rund 250.000 von ihnen in den verschiedensten Truppenteilen und etwa 15.000 Mennoniten bei Sanitätseinheiten ihren Dienst versahen.[4] Gerieten Russlanddeutsche in deutsche Kriegsgefangenschaft, so musste das für die meisten besonders „unangenehm" gewesen sein.

In erster Linie waren es aber die unmenschlichen und entehrenden Gesetze, die den Nachkommen der Kolonisten das Leben schwer machen sollten.

Nach den ersten Niederlagen im Jahr 1914 wurden völlig haltlose Verdächtigungen laut, dass an ihnen die Russlanddeutschen schuld seien. Als unmittelbare Konsequenz wurden den fürs

---

[1] Zitiert nach: Tomfaluschin, S. 142.
[2] Zitiert nach: Tomfaluschin, S. 142.
[3] Tomfaluschin, S. 139-142.
[4] http://www.russlanddeutschegeschichte.de/deutsch2/rd_russ_armee.htm

russische Vaterland kämpfenden Kolonisten per Erlass vom 18. August 1914 verboten, im Gespräch untereinander die deutsche Sprache zu verwenden.[1] Außerdem kam es zu Absetzungen von Offizieren und zur Verlegung der meisten Russlanddeutschen von der Westfront in den Kaukasus, wo man sie an der türkischen Front als angeblich unzuverlässige Elemente in den fast sicheren Tod schickte und sie durch Frost und Hunger dahinsterben ließ. Hier fielen rund 40.000 von ihnen. Außerdem soll ihnen dort während der ersten drei Jahre des Kriegs – trotz der intensiven Bemühung der evangelischen Konsistorien in dieser Frage – sogar die seelsorgerische Betreuung durch deutsche Feldgeistliche vorenthalten worden sein. Erst im Sommer 1917, nach dem Sturz der zaristischen Regierung, wurden zwei Feldgeistliche zugelassen.[2]

Die so genannten „Liquidationsgesetze" vom 2. Februar und 13. Dezember 1915, durch welche die binnen Jahresfrist durchzuführende Umsiedlung der in den westlichen Gubernien des Reichs ansässigen deutschen, aber auch österreichisch-ungarischen Siedler angeordnet wurde, nahmen vorerst die ca. 550.000 Deutschen an der Wolga von diesen Bestimmungen noch aus.[3] Infolge der Zwangsverkäufe innerhalb dieser Frist fielen die Bodenpreise auf einen Bruchteil des Vorkriegswertes, sodass faktisch von einer Enteignung gesprochen werden kann. Aus diesen westlichen Gebieten Russlands, vor allem aus dem Gouvernement Wolhynien, fanden sich Zehntausende in Sibirien wieder. Anfang Februar 1917 wurden auch für das Wolgagebiet die gleichen Maßnahmen beschlossen, infolge des Ausbruchs der Februarrevolution kam es hier jedoch nicht mehr zu ihrer Ausführung.[4]

Während der Zwischenkriegszeit kam es in den Kolonien zu Zwangskollektivierungen, welche auch hier von den Stalinistischen Säuberungsaktionen begleitet wurden. Andererseits darf aber auch nicht unerwähnt bleiben, dass den nationalen Minderheiten in der Sowjetunion der gleichberechtigte Gebrauch der deutschen Sprache in allen Bereichen des politischen und

---

[1] Dahlmann, S. 20.
[2] Kufeld, S. 49 f.
[3] [Dahlmann, S. 9.] Die Übersetzung der Gesetze findet sich auf der Seite: http://russlanddeutschegeschichte.de/ Kulturarchiv/Quellen/liquidationsgesetze_1915.htm
In Punkt VI. heißt es: *"(Ergänzung.) Unter Deutschen, Österreichern und Ungarn versteht dieses Gesetz Untertanen des Deutschen Reiches und Österreich-Ungarns, sowie auch die der einzelnen Staaten und Teile, die den genannten Reichen angehören. Zu deutschen, österreichischen und türkischen Untertanen werden auch die früheren Untertanen Deutschlands, Österreich-Ungarns und der Türkei, wie auch deren Nachkommen in der männlichen Linie gerechnet, die die Untertanschaft einer anderen ausländischen Macht nach dem 1. Januar 1880 erworben haben. Österreicher, Deutsche oder Türken, die nach 1880 die Untertanschaft eines anderen Staates erworben haben, werden trotzdem als feindliche Untertanen angesehen und ihre Ländereien unterliegen dem Verkauf auf Grund der Verordnung dieses Gesetzes. Diese können auch nirgends Land und Häuser erwerben, wie in § 1, Abschnitt 1, ausgeführt ist."*
[4] Dahlmann, S. 20.

geistig-kulturellen Lebens erlaubt war, was auch die Führung eines eigenen Bildungssystems miteinschloss.

Im Wolgagebiet gab es bis zum Ende der 30er Jahre 5 Institute, 11 spezielle höhere Lehranstalten (1932 gab es in der ganzen Sowjetunion 14), ein deutsches Theater, ein Kindertheater und einen „Deutsch-Staatlichen Verlag" in der Stadt Engels (unweit Saratow). In diesem wurden z.B. in der Periode von 1933 bis 1935 555 Bücher in einer Gesamtauflage von 2,8 Mill. Exemplaren, darunter 176 Schulbücher in einer Auflage von 1,5 Mill., gedruckt.[1]

Nach dem Überfall der deutschen Wehrmacht auf die Sowjetunion bekamen die Russlanddeutschen die kollektiven Strafmaßnahmen der Sowjetbehörden zu spüren. Durch Erlässe des Präsidiums des Obersten Sowjets der UdSSR wurde für sämtliche deutschstämmige Bewohner Russlands die Zwangsumsiedlung angeordnet. Diese begann zunächst in jenen Gebieten, denen die Wehrmacht schon am nächsten war. Insgesamt sollen von August 1941 bis Juni 1942 ungefähr 1,2 Millionen Russlanddeutsche, darunter hunderttausende Wolgadeutsche, nach Sibirien und Kasachstan, aber auch in andere mittelasiatische Republiken deportiert worden sein.[2] In der 1924 gegründeten „Autonomen Sozialistischen Sowjetrepublik der Wolgadeutschen" gab es damals etwa 600.000 Einwohner, etwa zwei Drittel von ihnen soll deutscher Abstammung gewesen sein.[3] Erst nach dem Zweiten Weltkrieg wurde ihnen wieder gestattet, in die Kolonien zurückzukehren. Aufgrund der Zerstreuung über weite Gebiete verloren die Deutschen in der Sowjetunion allmählich viele der elementaren Grundlagen, die eine nationale Minderheit ausmacht (Gemeinschaftsleben, Pflege der Sprache, Ausübung des Glaubens, Praktizierung der Sitten und Gebräuche etc.). In unter Russlanddeutschen durchgeführten Befragungen gaben immer weniger Deutsch als ihre Muttersprache an. Die Tabelle[4] zeigt folgendes Bild:

1926	1959	1970	1979	1989
95%	75%	66,8%	57,7%	48,7%

---

[1] http://humanities.edu.ru/db/msg/29014
[2] http://www.ceri-sciencespo.com/themes/geno/chronology/soviet.htm
[3] [http://de.wikipedia.org/wiki/Wolgadeutsche] Wie mir scheint, gehen die wenigen Angaben über die Zahl der deportierten Wolgadeutschen manchmal ziemlich stark auseinander. So scheint die im Heimatbuch der Ostumsiedler gemachte Aussage, dass *„die ganze Bevölkerung – es waren etwa noch 750 000",* die das Schicksal der Verschleppung getroffen hätte sollen, von der Realität weit entfernt zu sein. (Schleuning, S. 89, Sp. 2).
Denn auch die auf einer anderen Seite (http://www.russlanddeutschegeschichte.de/deutsch3/deportation_deutschen.htm) angegebene Zahl von *„365.800 Personen deutscher Nationalität"* erhärtet diesen Verdacht.
[4] Entnommen aus: http://www.russlanddeutschegeschichte.de/deutsch4/deutsch_muttersprache.htm

Während die deutsche Bevölkerung der Sowjetunion am Ende der 80er Jahre noch ca. 2,4 Millionen ausgemacht haben soll, so ist sie in der Folgezeit stark zurückgegangen.[1] Den Höhepunkt der in den 70er Jahren beginnenden Rückwanderungsbewegung nach Deutschland bis zum Jahr 1999 brachte das Jahr 1994, in welchem 213.214 Russlanddeutsche in ihre „Urheimat" zurückgekehrt sind. Um das Jahr 1999 sollen es mehr als 1,5 Millionen russlanddeutsche Aussiedler in Europa gegeben haben.[2]

Gemäß den Ergebnissen der letzten Volkszählung gab es 2002 in Russland 597.212 Menschen deutscher Nationalität (jedoch leben auch (noch) viele in Kasachstan). Alleine im Gebiet von Omks lebten vor einigen Jahren noch um die 100.000, womit sie nach den Russen die zweitgrößte ethnische Gruppe darstellten.[3] Inzwischen sind sie den Ergebnissen der letzten Volkszählung zufolge aber nach den Russen, Kasachen und Ukrainern nur mehr die viertgrößte Gruppe. Viele Deutschstämmige leben auch im Altaj, im Nowosibirsker und Tomsker Oblast. Im Gebiet von Omsk und Toms wurden sogar nationale Distrikte für die deutsche Minderheit eingerichtet.

Was das Saratover Verwaltungsgebiet betrifft, so lebten hier um 1991 nur mehr etwa 17.000 Deutsche.[4] Die gesamtrussische Volkszählung des Jahres 2002 ergab hinsichtlich der wichtigsten Wohngebiete der deutschen Minderheit folgendes Bild[5]:

	Gesamtzahl	davon sprachen Russisch
Altajskij kraj	79.502	79.349
Omskaja oblast'	76.334	76.020
Nowosibirskaja oblast'	47.275	47.219
Krasnojarskij kraj	36.850	36.799
Saratowskaja oblast'	12.093	12.070
Samarskaja oblast'	9.569	9.522

---

[1] [Kappeler Andreas: Russland als Vielvölkerreich. Entstehung • Geschichte • Zerfall. München, 1993; S. 325.] Diese Angabe berücksichtigt vermutlich noch nicht die Kinder, die aus gemischten Ehen hervorgegangen sind. [Vgl: http://museum.omskelecom.ru/deutsche_in_sib/]
[2] Eisfeld, Alfred: Die Russlanddeutschen. München 1999. (Studienbuchreihe der Stiftung Ostdeutsche Kulturrat. Band 2.), S. 10.
[3] http://museum.omskelecom.ru/deutsche_in_sib/
[4] Terjochin, S. 18, Sp. 2.
[5] http://www.perepis2002.ru/index.html?id=11 (das verwendete Dokument hat die Bezeichnung: „Naselenije po nazionalosti i wladeniju russkim jažikom"). Natürlich ist nicht ausgeschlossen, dass die Statistik nicht nur autochthone Russlanddeutsche erfasste, sondern auch jene Deutsche, die in Russland leben und beide Staatsbürgerschaften haben. Bei ihnen wird es sich jedoch um einen sehr geringen Prozentsatz handeln.

Die eindeutigsten Spuren der deutschen Geschichte an der fernen Wolga wurden in Saratov, der Metropole der Wolgadeutschen, hinterlassen. Hierbei handelt es sich neben prunkvollen Steinbauten hauptsächlich um Straßennamen wie „Zimmerwaldskaja" oder „Germanskij pereulok" (Germanische Gasse).[1]

Die meisten der ehemaligen Kolonien wurden jedoch in der Sowjetzeit mitleidlos planiert und sind von der Bildfläche verschwunden.[2] Trotz dieser empfindlichen Verluste verleihen die deutschen Bauten an der Wolga dem Gebiet auch heute noch ein unverwechselbares Gesicht.

---

[1] Terjochin, S. 72, Sp. 2.
[2] Terjochin, S. 32, Sp. 2.

Literatur:

Abel, Wilhelm: Massenarmut und Hungerkrisen im vorindustriellen Deutschland. Göttingen 1977.

Almedingen, E.M.: Die Romanows. Die Geschichte einer Dynastie. Russland 1613–1917. München 1991.

Bacharjewa, O. J.: Wlijanie slawjanskowo i tjurkskowo naselenija na njemzew-pereselenzew (byt, jažk, obrjady) (Einfluss der slawischen und Turk-bevölkerung auf die deutschen Umsiedler (Lebensweise, Sprache, Ritus). IN: Rossijskie njemzy. Problemy istorii, jažika i sowremennowo položenija. Meždunarodnaja nautschnaja konferenzija. Anapa, 20-25 sentjabrja 1995 g. (Russlanddeutsche. Probleme der Geschichte, Sprache und gegenwärtigen Lage. Internationale Wissenschaftskonferenz. Anapa 20-25 September 1995.), S.372-380.

Baten, Jörg: Ernährung und wirtschaftliche Entwicklung in Bayern (1730 – 1880). Beiträge zur Wirtschafts- und Sozialgeschichte. Band 82. Stuttgart 1999.

Beljajew, I. D.: Žemskij stroj na Rusi. (Der Länderaufbau in der Rus.). Sankt Petersburg 2004.

Bulytschew, W. B.: Äkonomika njemezkich kolonii Saratovskowo kraja w perwoj polowine XIX weka (Die Wirtschaft der deutschen Kolonien des Saratover Gebietes). IN: Rossijskie njemzy. Problemy istorii, jažika i sowremennowo položenija. Meždunarodnaja nautschnaja konferenzija. Anapa, 20-25 sentjabrja 1995 g. (Russlanddeutsche. Probleme der Geschichte, Sprache und gegenwärtigen Lage. Internationale Wissenschaftskonferenz. Anapa 20-25 September 1995.), S.165-173.

Decker, Klaus Peter: Büdingen und Feuerbach bei Friedberg als Werbeplätze der Rußlandauswanderung von 1766. IN: Heimatbuch der Deutschen aus Rußland 1982-1984. Hrsg. von der Landsmannschaft der Deutschen aus Russland e.V.; Stuttgart 1984, S. 9-22.

Dietz, Jakob: Istorija powolžskich nemzew-kolonistow. (Geschichte der wolgadeutschen Kolonisten). Moskau 1997.

Dittmar, Dahlmann: Die Deutschen an der Wolga von der Ansiedlung 1764 bis zum Ausbruch des Ersten Weltkrieges. IN: Deutsche in Russland. Hrsg. von Hans Rothe. Köln, Weimar, Wien, Böhlau 1996.(Studien zum Deutschtum im Osten. Band 27. Hrsg. von der „Kommission für das Studium der deutschen Geschichte und Kultur im Osten" an der Rheinischen Friedrich-Wilhelm- Universität Bonn.), S. 1-30.

Eisfeld, Alfred: Die Russlanddeutschen. München 1999. (Studienbuchreihe der Stiftung Ostdeutsche Kulturrat. Band 2.)

Hafa, Herwig: Die Brüdergemeinde Sarepta. Ein Beitrag zur Geschichte des Wolgadeutschtums. Breslau 1936. (Schriften des Osteuropa-Institutes in Breslau. Neue Reihe. Heft 7.)

Jessen, Hans: Katharina II. von Rußland im Spiegel der Zeitgenossen. Düsseldorf 1970.

Kappeler, Andreas: Russland als Vielvölkerreich. Entstehung • Geschichte • Zerfall. München 1993.

Keil, Reinhold: Deutsche Dörfer an der Wolga. Rückblick. IN: Heimatbuch der Deutschen aus Rußland 1982-1984. Hrsg. von der Landsmannschaft der Deutschen aus Russland e.V.; Stuttgart 1984, S. 142-150.

Keil, Reinhold: Sprichwörter, Redensarten, Reime. IN: Heimatbuch der Deutschen aus Rußland 1982-1984. Hrsg. von der Landsmannschaft der Deutschen aus Russland e.V.; Stuttgart 1984, S. 194-200.

Kufeld, Johannes: Die deutschen Kolonien an der Wolga. Hrsg. vom Historischen Vorschungsverein der Deutschen aus Russland e.V. zum 90jähringen Todestag von Johannes Kufeld. Nürnberg 2000.

Lizenberger, O. A.: Sekty „Tanzujuschich brat'jew" i „Gjupferow" w njemezkich kolonijach Powolž'ja (Die Sekten „Tanzende Brüder" und „Hüpfer" in den deutschen Kolonien des Wolgagebietes). IN: Rossijskie njemzy. Problemy istorii, jažika i sowremennowo položenija. Meždunarodnaja nautschnaja konferenzija. Anapa, 20-25 sentjabrja 1995 g. (Russlanddeutsche. Probleme der Geschichte, Sprache und gegenwärtigen Lage. Internationale Wissenschaftskonferenz. Anapa 20-25 September 1995.), S. 347-355.

Malinowskij, Lev: Die Eigentumsformen bei russlanddeutschen Bauern im 18. und 19. Jahrhundert. IN: Dittmar Dahlmann, Ralph Tuchtenhagen: Zwischen Reform und Revolution. Die Deutschen an der Wolga 1860–1917. Essen 1994. (Veröffentlichungen des Instituts für Kultur und Geschichte der Deutschen im östlichen Europa. Band 4.), S. 48-60.

Montanari, Massimo: Der Hunger und der Überfluss. Kulturgeschichte der Ernährung in Europa. München 1993.

Pauli, Ingo-Rudolf: Lübeck – Kronstadt – Saratov. Schicksalsweg der „Wolgadeutschen" 1763 – 1921. Flensburg 1985.

Plewe, Igor: Njemezkie kolonii na Wolge wo vtoroj polowine XVIII weka (Die deutschen Kolonien an der Wolga in der zweiten Hälfte des 18. Jahrhunderts). Moskau 1998.

Plewe, Igor: Einwanderung in das Wolgagebiet 1764 – 1767. Band 1: Kolonien Anton – Franzosen. Hrsg. von Alfred Eisfeld. Duderstadt 1999.

Plewe, Igor: Manifest Ejekateriny II ot 22 ijulja 1763 g. (Manifest Jekaterinas II vom 22. Juli 1763: Versprechungen und Relität) IN: Rossijskie njemzy. Problemy istorii, jažika i sowremennowo položenija. Meždunarodnaja nautschnaja konferenzija. Anapa, 20-25 sentjabrja 1995 g. (Russlanddeutsche. Probleme der Geschichte, Sprache und gegenwärtigen Lage. Internationale Wissenschaftskonferenz. Anapa 20-25 September 1995.), S. 26-32.

Plewe, Igor: Otprawka kolonistow w Rossiju tscherež Ljubek w 60-x gg. XVIII w. (Beförderung der Kolonisten nach Russland über Lübeck in den 60er Jahren des XVIII. Jahrhunderts) IN: Rossijskie njemzy. Problemy istorii, jažika i sowremennowo položenija. Meždunarodnaja nautschnaja konferenzija. Anapa, 20-25 sentjabrja 1995 g. (Russlanddeutsche. Probleme der Geschichte, Sprache und gegenwärtigen Lage. Internationale Wissenschaftskonferenz. Anapa 20-25 September 1995.), S. 131-138.

Russkich, E.W.: Zentralnye russkie utschilischtscha w njemezkich koloniach na Wolge. (Russische Zentrallehranstalten in den deutschen Kolonien an der Wolga). IN: Rossijskie njemzy. Problemy istorii, jažika i sowremennowo položenija. Meždunarodnaja nautschnaja konferenzija. Anapa, 20-25 sentjabrja 1995 g. (Russlanddeutsche. Probleme der Geschichte, Sprache und gegenwärtigen Lage. Internationale Wissenschaftskonferenz. Anapa 20-25 September 1995.), S. 299-304.

Russkye i njemzy w XVIII weke. Wstretscha kultur. (Russen und Deutsche im XVIII. Jahrhundert. Die Begegnung der Kulturen). Moskau 2000.

Savtschenko, I. A.: Menonity w Samarskom Kraje (Mennoniten im Gebiet von Samara). IN: Rossijskie njemzy. Problemy istorii, jažika i sowremennowo položenija. Meždunarodnaja nautschnaja konferenzija. Anapa, 20-25 sentjabrja 1995 g. (Russlanddeutsche. Probleme der Geschichte, Sprache und gegenwärtigen Lage. Internationale Wissenschaftskonferenz. Anapa 20-25 September 1995.), S. 196-204.

Schippan Michael, Striegnitz Sonja: Wolgadeutsche. Geschichte und Gegenwart. Berlin 1992.

Schleuning, Johannes: Weihnachten in den hessischen Dörfern an der Wolga. IN: Kalender 1954. Heimatbuch der Ostumsiedler. Hrsg. von der Arbeitsgemeinschaft der Ostumsiedler. Stuttgart 1954, S. 88 f.

Stumpp, Karl: Ostwanderung. Akten über die Auswanderung der Württemberger nach Rußland 1816-1822. Leipzig 1941. (Sammlung Georg Leibbrandt. Quellen zur Erforschung des Deutschtums in Osteuropa. Band 2.)

Terjochin, Sergej: Deutsche Architektur an der Wolga. Hrsg. vom Verein für das Deutschtum im Ausland. Berin, Bonn 1993.

Tomfaluschin, W. B.: Powolžkie kolonisty i oteschwennaja wojna 1821 goda. (Die Wolgadeutschen und der Vaterländische Krieg des Jahres 1812). IN: Rossijskie njemzy. Problemy istorii, jažika i sowremennowo položenija. Meždunarodnaja nautschnaja konferenzija. Anapa, 20-25 sentjabrja 1995 g. (Russlanddeutsche. Probleme der Geschichte, Sprache und gegenwärtigen Lage. Internationale Wissenschaftskonferenz. Anapa 20-25 September 1995.), S. 139-145.

Wesnina, S.G.: Tschastnye schkoly w sisteme obražowanija njemzew Powolž´ja. (Privatschulen im Bildungssystem der Wolgadeutschen). IN: Rossijskie njemzy. Problemy istorii, jažika i sowremennowo položenija. Meždunarodnaja nautschnaja konferenzija. Anapa, 20-25 sentjabrja 1995 g. (Russlanddeutsche. Probleme der Geschichte, Sprache und gegenwärtigen Lage. Internationale Wissenschaftskonferenz. Anapa 20-25 September 1995.), S. 305-311.

Woltner, Margarete: Das wolgadeutsche Bildungswesen und die russische Schulpolitik. Teil 1. Von der Begründung der Wolgakolonien bis zur Einführung des gesetzlichen Schulzwangs. Leipzig 1937. (Veröffentlichungen des Slavischen Instituts an der Friedrich-Wilhelms-Universität Berlin. Band 17.)

Zagnjejewa, E. G.: Tabakowodstwo w nemezikich kolonijach Powolž´ja (Tabakanbau in den deutschen Kolonien des Wolgagebietes) IN: Rossijskie njemzy. Problemy istorii, jažika i sowremennowo položenija. Meždunarodnaja nautschnaja konferenzija. Anapa, 20-25 sentjabrja 1995 g. (Russlanddeutsche. Probleme der Geschichte, Sprache und gegenwärtigen Lage. Internationale Wissenschaftskonferenz. Anapa 20-25 September 1995.), S.205-209.

Zorn, J: Draußen „Uf die Steppe". IN: Kalender 1954. Heimatbuch der Ostumsiedler. Hrsg. von der Arbeitsgemeinschaft der Ostumsiedler. Stuttgart 1954, S. 81-85.

Žižka, M.W.: Jemel´jan Pugatschjow. Krest´janskaja wojna 1773 – 1775 gg. (Jemeljan Pugatschjow. Der Bauernkrieg der Jahre 1773-1775). Moskau 1941.

Züge, Christian Gottlob: Der russische Colonist oder Christian Gottlob Züge´s Leben in Rußland. Nebst einer Schilderung der Sitten und Gebräuche der Russen, vornehmlich in den asiatischen Provinzen. Hrsg. von Gert Robel und Wolfgang Griep. Bremen 1988. (Nachdruck der Originalausgabe; Zeitz, Naumburg, Webel 1802.)

Anhang

Manifest der Zarin Katharina II. vom 22. Juli 1763 Von Gottes Gnaden

Wir Catharina die Zweite, Zarin und Selbstherrscherin aller Reußen zu Moskau, Kiew, Wladimir, Nowgorod, Zarin zu Casan, Zarin zu Astrachan, Zarin zu Sibirien, Frau zu Pleskau und Großfürstin zu Smolensko, Fürstin zu Esthland und Lifland, Carelien, Twer, Jugorien, Permien, Wjatka und Bolgarien und mehr anderen; Frau und Großfürstin zu Nowgorod des Niedrigen Landes, von Tschernigow, Resan, Rostow, Jaroslaw, Belooserien, Udorien, Obdorien, Condinien, und der ganzen Nord-Seite, Gebieterin und Frau des Jurischen Landes, der Cartalinischen und Grusinischen Zaren und Cabardinischen Landes, der Tscherkessischen und Gorischen Fürsten und mehr anderen Erb-Frau und Beherrscherin.

Das Uns der weite Umfang der Länder Unseres Reiches zur Genüge bekannt, so nahmen Wir unter anderem wahr, daß keine geringe Zahl solcher Gegenden noch unbebaut liege, die mit vorteilhafter Bequemlichkeit zur Bevölkerung und Bewohnung des menschlichen Geschlechtes nutzbarlichst könnte angewendet werden, von welchen die meisten Ländereyen in ihrem Schoose einen unerschöpflichen Reichtum an allerley kostbaren Erzen und Metallen verborgen halten; und weil selbiger mit Holzungen, Flüssen, Seen und zur Handlung gelegenen Meerung gnugsam versehen, so sind sie auch ungemein bequem zur Beförderung und Vermehrung vielerley Manufacturen, Fabriken und zu verschiedenen Anlagen.

Dieses gab Uns Anlaß zur Erteilung des Manifestes, so zum Nutzen aller Unserer getreuen Unterthanen den 4. December des abgewichenen 1762 Jahres publiciert wurde. Jedoch, da wir in selbigen Ausländern, die Verlangen tragen würden, sich in Unserem Reich häuslich niederzulassen, Unser Belieben nur summarisch angekündiget; so befehlen Wir zur besseren Erörterung desselben folgende Verordnung, welche Wir hiermit feierlichst zum Grunde legen, und in Erfüllung zu setzen gebieten.

1.

Verstatten Wir allen Ausländern, in Unser Reich zu kommen, um sich in allen Gouvernements, wo es einem jeden gefällig, häuslich niederzulassen.

2.

Dergleichen Fremde können sich nach ihrer Ankunft nicht nur in Unsere Residenz bey der zu solchem Ende für die Ausländer besonders errichteten Tütel-Canzley, sondern auch in den anderweitigen Gränz-Städten Unseres Reiches nach eines jeden Bequemlichkeit bey denen Gouverneure, der wodergleichen nicht vorhanden, bey den vornehmsten Stadts-Befehlshabern zu melden.

3.

Da unter denen sich in Rußland niederzulassen Verlangen tragenden Ausländern sich auch solche finden würden, die nicht Vermögen genug zu Bestreitung der erforderlichen Reisekosten besitzen: so können sich dergleichen bey Unseren Ministern und an auswärtigen Höfen melden, welche sie nicht nur auf Unsere Kosten ohne Anstand nach Rußland schicken, sondern auch mit Reisegeld versehen sollen.

4.

Sobald dergleichen Ausländer in Unserer Residenz angelangt und sich bei der Tütel-Canzley oder in einer Gränz-Stadt gemeldet haben werden; so sollen dieselben gehalten sein, ihren wahren Entschluß zu eröffnen, worinn nehmlich ihr eigentliches Verlangen bestehe, und ob sie sich unter die Kaufmannschaft oder unter Zünfte einschreiben lassen und Bürger werden wollen, und zwar nahmentlich, in welcher Stadt; oder ob sie Verlangen tragen, auf freyem und nutzbarem Grunde und Boden in ganzen Kolonien und Landflecken zum Ackerbau oder zu allerley nützlichen Gewerben sich niederlassen; da sodann alle dergleichen Leute nach ihrem eigenen Wunsche und Verlangen ihre Bestimmung unverweilt erhalten werden; gleich denn aus beifolgendem Register zu ersehen ist, wo und an welchen Gegenden Unseres Reiches nahmentlich freye und zur häuslichen Niederlassung bequeme Ländereyen vorhanden sind; wiewohl sich außer der in bemeldetem Register aufgegebenen noch ungleich mehrere weitläufige Gegenden und allerley Ländereyen finden, allwo Wir gleichergestalt verstatten sich häuslich niederzulassen, wo es sich ein jeder am nützlichsten selbst wählen wird.

5.

Gleich bei der Ankunft eines jeden Ausländers in Unser Reich, der sich häuslich niederzulassen gedenket und zu solchem Ende in der für die Ausländer errichteten Tütel-Canzley oder aber in anderen Gränz-Städten Unseres Reiches meldet, hat ein solcher, wie oben im 4ten § vorgeschrieben stehet, vor allen Dingen seinen eigentlichen Entschluß zu eröffnen, und sodann nach eines jeden Religions-Ritu den Eid der Unterthänigkeit und Treue zu leisten.

6.

Damit aber die Ausländer, welche sich in Unserem Reiche niederzulassen wünschen, gewahr werden müssen, wie weit sich Unser Wohlwollen zu ihrem Vorteile und Nutzen erstrecke, so ist, dieser Unser Wille:

1. Gestatten Wir allen in Unser Reich ankommenden Ausländern unverhindert die freie Religions-Übung nach ihren Kirchen-Satzungen und Gebräuchen; denen aber, welche nicht in Städten, sondern auf unbewohnten Ländereyen sich besonders in Colonien oder Landflecken nieder zu lassen gesonnen sind, erteilen Wir die Freyheit, Kirchen und Glocken-Türme zu bauen und dabey nöthige Anzahl Priester und Kirchendiener zu unterhalten, nur einzig den Klosterbau ausgenommen. Jedoch wird hierbey jedermann gewarnt keinen in Rußland wohnhaften christlichen Glaubensgenossen, unter gar keinem Vorwande zur Annehmung oder Beypflichtung seines Glaubens und seiner Gemeinde zu bereden oder zu verleiten, falls er sich nicht der Furcht der Strafe nach aller Strenge Unserm Gesetze auszusetzen gesonnen ist. Hiervon sind allerley an Unsere Reiche angrenzende dem Mahometanischen Glauben zugethane Nationen ausgeschlossen; als welche Wir nicht nur auf eine anständige Art zur christlichen Religion zuneigen, sondern auch sich selbige unterthänig zu machen, einem jeden erlauben und gestatten.

2. Soll keiner unter solchen zur häuslichen Niederlassung nach Rußland gekommene Ausländer an unsere Cassa die geringsten Abgaben zu entrichten, und weder gewöhnliche oder außerordentliche Dienste zu leisten gezwungen, noch Einquartierung zu tragen verbunden, sondern mit einem Worte, es soll ein jeder von aller Steuer und Auflagen folgendermaßen frey sein: diejenigen nehmlich, welche in vielen Familien und ganzen Colonien eine bisher noch unbekannte Gegend besetzen, genießen dreyßig Frey-Jahre; die sich aber in Städten niederlassen und sich entweder in Zünften oder unter der Kaufmannschaft einschreiben wollen, auf ihre Rechnung in Unserer Residenz Sankt-Petersburg oder in benachbarten Städten in Lifland, Estland, Ingermanland, Carelien und

Finland, wie nicht weniger in der Residenz-Stadt Moscau nehmen, haben fünf FreyJahre zu genießen. Wonechst ein jeder, der nicht nur auf einige kurze Zeit, sondern zur würklichen häuslichen Niederlassung, nach Rußland kommt, noch über dem ein halbes Jahr hindurch frey Quartier haben soll.

3. Allen zur häuslichen Niederlassung nach Rußland gekommenen Ausländern, die entweder zum Kornbau und anderer Handarbeit, oder aber Manufacturen, Fabriken und Anlagen zu errichten geneigt sind, wird alle hülfliche Hand und Vorsorge dargeboten und nicht allein hinlänglich und nach eines jeden, erforderlichen Vorschub gereichet werden, je nachdem es die Notwendigkeit und der künftige Nutzen von solchen zu errichtenden Fabriken und Anlagen erheischet, besonders aber von solchen, die bis jetzo in Rußland noch nicht errichtet gewesen.

4. Zum Häuser-Bau, zu Anschaffung verschiedener Gattung im Hauswesen benöthigten Viehes, und zu allerley wie beym Ackerbau, also auch bey Handwerken, erforderlichen Instrumenten, Zubehöre und Materialien, soll einem jeden aus unserer Cassa das nöthige Geld ohne alle Zinsen vorgeschossen, sondern lediglich das Kapital, und zwar nicht eher als nach Verfließung von zehn Jahren zu gleichen Theilen gerechnet, zurück gezahlt werden.

5. Wir überlassen denen sich etablirten ganzen Colonien oder Landflecken die innere Verfassung der Jurisdiction ihrem eigenen Gutdünken, solcher-gestalt, daß die von Uns verordneten obrigkeitlichen Personen an ihren inneren Einrichtungen gar keinen Antheil nehmen werden, im übrigen aber sind solche Colonisten verpflichtet, sich Unserem Civil-Recht zu unterwerfen. Falls sie aber selbst Verlangen trügen eine besondere Person zu ihrem Vormunde oder Besorger ihrer Sicherheit und Verteidigung von uns zu erhalten, bis sie sich mit den benachbarten Einwohnern dereinst bekannt machen, der mit einer Salvegarde von Soldaten, die gute Mannszucht halten, versehen sey, so soll Ihnen auch hierinnen gewillfahret werden.

6. Einem jeden Ausländer, der sich in Rußland niederlassen will, gestatten Wir die völlige zollfreie Einfuhr seines Vermögens, es bestehe dasselbe worinn es wolle, jedoch mit dem Vorbehalte, daß solches Vermögen in seinem eigenen Gebrauche und Bedürfnis, nicht aber zum Verkaufe bestimmt sey. Wer aber außer seiner eigenen Nothdurft noch einige Waaren zum Verkaufe mitbrächte, dem gestatten Wir freyen Zoll für jede Familie vor drey Hundert Rubel am Werte der Waaren, nur in solchem Falle, wenn sie wenigstens zehn Jahre in Rußland bleibt: widrigenfalls wird bey ihrer Zurück-Reise der Zoll sowol für die eingekommene als ausgehende Waaren abgefordert werden.

7. Solche in Rußland sich niederlassende Ausländer sollen während der ganzen Zeit ihres Hierseins, außer dem gewöhnlichen Land-Dienste, wider Willen weder in Militär noch Civil-Dienst genommen werden; ja auch zur Leistung dieses Land-Dienstes soll keines eher als nach Verfließung obangeführter Freyjahre verbunden seyen: wer aber frey-willig geneigt ist, unter die Soldaten in Militär-Dienst zu treten, dem wird man außer dem gewöhnlichen Solde bey seiner Enrollierung beym Regiment Dreißig Rubel Douceur-Geld reichen.

8. Sobald sich Ausländer in der für sie errichteten Tütel-Canzley oder sonst in Unsern Gränz-Städten gmeldet und ihren Entschluß eröffnet haben, in das Innerste des Reiches zu reisen, und sich daselbst häuslich niederzulassen, so bald werden selbige auch Kostgeld, nebst freyer Schieße an den Ort ihrer Bestimmung bekommen.

9. Wer von solchen in Rußland sich etablirten Ausländern dergleichen Fabriken, Manufacturen und Anlagen errichtet, und Waaren daselbst verfertigt, welche bis dato in Rußland noch nicht gewesen, dem gestatten Wir, dieselben Zehn Jahre hindurch, ohne

Erlegung irgend einigen inländischen See- oder Gränze-Zolles frey zu verkaufen, und aus Unserm Reiche zu verschicken.

10. Ausländische Capitalisten, welche auf ihre eigenen Kosten in Rußland Fabriken, Manufacturen und Anlagen errichten, erlauben Wir hiermit zu solchen ihren Manufacturen, Fabriken und Anlagen erforderliche leibeigene Leute und Bauern zu erkaufen. Wir gestatten auch:

11. Allen in Unserm Reiche sich in Colonien oder Landflecken niedergelassenen Ausländern, nach ihrem eigenen Gutdünken Markt-Tage und Jahrmärkte anzustellen, ohne an Unsere Cassa die geringsten Abgaben oder Zoll zu erlegen.

7.

Aller obengenannten Vorteile und Einrichtung haben sich nicht nur diejenigen zu erfreuen, die in Unser Reich gekommen sind, sich häuslich nieder zu lassen, sondern auch ihre hinterlassene Kinder und Nachkommenschaft, wenn sie auch gleich in Rußland geboren, solchergestalt, daß ihre Freyjahre von dem Tage der Ankunft ihrer Vorfahren in Rußland zu berechnen sind.

8.

Nach Verfließung obangesetzter Freyjahre sind alle in Rußland sich niedergelassene Ausländer verpflichtet, die gewöhnlichen und mit gar keiner Beschwerlichkeit verknüpften Abgiften zu entrichten, und gleich Unsern anderen Unterthanen, Landes-Dienste zu leisten.

9.

Endlich und zuletzt, wer von diesen sich niedergelassenen und Unsrer Bothmäßigkeit sich unterworfenen Ausländern Sinnes würde, sich aus Unserm Reiche zu begeben, dem geben Wir zwar jederzeit dazu die Freyheit, jedoch mit dieser Erleuterung, daß selbige verpflichtet seyn sollen, von ihrem ganzen in Unserm Reiche wohlerworbenen Vermögen einen Theil an Unsere Cassa zu entrichten; diejenigen nehmhich, die von Einem bis Fünf Jahre hier gewohnet, erlegen den Fünften, die von fünf bis zehen Jahren und weiter, sich in Unsern Landen aufgehalten, erlegen den zehenden Pfennig; nachher ist jedem erlaubt ungehindert zu reisen, wohin es ihm gefällt.

10.

Wenn übrigens einige zur häuslichen Niederlassung nach Rußland Verlangen tragenden Ausländer aus einem oder anderen besonderen Bewegungsgründen, außer obigen noch andere Conditiones und Privilegien zu gewinnen wünschen würden; solche haben sich deshalb an Unsere für die Ausländer errichteten Tütel-Canzley, welche uns alles umständlich vortragen wird, schriftlich oder persönlich zu wenden: worauf Wir alsdann nach Befinden der Umstände nicht anstehen werden, um so viel mehr geneigte Allerhöchste Resolution ertheilen, als sich ein jeder von Unserer Gerechtigkeitshiebe zuversichtlich versprechen kann.

Gegeben zu Peterhof, im Jahre 1763 den 22ten Juli, im Zweyten Jahre Unserer Regierung

Das Original haben Ihre Kayserliche Majestät

Allerhöchst eigenhändig folgendergestalt unterschrieben:

Gedruckt beym Senate den 25. Juli 1763. [1]

---

[1] Zitiert nach: http://www.russlanddeutschegeschichte.de/deutsch1/wortlaut_des_manifestes.htm

Kaiserliches Auswanderungsverbot von 1768

I. Kaiserliche Majestät erkennen sich nach alten und neueren Gesetzen für verpflichtet, der Anwerbung und dem Auszuge eines Volkes außerhalb Reichs, wenn zumal dadurch der Mannschaft entblösset werde, zuvorzukommen und wollten daher aus Reichsväterlicher Liebe mit dem Kaiserlichen Amt nicht ferner anstehen, dem allgemein schädlichen unersetzlichen Übel der Entvölkerung abzuhelfen und alles Ausziehen Teutscher Reichs-Unterthanen in fremde, mit dem Reiche in keiner Verbindung (= Freizügigkeits-Verhältnis) stehende Länder unter allen Gattungen des Fortwanderns zu verbieten.

II. Allen Reichsständen wird also befohlen: Niemanden in andere mit dem Reich in keiner Verbindung stehende Länder den Auszug zu verstatten.

III. Die heimlichen Auswanderer gefänglich anzuhalten und mit gemessenen Strafen zu belegen.

IV. Keinem, der in fremde, mit dem Teutschen Reiche in keiner Verbindung stehenden Länder ziehen will, die Veräusserung seiner Güter und Habschaft zu gestatten.

V. Auf die Anwerber, Emissäre und deren Helfer genaue Kundschaft auszustellen, solche gefänglich anzuhalten und dem Befinden nach mit Leibes- und Lebens-Strafe zu belegen.

VI. Keine Sammelplätze zu dulden und die befundenen Sammelplätze zu zerstören.

VII. Allen Fuhrleuten zu Wasser und zu Lande, Boten, Wegführern, Gastwirthen dieses Kaiserliche Verbot zu verkünden.

VIII. Weitere Vorschläge zur Verhinderung des Auswanderns Kaiserlicher Majestät oder den Kreisausschreibenden Fürsten anzuzeigen, bey dieser Verordnung aber unnachgiebig zu halten, damit nicht nöthig seye, dieserhalben gegen die Orts-Obrigkeiten selbsten unmittelbaren Schärferes und ausbleibliches Einsehen zu gebrauchen. [1]

---

bzw Schippan, S. 216 – S. 220.
[1] Zitiert nach: Schippan, S. 223.

Wolgadeutsche Dichtung

„Hei – dei, dolga [lange],
fahr'n mr iwer die wolga,
fahr'n mr bis noch Neikolonie,
bei mei' Schwester Amarie;" [1]

Hei-sa Swadjba,
die Russa traga Laptja;
die Deitsche trage Ringelschuh,
do hot dr Ruß'ka Geld drzu.[2]

Dort, drowa kommt 'n Ruß'g'fahra
Mit 'm alta Droschka;
Hina sitzt die Matschka druf
Un hanelt mit Kartoschka.[3]

Als ich neulich am Kalitka
meinem Nochber hun wstretschait,
's war'n Gum noch vun dr Ssluschba –
könnt'mir's glaawa, liewa Leit –
kam die Mrilis aus dr Lafka
mit am funkelnaie Koft,
hat aach sto Gramm für den Jaschka
und dr Schnärch was mitg'bocht;
für'n Wnuk a schöne Droschka, mit brushina und poliert,
für die Wnutschka paar Ssapotscka
glizzerich und schön v'rziert.
Was die alles in dr Otscherdj
dort noch ausgestanden hat,
bringt mir auf ka kla'Teleschka
und ach in kein Hafersack.[4]

---

[1] Zitiert nach: Keil, Reinhold: Sprichwörter, Redensarten, Reime. IN: Heimatbuch der Deutschen aus Rußland 1982-1984. Hrsg. von der Landsmannschaft der Deutschen aus Russland e.V., Stuttgart 1984; S. 197, Sp. 1.
[2] Zitiert nach: Keil, S. 199, Sp. 1.
[3] Zitiert nach: Keil, S. 199, Sp. 1.
[4] Zitiert nach: Keil, S. 101, Sp. 1.

Aufstellung der Brandschäden in den Wolgakolonien 1850-1864 [1]

	Feuersbrünste	Wurden Gebäude zerstört oder beschädigt.	Betrag des angerichteten Schadens.	
Im Jahre 1850	7	7	817 R.	50 K.
1851	4	6	1,410 "	33 "
1852	9	76	38,469 "	60 "
1853	10	10	758 "	74 "
1854	4	4	200 "	-
1855	10	12	964 "	54 "
1856	7	9	945 "	50 "
1857	10	21	4,345 "	25 "
1858	11	11	3,119 "	27 "
1859	14	45	22,338 "	64 "
1860	18	20	3,055 "	97 "
1861	1	1	409 "	-
1862	7	10	2,308 "	09 "
1863	23	23	5,579 "	40 "
1864	26	26	8,951 "	53 "

1) Hier sind sowohl die Feuersbrünste, welche auf Dreschtennen und auf den Steppen vorkamen, als auch die von ihnen verursachten Verluste an Getreide, Stroh, Heu u. s. w. nicht mit eingerechnet.

---

[1] Nach: http://www.russlanddeutschegeschichte.de/Kulturarchiv/Quellen/brandschaeden_wolgakolonien.htm
(aus: Klaus, Alexander: Unsere Kolonien. Odessa 1887, Beilagen, S. 36)

Bericht über Katharinenstadt

Mai 1798   *Im Auftrag des Aufsichtskontors*

Hauptrichter, Hofrat Popow

Die Kolonie liegt auf der Wiesenseite der Wolga an dem Winterweg, der sich von der Gouvernementstadt Saratov zur Bezirkstadt Wolsk zieht. Sie befindet sich 1,5 Werst vom Fluss entfernt, 50 Werst von Saratov und 55 Werst von Wolsk. Die Kolonie besteht aus 153 Haushalten mit insgesamt 779 Einwohnern, davon 389 Personen männlichen und 390 Personen weiblichen Geschlechts. Die Einwohner gehören drei Konfessionen an: 86 Familien sind lutherisch, 30 – römisch-katholisch, und 37 Familien sind reformiert. Jede Konfession besitzt ihr eigenes Kirchengebäude. Zu dem Kirchspiel gehören auch die Gemeinden der Kolonien Orlowskaja, Obermonjou, Boisroux, Kaneau, Beauregard, Paulskaja, Niedermonjou, Philippsfeld und Ernestinendorf. Die Reformierten haben ihren eigenen Pfarrer, die Lutheraner und die Katholiken werden von aus anderen Kolonien eingeladenen Pfarrern bedient. Es gibt ein Schulgebäude, in dem die Kinder der örtlichen Einwohner von Lehrern (Schulmeistern) in Lesen, Schreiben und Religion unterrichtet werden.

Die Ländereien dieser Kolonie werden von einer Seite von dem Wolga-Fluss, von der anderen von den Ländereien der Kolonie Obermonjou, von der dritten und letzten Seite von den Ländereien, die den Kolonisten der Ortschaften Boisroux und Boregard gehören und von der Heide der ehemaligen Kolonie Cäsarsfeld begrenzt. Innerhalb dieser Grenzen sind der Kolonie folgende Ländereien zugewiesen: nutzbares Ackerland – 2.100 Desjatinen, Braunböden – 1.100 D., 500 D. Wald. Außerdem wurde ihr noch zusätzlich Heideland zugewiesen, das sich jedoch 20 Werst von der Kolonie entfernt befindet, an der Mündung des Nebenflusses der Wolga Kleiner Karaman und den Karaman entlang bis zur Kolonie Boisroux. Das sind 110 D. Heuschlag und 140 D. Wald. Das macht insgesamt 3.950 D. Von dieser Fläche wird von den Bauern aber nicht mehr als 1.200 D. bearbeitet. Ca. 100 D. Land sind von den Bauernhöfen eingenommen, 5 – von Straßen. Der Rest des nutzbaren Landes dient als Viehweide. Dieses Land wird nicht bearbeitet, die Bauern behaupten, es sei nicht nutzbar: sandig und salzig. Deshalb verspüren sie angesichts der großen Anzahl der Bevölkerung Mangel an nutzbarem Boden und bauen statt Getreide mehr Tabak an, der ihnen aber weniger Einkommen bringt, als wenn sie Getreide anbauen könnten.

Viele Kolonisten produzieren trotzdem große Mengen Tabak und Getreide zum Verkauf. An der Wolga gibt es eine gute Landestelle, und jede Woche kommen Kaufleute mit ihren Lastkähnen und kaufen den Kolonisten ihre Produkte ab. Montags werden Markttage veranstaltet, zu denen auch viele Kolonisten von der Bergseite der Wolga kommen. Aus den umliegenden russischen Dörfern kommen viele Handwerker, die hier ihre Erzeugnisse mit großem Gewinn verkaufen. Der Handel ist hier sehr günstig, da die Waren auf dem Wasserwege leicht zu transportieren sind. Es kommen Kaufleute von bis aus den oberen Regionen der Wolgaufer. Die fleißigen Kolonisten genießen gute Bedingungen, die den anderen nachbarlichen Einwohnern nicht gewährt werden. Sie treiben Handel mit reichen Kaufleuten aus Saratov und sogar aus Polen. Dort haben sie die Erlaubnis bekommen, Niederlassungen zu gründen und sogar Häuser zu bauen. Manche produzieren Handwerksgegenstände, die sie günstig in anderen Kolonien entlang der Hauptverkehrsstraße gegen Heu, Schafe und andere Gebrauchsartikel tauschen. Deshalb leben sie ziemlich wohlhabend.

Die örtlichen Einwohner besitzen fast 800 Desjatinen Heuschläge und 80 Desjatinen Wald, wo Espen, Eschen und andere Bäume wachsen. Mehrere frühere Heuschläge wurden von den Hochwassern der Wolga weggespült. Da ist nur noch Sand geblieben. Die Wälder wurden abgeholzt. So dass heute ein großer Mangel an Heuschlägen und Wald herrscht. Futter für das Vieh und Brennholz muss während der Jahrmärkte gekauft werden. Zum Heizen der Kochherde wird hauptsächlich Torf und Mistholz gebraucht, was von der ärmlichen Lage der Kolonie zeugt. Es gibt fast keine Möglichkeiten, die Mängel an Nutzland in der Kolonie zu beheben. Deshalb verlangen die Kolonisten, dass man ihnen Rechte auf das in der Nähe liegende Heideland gewährt, das 1797 an die Baschkieren übergeben wurde. Diese Ländereien befinden sicht etwa 25 oder 30 Werst von ihrem Wohnsitz. Sie könnten dort Chutors bauen und mit Erfolg Landwirtschaft betreiben. Außer diesen Ländereien gibt es keine Möglichkeiten, den Mangel an Wiesen und Wäldern zu beheben. Alles andere können sie, wie oben gesagt, während der Jahrmärkte billig kaufen.

Die Gebäude sind in gutem Zustand, aber schon ein bisschen alt. Die Straßen sind gut befestigt. In der Kolonie gibt es eine hölzerne Kirche. Ein Haus ist aus Ziegeln gebaut. Andere sind von gutem Holz gebaut. Der Rest der Gebäude besteht aus Katen mit Veranden, daneben stehen Viehställe und Scheunen. Die Höfe sind alle umzäunt. Hinter jedem Haus gibt es einen Garten, wo allerlei Gemüse angebaut wird. Es gibt in der Kolonie eine große Trockenscheune für den Tabak. Auch viele Obstgärten und Bienenstöcke finden sich in der Kolonie. Außerdem gibt es eine Ziegelei, wo rote Ziegel hergestellt werden, und drei Windmühlen. An einem Fluss gibt es eine Wassermühle, wo das Getreide der Kolonisten und auch das aus anderen Dörfern von der Bergseite gemahlen wird. Die Inhaber der Mühle haben ein gutes Einkommen.

Das Ackerland, das sich in der Nähe der Kolonie befindet, ist in drei lange Felder aufgeteilt. Die nächsten Felder werden mit Viehmist gedüngt und mit Pflügen geackert. Das Getreide wird abgeerntet und gedroschen auf dieselbe Art und Weise, wie das auch in den anderen Kolonien üblich ist. Der Gemeindegetreidespeicher ist in Ordnung und an einer sicheren Stelle gebaut. Das seit 1793 darin gelagerte Getreide beträgt laut Angaben der Akte des Saratover Finanzministeriums und des Wirtschaftsdirektors 127 Tschetwert Weizen (1 Tschetwert = 210 Liter). Nach den Kerbhölzern zu urteilen, mit denen die Ablieferung registriert wurde, sind auch weiter keine Abgaben geliefert worden, weil nichts mehr gesät wurde.

Die Einwohner besitzen eine genügende Menge an Vieh, die periodisch vergrößert wird. Von Geflügel werden nur Hühner gehalten. Es gibt keinen Mangel an selbst hergestellten Produkten außer Flachs und Hanf. Diese können aber auf den Jahrmärkten leicht und billig beschafft werden, wenn die Bewohner von der Bergseite mit ihren Booten über die Wolga kommen. Es gibt keine festen Verkaufspreise, sie variieren entsprechend der herrschenden Bedingungen. Im letzten Jahr wurde Roggen für 2 Rubel, Weizen – für 3,50, Gerste für 2, Hafer für 1,30, Hirse für 1,80 Rubel, Erbsen für 3 Rubel, Kartoffeln für 1 Rubel 30 Kopeken das Tschetwert und Tabak für 1 Rubel das Pud verkauft.

In der Kolonie gibt es insgesamt 82 Gebäude. [1]

---

[1] Zitiert nach: http://wolgadeutschen.nm.ru/herber/marxstadt03.htm

Karten

Die wichtigsten Reiserouten, die deutsche Kolonisten in den verschiedenen Ansiedlungswellen bis etwa 1830 benutzten:

- Die zwischen 1763 und 1768 einwandernden deutschen Siedler kamen vorrangig aus dem hessischen Raum. Ihre Reise führte sie über die Ostsee <u>von Lübeck nach Oranienbaum</u> bei St. Petersburg. Weiter ging es <u>von Oranienbaum an die Wolga</u> in die dortigen neuen Siedlungsgebiete.

- Zwischen 1789 und 1804 zogen vor allem Mennoniten aus der Weichselniederung östlich Danzig in das damalige Neurussland (Südrussland). Sie wurden beiderseits des Dnjeprs im Umkreis von Jekaterinoslaw (jetzt Dnjepropetrowsk/Ukraine) angesiedelt.

- Von 1804 bis 1824 kamen weitere Auswanderer aus dem südwestdeutschen Raum (Elsass, Baden, Württemberg) über die Donau <u>von Ulm nach Odessa</u>, die zum größten Teil im Raum Cherson, nördlich des Asowschen Meeres und in Bessarabien angesiedelt wurden. Andere zogen in den Südkaukasus, südlich von Tiflis.